财务报告分析
（第5版）

王淑萍　王思武　主编　／　刘　源　马少晔　副主编

清华大学出版社
北京

内 容 简 介

本书根据我国最新发布的《企业会计准则》《中央企业综合绩效评价管理暂行办法》等规定，吸收了国际上先进的财务报告分析方法，从企业的财务报告出发，全面系统地论述了财务报告分析的基本原理、基本程序和基本方法。具体包括财务报告分析总论、资产负债表分析、利润表分析、现金流量表分析、所有者权益变动表分析和财务报告的综合分析等。

本书可作为会计学、财务管理、工商管理等财经类专业学生学习"财务报告分析"课程的教材使用，亦可供经济管理实务工作者参考。

本书封面贴有清华大学出版社防伪标签，无标签者不得销售。
版权所有，侵权必究。举报：010-62782989，beiqinquan@tup.tsinghua.edu.cn。

图书在版编目（CIP）数据

财务报告分析/王淑萍，王思武主编. —5 版. —北京：清华大学出版社，2021.6（2023.12重印）
ISBN 978-7-302-58127-7

Ⅰ. ①财… Ⅱ. ①王… ②王… Ⅲ. ①会计报表－会计分析 Ⅳ. ①F231.5

中国版本图书馆 CIP 数据核字（2021）第 085949 号

责任编辑：周　菁
封面设计：傅瑞学
责任校对：王荣静
责任印制：宋　林

出版发行：清华大学出版社
　　　　网　　址：https://www.tup.com.cn，https://www.wqxuetang.com
　　　　地　　址：北京清华大学学研大厦 A 座　　　邮　编：100084
　　　　社 总 机：010-83470000　　　　　　　　　邮　购：010-62786544
　　　　投稿与读者服务：010-62776969，c-service@tup.tsinghua.edu.cn
　　　　质量反馈：010-62772015，zhiliang@tup.tsinghua.edu.cn
印 装 者：小森印刷霸州有限公司
经　　销：全国新华书店
开　　本：185mm×230mm　　印　张：22.25　　插　页：1　　字　数：374 千字
版　　次：2003 年 7 月第 1 版　　2021 年 7 月第 5 版　　印　次：2023 年 12 月第 3 次印刷
定　　价：56.00 元

产品编号：091039-02

前　　言

　　财务报告分析作为对企业财务状况、经营成果及现金流量的综合考察和评价的一种经济管理手段，是企业财务会计的继续和财务管理的重要组成部分，历来为财务管理、会计理论界及实务界所关注。在经济高速发展的今天，尤其是在大数据、互联网＋、云计算等新兴技术广泛应用条件下，人们的日常生活决策与企业财务报告紧密相关。财务报告分析已经从专业化知识变成通识知识。"财务报告分析"课程在大学里也有成为通识课程的趋势。自2017年以来，国家对《企业会计准则》进行了几番修订，国家税务总局对企业增值税及所得税的相关规定作了较大规模的调整，企业披露的财务报告格式出现了诸多新的变化。这些变化要求在财务报告分析上作出新的应对。另外，财务分析方法也日趋完善与丰富，这些都促使企业财务报告分析成为一门相对独立且重要的经济管理学科课程。

　　在我国不断完善财务报告信息披露制度和加强对企业财务制度监管的同时，上市公司的财务报表质量正日益受到重视，内容也日趋复杂和多样化。如何阅读财务报告，解读财务报告传递的财务信息，深刻了解企业的会计政策、资本运作、资产置换、债务重组、融资方式等对财务报告的终极影响变得更加迫切。为适应应用型经济管理人才培养的需求，本书在编写过程中考虑到财务报告分析课程教学的具体情况，在内容上既包括全面、系统地介绍财务报告分析的基本概念、基本方法和分析技巧，也包括大量的上司公司案例分析。尤其是本书所附的案例都是以近年来国内外真实的公司事件为背景，使本书不仅具有可读性，而且具有很强的实用性，这有利于提高学生分析问题和解决问题的能力。另外本书以附录的形式，精心设计了5大实验项目和10个具体工作任务，全面训练学生对财务报告的认知，以及对资产负债表、利润表、现金流量表、财务报告综合分析的实际分析能力，旨在使学生比较系统地掌握财务报告分析的基本程序和方法，加强对财务报告基本理论的理解、基本分析方法的运用和基本分析技能的训练，以达到理论教学和实践教学的完美统一。通过分组互动，完成实训项目，让学生在轻松、愉快的教学气氛中获得知识，变被动听课的过程为积极思考、主动实践的过程，训练学生有效的思维方式，达到寓教于乐的效果，同时培养学生团队合作的意识。

　　本书编写的目标是使读者能够具备财务分析的基本能力，能够利用企业所提供的财务报告，对企业的财务状况、经营成果和现金流量进行分析和评价，从而作出最佳的经济决策。本书具有以下特点。

本书在继承《财务报告分析》（第4版）和《财务报告分析实训》两本教材精华的基础上，重新调整了部分章节的相关内容，更新并增加了近期国内外上市公司的案例分析。本书修改完成后使财务报告分析体系更加系统和完善。

1. 本书以新修订的《会计法》和财政部最新颁布的《企业会计准则》为指导，以投资者、债权人和广大相关人士普遍关心的财务指标问题为研究对象，具有重要的现实意义。

2. 每章的内容包括本章学习目标、正文、经典案例、关键术语、本章小结、思考题以及练习题，以利于学生自主学习和复习巩固。

3. 教材配有相应的电子教案、综合练习题的参考答案和实训时所用的电子表格。任课教师可向清华大学出版社索取这些资料，以利于教学工作的开展。

4. 本书以附录形式精心组织的5大实验项目中设置了具体的工作任务，给出了完成任务的操作步骤，提供了完成任务所需的资料。学生在学习时完全是在做中学，在老师的指导下，在分组竞赛的氛围中，自主求知，自我教育，团队合作，研究资料，制订计划，自主决策，组织实施。老师负责指导、解惑、总结、点评。

5. 本书注重理论与实践的结合，强调会计知识的理解与运用。正文中有许多真实的案例，章后还附有案例分析。思考题灵活多样，特别注重学生思维能力、创造能力的训练，有利于提高学生分析问题和解决问题的能力。

因此，本书可以作为高等财经院校大学本、专科会计学、财务管理、工商管理学、财政学、金融学等专业开设相应课程的教材，也可以作为财务分析师、企业投资者、债权人、经营管理者、财务管理人员及宏观管理者进行财务分析的工具用书。

本书由王淑萍、王思武担任主编，刘源、马少晔担任副主编。书中各章执笔人员如下：第一章、第五章、第七章，王淑萍；第二章，王思武；第三章、第六章，马少晔；第四章，刘源。全书由王淑萍统稿，葛军教授审稿。

在本书编写过程中，我们还学习和参考了大量的著作、教材和文献资料，吸收和借鉴了同行相关的最新成果，在此谨向有关作者表示感谢和敬意！

本书在编写、出版过程中得到了江苏省一流本科会计学专业建设点的资助，在此表示感谢！

本书编写、出版过程中得到了清华大学出版社的大力支持，也在此表示感谢。

由于时间仓促，作者水平有限，书中错误或遗漏在所难免，恳请广大师生和读者给予批评指正，以便本书再版时加以修订。

编　者

2021年3月

教材使用说明

教材编写组本着严谨、务实的态度,在前期做了大量的工作。针对不同的专业、不同的教学计划,分别制订了"理论课时 24＋实践课时 16""理论课时 32＋实践课时 8""理论课时 32＋实践课时 16"的课时分配计划。选用本教材的老师可以根据自己院校的情况,参考下面的课时分配计划适当进行调整。另外编写组还将本教材的电子教案、实训时涉及的所有电子表格,及书后实务计算及分析题参考答案全部放置在清华大学出版社的门户网站上,有需要的老师可以随时索取。

课时分配计划

序号	章节	内　　容	理论课时	实践课时	其他环节
1	一	财务报告分析总论	6		
2	二	财务报告分析基础	2		
3	三	资产负债表分析	8	4	
4	四	利润表分析	4	4	
5	五	现金流量表分析	6	4	
6	六	所有者权益变动表分析	2		
7	七	财务报告综合分析	4	4	
		合　　计	32	16	
总学分	3.0	总课时	48		

目 录

第一章 财务报告分析总论 ·· 1
 第一节 财务报告的概述 ·· 1
  一、财务报告的概念 ·· 1
  二、财务报告的组成 ·· 2
  三、财务报告的局限性 ·· 10
  四、财务报告的使用者 ·· 11
  五、财务报告分析的内容 ·· 14
  六、财务报告分析的程序 ·· 15
 第二节 上市公司财务报告的法规环境 ·· 20
  一、制约企业财务报告编制的法规体系 ··· 20
  二、约束上市公司信息披露的法规体系 ··· 22
 第三节 财务报告分析的基本方法 ·· 23
  一、比较分析法 ·· 24
  二、趋势分析法 ·· 30
  三、比率分析法 ·· 31
  四、因素分析法 ·· 32
  五、图解分析法 ·· 36
  六、财务报告分析应注意的问题 ··· 38
 经典案例 ·· 39
 关键术语 ·· 40
 本章小结 ·· 40
 思考题 ·· 40
 练习题 ·· 41

第二章 财务报告分析基础 ·· 46
 第一节 资产负债表要素 ·· 46
  一、资产 ··· 47

二、负债 ··· 52
　　三、所有者权益 ·· 54
　第二节　利润表要素 ·· 56
　　一、收入 ··· 56
　　二、费用 ··· 58
　　三、利润 ··· 60
　第三节　财务报表要素之间的关系 ··· 61
　　一、资产＝负债＋所有者权益 ··· 61
　　二、收入－费用＝利润 ··· 62
　第四节　会计要素计量属性 ·· 62
　经典案例 ··· 64
　关键术语 ··· 64
　本章小结 ··· 64
　思考题 ··· 65
　练习题 ··· 65

第三章　资产负债表分析 ··· 69
　第一节　资产负债表概述 ··· 69
　　一、资产负债表的性质 ··· 69
　　二、资产负债表的格式 ··· 69
　　三、资产负债表的结构 ··· 71
　　四、资产负债表的局限性 ··· 74
　第二节　资产项目内容及其分析 ·· 75
　　一、资产总括分析 ·· 75
　　二、资产具体项目分析 ··· 85
　第三节　负债项目内容及其分析 ··· 107
　　一、负债分析 ·· 107
　　二、流动负债分析 ··· 109
　　三、非流动负债分析 ·· 111
　　四、或有负债项目及其分析 ··· 113
　第四节　资产负债表相关财务指标分析 ·· 115

一、短期偿债能力分析……………………………………………………………… 115
　　　二、长期偿债能力分析……………………………………………………………… 123
　　　三、营运能力分析…………………………………………………………………… 128
　经典案例…………………………………………………………………………………… 136
　关键术语…………………………………………………………………………………… 138
　本章小结…………………………………………………………………………………… 138
　思考题……………………………………………………………………………………… 139
　练习题……………………………………………………………………………………… 139

第四章　利润表分析…………………………………………………………………………… 148
　第一节　利润表概述………………………………………………………………………… 148
　　　一、利润表的性质…………………………………………………………………… 148
　　　二、利润表的格式…………………………………………………………………… 148
　　　三、利润表的结构…………………………………………………………………… 153
　第二节　利润表项目内容及其分析………………………………………………………… 154
　　　一、收入类项目及其分析…………………………………………………………… 154
　　　二、费用类项目及其分析…………………………………………………………… 160
　　　三、利润质量分析…………………………………………………………………… 170
　第三节　利润表相关财务指标分析………………………………………………………… 174
　　　一、盈利能力指标分析……………………………………………………………… 174
　　　二、增长能力分析…………………………………………………………………… 181
　　　三、上市公司盈利能力分析………………………………………………………… 184
　经典案例…………………………………………………………………………………… 195
　关键术语…………………………………………………………………………………… 196
　本章小结…………………………………………………………………………………… 196
　思考题……………………………………………………………………………………… 196
　练习题……………………………………………………………………………………… 197

第五章　现金流量表分析……………………………………………………………………… 203
　第一节　现金流量表的概念………………………………………………………………… 203
　　　一、现金流量表的概念……………………………………………………………… 203
　　　二、现金流量表与资产负债表、利润表的关系…………………………………… 204

三、现金流量表分析的目的 …………………………………………………… 206
　　四、现金流量表的局限性 …………………………………………………… 206
第二节　现金流量表的分类与结构 ………………………………………………… 207
　　一、影响现金流量的因素 …………………………………………………… 207
　　二、现金流量的分类 ………………………………………………………… 209
　　三、现金流量的计算方法 …………………………………………………… 211
　　四、现金流量表的内容和结构 ……………………………………………… 212
第三节　现金流量表项目内容及其分析 …………………………………………… 216
　　一、经营活动产生的现金流量 ……………………………………………… 216
　　二、投资活动产生的现金流量 ……………………………………………… 218
　　三、筹资活动产生的现金流量 ……………………………………………… 221
　　四、汇率变动对现金的影响额 ……………………………………………… 222
　　五、关于补充资料的说明 …………………………………………………… 224
第四节　现金流量分析的相关理论 ………………………………………………… 229
　　一、生命周期理论与现金流量分析 ………………………………………… 230
　　二、波士顿矩阵与现金流量分析 …………………………………………… 232
第五节　现金流量分析 ……………………………………………………………… 233
　　一、现金流量质量分析 ……………………………………………………… 233
　　二、现金流量比率分析 ……………………………………………………… 239
　　三、现金流量结构分析 ……………………………………………………… 247
经典案例 ……………………………………………………………………………… 251
关键术语 ……………………………………………………………………………… 252
本章小结 ……………………………………………………………………………… 252
思考题 ………………………………………………………………………………… 253
练习题 ………………………………………………………………………………… 253

第六章　所有者权益变动表分析 ………………………………………………… 259
　第一节　所有者权益变动表概述 ………………………………………………… 259
　　一、所有者权益变动表的性质 ……………………………………………… 259
　　二、所有者权益变动表的内容和格式 ……………………………………… 259
　　三、所有者权益变动表列示说明 …………………………………………… 262

第二节　所有者权益变动表项目内容及其分析 ········· 267
      一、所有者权益概述 ········· 267
      二、所有者权益分析 ········· 274
   第三节　所有者权益变动表相关财务指标及其分析 ········· 278
      一、资本收益率 ········· 279
      二、资本保值增值率 ········· 279
      三、资本积累率 ········· 280
   经典案例 ········· 280
   关键术语 ········· 283
   本章小结 ········· 283
   思考题 ········· 283
   练习题 ········· 284

第七章　财务报告综合分析 ········· 288
   第一节　财务报告综合分析的概述 ········· 288
      一、财务报告综合分析的含义 ········· 288
      二、财务报告综合分析的特点 ········· 289
   第二节　杜邦财务分析法及发展 ········· 290
      一、杜邦财务分析法的意义及分析步骤 ········· 290
      二、杜邦财务分析法的应用举例 ········· 293
      三、杜邦财务分析法与经济特征和战略 ········· 296
   第三节　企业业绩评价 ········· 300
      一、业绩评价的意义 ········· 300
      二、业绩评价的内容 ········· 301
      三、业绩评价指标 ········· 301
      四、业绩评价标准 ········· 304
      五、业绩评价方法 ········· 306
      六、综合评价报告 ········· 310
      七、综合举例 ········· 310
   经典案例 ········· 314
   关键术语 ········· 315

本章小结	315
思考题	315
练习题	315

附录1　配套实训 ……………………………………………………………… 321

附录2　练习题部分答案 ……………………………………………………… 334

附录3　实践指导书 …………………………………………………………… 335

附录4　企业绩效评价标准值(2020年) ……………………………………… 336

参考文献 ………………………………………………………………………… 342

哲学告诉我们,要透过现象看本质。财务报告虽然说能够反映企业的财务状况,但它毕竟是一种数字现象,企业经营状况的本质往往不容易暴露出来。而读者最需要了解的,并不在于其漂亮的外表,而要看到它里面的本质到底是什么。

第一章 财务报告分析总论

本章学习目标
1. 了解财务报告的组成内容。
2. 了解财务报告的使用者和分析内容。
3. 了解财务报告分析的法规环境。
4. 掌握财务报告分析的基本方法。

第一节 财务报告的概述

一、财务报告的概念

财务报告也称财务会计报告,是指企业对外提供的反映企业某一特定日期的财务状况和某一会计期间的经营成果、现金流量等会计信息的文件。

财务报告主要包括以下几层含义。

(1) 财务报告主要是对外报告。财务报告的服务对象主要是投资者、债权人、政府部门等企业外部信息使用者。企业专门为内部管理需要而编制的报告不属于财务报告的概念范围。

(2) 财务报告应当按照专业规定的要求编制。财务报告是企业管理层与投资者、债权人、政府部门等企业外部信息使用者进行沟通的媒介和桥梁。企业应当按照相关会计法律、法规的规定编制并对外提供财务报告,并确保财务报告提供的财务会计信息规范、正确。企业不可以根据自己的需要编制财务报告。

(3) 财务报告是一整套全面系统的文件。财务报告的内容应全面覆盖企业的生产经营活动及其相关情况。财务报告反映的财务会计信息是一套系统的信息,相关信息之间存在着内在的相互联系。财务报告不是零星的、不完整的信息。

企业提供的财务报告是为了向投资者、债权人、政府部门等财务报告的使用者提供财务会计信息,以如实反映企业管理层受托责任的履行情况,并帮助投资者、债权人、政府部门等财务报告的使用者作出经济决策。

二、财务报告的组成

财务报告包括财务报表和其他应当在财务报告中披露的相关信息和资料。财务报表是财务报告的核心内容。

财务报告是对企业财务状况、经营成果和现金流量等的结构性表述。一套完整的财务报告至少应当包括四张报表及其附注,即"四表一注"。其中,四张报表分别是资产负债表、利润表、现金流量表和所有者权益变动表;财务报表附注是对财务报表相关内容的注释。完整的财务报告体系如图1.1所示。

图 1.1 财务报告体系

(一)财务报表

财务报表是财务报告的主要组成部分。它是根据企业会计账簿记录和有关资料,按照规定的报表格式,总括反映企业一定期间的经济活动和财务收支情况及其结果的一种报告文件。

1. 资产负债表

资产负债表是反映企业在某一特定日期财务状况的财务报表。所谓财务状况,是企业在某一特定日期所拥有或控制的资产、所承担的负债以及所剩余的所有者权益的数额及其结构和相互关系。

资产负债表的作用主要表现在以下几个方面。

(1)可以提供某一特定日期资产总额及其结构的信息。财务报告使用者通过阅读资产负债表,可以一目了然地了解企业在某一特定日期所拥有或控制的资产总额及其结构,即企业拥有或控制的经济资源及其分布情况。例如,企业总计拥有或控制了多少资产,其中,多少是流动资产,多少是非流动资产;在流动资产中,多少是货币资金,多少是存货;在非流动资产中,多少是长期股权投资,多少是固定资产等。

(2) 可以提供某一特定日期负债总额及其结构的信息。财务报告使用者通过阅读资产负债表,可以一目了然地了解企业在某一特定日期所承担的负债总额及其结构,企业在未来需要用资产或劳务进行清偿的债务及其分布情况。例如,企业总计承担了多少负债,其中多少是流动负债,多少是非流动负债等。

(3) 可以提供某一特定日期所有者权益总额及其结构的信息。财务报告使用者通过阅读资产负债表,可以一目了然地了解企业在某一特定日期所有者权益的总额及其结构,也即企业所有者或股东拥有的剩余权益及其分布情况。例如,企业资产减去负债后的所有者权益总额是多少,其中,多少是实收资本,多少是盈余公积等。

财务报告使用者通过对资产负债表中相关数据的分析,还可以得出很多有用的信息。例如,通过负债总额与所有者权益总额的比例关系,可以了解所有者或股东权益的保障程度;通过负债总额与资产总额的比例关系,可以了解企业资产对债权人权益的保障程度;通过将前后两个会计期间所有者权益数额的比较,可以了解企业资本保值增值的情况等。

2. 利润表

利润表是反映企业在一定会计期间经营成果的财务报表。所谓经营成果,是指企业在一定会计期间实现的收入、发生的费用以及取得的利润等相关情况。利润表的作用主要表现在以下几个方面。

(1) 可以提供某一特定会计期间收入实现情况的信息。财务报告使用者通过阅读利润表,可以清晰地了解企业在某一特定会计期间实现的收入及其构成情况。例如,企业实现了多少营业收入,实现了多少投资收益、营业外收入等。

(2) 可以提供某一特定会计期间费用发生情况的信息。财务报告使用者通过阅读利润表,可以清晰地了解企业在某一特定会计期间发生的费用及其构成情况。例如,企业发生了多少营业成本、税金及附加、销售费用、管理费用、财务费用、资产减值损失,发生了多少投资损失、营业外支出等。

(3) 可以提供某一特定会计期间利润取得情况的信息。财务报告使用者通过阅读利润表,可以清晰地了解企业在某一特定会计期间取得的利润及其构成情况。例如,企业共取得了多少营业利润、利润总额、净利润等。

(4) 可以提供某一特定会计期间综合收益、每股收益的信息。根据企业会计准则的规定,利润表除了应当提供以上有关收入、费用和利润的信息,还应当提供其他综合收益、综合收益总额和每股收益的信息。这些信息都有助于财务报告使用者对企业的经营成果做出合理的判断,并在此基础上做出相应的经济决策。

财务报告使用者通过对利润表中相关数据的分析,以及通过对利润表中的相关数据与资产负债表中的相关数据或其他数据进行综合分析,还可以得出很多有用的信息。如,通过净利润与营业收入的比例关系,可以了解企业经营的获利能力;通过净利与营业成本、销售费用、管理费用和财务费用的比例关系,可以了解企业的成本费用利润率;通过对前后两个会计期间净利润数额的比较,可以了解企业的净利润增长率,通过净利润与资产负债表中净资产的比例关系,可以了解企业的净资产收益率;通过每股收益与普通股每股市价的比例关系,得到企业的市盈率等。

3. 现金流量表

现金流量表是反映企业在一定会计期间现金和现金等价物流入和流出情况的财务报表。与资产负债表和利润表不同,现金流量表是以现金和现金等价物为衡量标准,按照收付实现制基础编制的财务报表。从编制程序上看,现金流量表是将日常核算中按权责发生制基础核算的财务状况和经营成果的信息调整为收付实现制基础下现金流量的信息。

在现金流量表中,现金流量分为经营活动产生的现金流量、投资活动产生的现金流量和筹资活动产生的现金流量三个种类,以分别反映企业在不同种类的业务活动中产生的现金流量。现金流量表的作用主要表现在以下几个方面。

(1) 可以提供现金流量的信息,帮助财务报告使用者评价企业的现金流转情况和支付能力。企业的现金流转情况和支付能力在很大程度上影响着企业的生存和发展。企业如果现金充裕,就可以及时购入必需的材料物资和固定资产,及时支付工资和偿还债务。反之,则会影响企业正常的生产经营活动,甚至会危及企业的生存。现金流量表中现金流量的信息,可以帮助投资者、债权人等财务报告使用者评价企业的现金流转情况和支付能力,预测未来现金流量,并在此基础上作出合理的决策。

(2) 可以提供现金流量的信息,帮助财务报告使用者评价企业利润的质量。企业利润表中的利润金额是以权责发生制核算取得的,其中的一部分金额可能会表现为应收账款、折旧费用等。现金流量表中现金流量的信息,尤其是经营活动现金流量的信息,可以帮助财务报告使用者评价企业利润的质量。例如,企业在经营活动中取得了多少现金流入、发生了多少现金流出、产生了多少现金净流入,企业在经营活动中产生的现金净流入与利润表中的净利润存在多少差额,具体是什么原因造成的这个差额等。

(3) 可以提供现金流量的信息,与资产负债表和利润表提供的信息形成互补。现金流量表中的现金流量分为经营活动产生的现金流量、投资活动产生的现金流量和筹资活动产生的现金流量三个种类。每个种类又分为现金流入和现金流出两个方面,并进一步列示现金流入和现金流出的具体项目,如销售商品收到的现金、购买商品支付的现金、吸收投资收到的现金、偿还债务支付的现金等。现金流量表中反映的这些信息,可以帮助财务报告使用者从现金流量的角度分析和评价企业的财务情况和经营情况。财务报告使用者通过对现金流量表中相关数据的分析,以及通过对现金流量表中的相关数据与资产负债表和利润表中的相关数据或其他数据进行综合分析,还可以得出很多有用的信息。例如,通过现金流入与现金流出的比例关系,可以了解企业现金流入对现金流出的保证程度;通过经营活动现金流入、投资活动现金流入和筹资活动现金流入分别占现金总流入的比例,可以了解企业现金流入的结构;通过将前后两个会计期间经营活动产生的现金流量净额的比较,可以了解企业经营活动产生的现金流量净额增长率;通过经营活动产生的现金流量净额与流动负债的比例关系,可以了解企业现金对流动负债的保障程度;通过经营活动产生的现金流量净额与净利润的比例关系,可以了解企业的盈余现金保障倍数等。

4. 所有者权益变动表

所有者权益变动表主要反映构成所有者权益各组成部分当期增减变动情况及其原因的财务报表。

所有者权益变动表的作用主要表现在以下几个方面。

(1) 可以提供所有者权益总量增减变动的信息。财务报告使用者通过阅读所有者权益变动表,可以了解所有者权益的年初余额合计数额和年末余额合计数额,从而了解所有者权益总量增减变动的信息。

(2) 可以提供所有者权益增减变动的重要结构性信息。财务报告使用者通过阅读所有者权益变动表，可以了解所有者权益增减变动的主要原因。例如，在所有者权益变动的数额中，多少是由综合收益的转入引起的，多少是由所有者投入资本引起的，多少是由对所有者的利润分配引起的等。除此之外，所有者权益的内部结转，如资本公积转增资本、盈余公积弥补亏损等，也都在所有者权益变动表中的实收资本、资本公积、盈余公积和未分配利润等专门项目中得到清晰的反映。

财务报告使用者通过对所有者权益变动表中相关数据的分析，以及通过对所有者权益变动表中的相关数据与资产负债表、利润表中的相关数据或其他数据进行综合分析，还可以得出很多有用的信息。例如，通过对前后两个会计期间所有者权益数额的比较，可以了解企业资本保值增值的情况；通过净利润与所有者权益的比例关系，可以了解企业的净资产收益率等。

上述四张报表是我国《企业会计准则》规定必须对外报送的主要财务报表，分别从不同侧面反映企业三项基本活动。无论是分析企业的经营活动，还是分析筹资或投资活动，都会涉及这四张报表。

（二）财务报表附注

财务报表附注是对资产负债表、利润表、现金流量表和所有者权益变动表等财务报表中列示项目的文字描述或明细资料，以及未能在这些报表中列示项目的说明等。财务报表附注是企业财务报告不可或缺的重要组成部分。

财务报表附注的作用主要表现在以下几个方面。

（1）可以对财务报表中数字的形成基础进行解释和说明。财务报表中的数字是依据相应的会计政策和会计估计等核算形成的。采用不同的会计政策和不同的会计估计方法可以得出不同的财务报表数字。因此，财务报表中的数字只有与附注中的解释和说明结合在一起阅读，才更加富有意义，财务报表才更能发挥相应的效用。

（2）可以对财务报表中的重要项目作较为具体详细的信息披露。财务报表中的数字是经过分类与汇总后形成的高度浓缩的数字。财务报告使用者有时需要知道财务报表中有关重要项目的具体详细情况。如需要知道应收账款的账龄结构、存货和固定资产的组成结构、应付职工薪酬的具体构成等，此时，就需要依赖财务报表附注中的信息披露。

（3）可以对未能在财务报表中列示的项目做出说明。财务报表中列示的项目都是以货币计量的项目，因此，都是以数字进行反映的项目。企业的有些信息尽管不能以货币计量,但也属于重要的相关信息。如企业的注册地和总部地址、企业所处的行业和所提供的主要产品或服务、本企业母公司或控制公司的名称和注册地、本企业所属子公司的名称和注册地以及本企业对其拥有的股权比例等。这些信息也是帮助理解企业财务报表所需要的重要相关信息,企业应当按照规定进行披露。

因此,企业在向财务报告使用者提供资产负债表、利润表、现金流量表和所有者权益变动表时,应当同时提供财务报表附注。只有这样,财务报告使用者才能全面正确地了解企业的财务状况、经营成果和现金流量,从而做出正确的经济决策。

1. 财务报表附注披露的总体要求和主要内容

(1) 财务报表附注披露的总体要求。企业在披露财务报表附注信息时,应当遵循如下总体要求。

① 与财务报表项目相互参照。财务报表附注披露的相关信息,应当与资产负债表、利润表、现金流量表和所有者权益变动表等报表中列示的项目相互参照,以有助于使用者联系相关联的信息,从整体上更好地理解财务报表。

② 按照一定的结构对附注信息进行排列和分类。企业在披露财务报表附注信息时,应当采用定性和定量相结合的方法,按照一定的结构对附注信息进行系统合理的排列和分类,以便于使用者理解和掌握。

(2) 财务报表附注披露的主要内容。财务报表附注一般应当按照下列顺序披露有关的内容。

① 企业的基本情况。企业的基本情况应当披露如下主要内容。

第一,企业注册地、组织形式和总部地址。

第二,企业的业务性质和主要经营活动。如企业所处的行业、所提供的主要产品或服务、客户的性质、销售策略、监管环境等。

第三,母公司以及集团最终母公司的名称。

第四,财务报告批准报出者和财务报告批准报出日。

② 财务报表的编制基础。财务报表的编制基础指财务报表是在持续经营的前提下编制的,还是在非持续经营的前提下编制的。一般情况下,企业的财务报表是在持续经营的前提下编制的。企业在清算和破产的情况下编制的财务报表属于在非持续经营的前提下编制的财务报表。

③ 遵循企业会计准则的声明。企业应当声明编制的财务报表符合企业会计准则的要求,真实、完整地反映了企业的财务状况、经营成果和现金流量

等有关信息,以此明确企业编制财务报表所依据的制度基础。如果企业编制的财务报表只是部分地遵循了企业会计准则,附注中应作出说明或声明。

④ 重要会计政策和会计估计。企业应当在附注中对使用的重要会计政策和会计估计进行披露,不重要的会计政策和会计估计可以不披露。

重要会计政策披露的内容包括财务报表项目的计量基础和会计政策的确定依据等。其中,财务报表项目的计量基础是指企业在计量该项目时采用的是历史成本、重置成本、可变现净值、现值还是公允价值。例如,资产负债表中的投资性房地产项目采用的是历史成本计量基础还是公允价值计量基础,存货项目采用的是历史成本计量基础还是可变现净值计量基础等。披露相应项目的计量基础,有利于财务报告使用者更好地理解相应项目数字的含义。会计政策的确定依据主要是指企业在运用会计政策过程中所作的对报表中确认的项目金额最具影响的判断。例如,企业为何判断持有的该项金融资产是交易性金融资产而不是其他债权投资,为何判断此次租赁是使用权资产租赁而不是采用简化处理的短期租赁或低价值资产租赁,为何对存货发出时的计价方法采用先进先出法或个别计价法等。披露会计政策的确定依据有助于财务报告使用者理解企业选用会计政策的背景,增强财务报表的可理解性。

企业应当在附注中披露会计估计中使用的关键假设和不确定因素的确定依据。这些关键假设和不确定因素可能会对当期资产和负债的账面金额产生重要影响,并且可能会在下一个会计年度内做出重大调整。例如,企业应当披露为正在进行中的诉讼确认预计负债的原因及其最佳估计数额的确定依据,应当披露对无形资产确定经济寿命时考虑的相关因素等。披露会计估计的确定依据有助于财务报告使用者更好地理解财务报表的内容。

⑤ 会计政策和会计估计变更以及差错更正的说明。企业应当按照《企业会计准则第28号会计政策、会计估计变更和差错更正》的规定,披露会计政策和会计估计变更以及差错更正的有关情况。

⑥ 报表重要项目的说明。企业应当以数字和文字描述相结合的方式对财务报表中的重要项目进行说明。对财务报表重要项目进行说明的信息,应当与财务报表中列示的项目相互参照。一般情况下,附注中对财务报表重要项目的披露顺序应当按照资产负债表、利润表、现金流量表和所有者权益变动表的顺序及其所列项目的顺序依次披露。

财务报表中重要项目的明细金额,如重要项目的构成情况及其金额、重要项目的当期增减变动情况及其金额等,应尽可能以列表的形式进行披露。列表中相应明细金额的合计数应当与财务报表中对应项目的金额相互衔接。通常情况下,重要项目明细金额的信息以列表的形式进行披露,可以使信息使用者一目了然地了解到相应的明细信息。

⑦ 或有和承诺事项、资产负债表日后非调整事项、关联方关系及其交易等需要说明事项。

⑧ 有助于财务报告使用者评价企业管理资本的目标、政策及程序的信息。

企业应当按照相关会计准则的规定披露相应信息。

(三) 财务报表和财务报表附注的关系

在财务报告中,财务报表以确认和计量的方式,采用量化的方法对企业的经营成果、财务状况和现金流量情况加以反映。而财务报表附注同时以披露的方式,为财务报表中高度概括的数字提供进一步的解释,从而使财务报告使用者能够获取更多有用的信息。

1. 为财务报表提供详细信息

财务报表中的数字是对企业经营活动、财务状况和现金流量情况的高度概括。报表数字具有很高的信息含量,但是,如果缺少必要的报表附注对报表数字加以解释,这些信息很难为处于企业外部的财务分析人员所获取。比如,利润表中的"财务费用"是对企业财务活动产生的各种费用进行汇总,并仅以单一数字列示,这使财务分析人员难以获取充分信息来对企业财务活动进行有效的分析。利润表附注提供的财务费用明细表,将财务费用分解为利息收入、利息支出、汇兑损失、现金折扣及贴息和银行手续费等部分,为分析企业的财务活动提供了更为详细的信息。

2. 为财务报表提供定性信息

受计量属性的限制,财务报表只能以数字方式进行量化计算。因此,关于企业经营活动、财务状况和现金流量的定性信息,无法在报表中加以反映。这会直接影响对定量信息的使用和解读。相比之下,财务报表附注可以采用非量化的方式提供定性信息。比如,企业资产负债表中资产的担保情况无法在报表中加以反映,但是可以用报表附注的方式加以披露。资产担保行为虽然没有改变资产的数额,却会影响资产未来收益是否能够流入企业,进而影响企业的财务状况和经营业绩。因此,只有将报表附注和财务报表相结合,才能获取准确、全面的财务分析信息。

三、财务报告的局限性

一般地说,财务报告的局限性主要体现在以下几个方面。

(1) 财务报表信息并未完全反映企业可以利用的经济资源。

我们知道,列入报表的仅是可以利用的、可以用货币计量的经济资源。实际上,企业有许多经济资源,或是受客观条件制约,或是受会计惯例的制约并未在报表中得到体现。例如,企业的人力资源、历史悠久的企业账外存在的大量无形资产(如未申请专利的专有技术)以及自创的商誉等等,均不可能在报表中予以反映。因此,报表仅反映了企业有价值的经济资源的一部分。

(2) 受历史成本计量属性的制约,企业的报表资料对未来决策的价值仍然在一定程度上受到限制。

历史成本原则的固有缺陷在于,它将不同时点的货币数据简单相加,会使信息使用者不知晓其所面对的会计信息的实际含义,也就很难对其现在和未来的经济决策有实质性参考价值。尤其在通货膨胀时期,更会大大降低对会计信息的信任程度。

在进行比率分析时,企业经常将报表中的相关项目加以比较,并在此基础上进行趋势分析。尽管新准则广泛引入了公允价值计量属性,但对于相当多的资产项目,尤其是长期资产项目,仍然要以历史成本为基础加以计量。这就导致在计算很多比率的时候,依旧存在用现时价值计量的数据与用历史成本计量的数据加以比较的情况,从而使得比较出来的结果不够合理,难以反映企业现在的实际情况。

(3) 企业会计政策运用上的差异,导致企业在与自身的历史对比和预测未来的过程中,或者在与其他企业进行对比的过程中,难以发挥应有的作用。

企业在不同会计年度间采用不同会计方法,以及不同企业以不同会计方法为基础形成的信息具有极大的不可比性。在企业发生变更会计政策的情况下,一定要进行深入的研究,要仔细分析政策变更对企业的影响和发生变更的原因。

(4) 企业对会计信息的人为操纵可能会误导财务报告的使用者而作出错误的决策。

在企业对外披露其财务报表之前,信息提供者往往对信息使用者所关注的财务状况以及对信息的偏好进行仔细分析与研究,并尽力满足信息使用者对企业财务状况的期望,这就难免形成"你想看什么,我尽力提供什么""你希望我的业绩如何,我就编出这样的业绩让你看"的思维与结果,这样极有可能使信息使用者所看到的报表信息与企业实际情况相去甚远,从而误导信息使用者作出错误决策。

因此,对企业财务状况的全面分析与评价,除考虑货币因素外,还应注意非货币性因素,并加强信息使用者对误导信息的识别与防范能力。

四、财务报告的使用者

财务报告分析又称财务分析,是指对财务报告上的相关数据资料进行比较、分析和研究,从而了解企业的财务状况,发现企业生产经营中存在的问题,预测企业未来发展趋势,为科学决策提供依据。

我们知道,编制财务报告的目的就是为了向财务报告的使用者提供有关的财务信息,从而为他们的决策提供依据。但是,财务报表是通过一系列的数据资料来全面地、概括地反映企业的财务状况和经营成果的。对财务报告的使用者来说,这些数据是原始的、初步的,还不能直接为决策服务,比如作为债权人,他们最关心的是企业的偿债能力,企业偿债能力的强弱,是他们作出贷款决策的依据。财务报告虽然提供了有关资产、负债、营运资金等指标数据,但根据这些数据还不能直接对企业的偿债能力作出评价,因而也不能据以作出贷款决策。报告的使用者,包括经营者、投资者、债权人和其他报告使用者,都应当根据自己的需要,运用各种专门的分析方法,对财务报告提供的数据资料进行进一步加工、整理、分析和研究,从中取得有用的信息,从而为决策提供可靠的依据。这个对财务报告有关数据资料进行分析和研究的过程就是财务报告分析。

由于财务报告的使用者类型很多,财务报告本身的信息容量也很大,根据我国的实际情况,财务报告的使用者大致来说分为以下几种类型。

1. 投资者

投资者是指该企业的所有者,包括国家、法人、外商、个人等等。企业是"他们"的,他们当然需要全面了解企业的财务状况,用以分析其投资的风险、投资收益和企业的支付能力,帮助自己进行投资决策。

投资人进行财务报告分析,是为了解答以下几个方面的问题。

(1) 公司目前和未来的收益水平如何?

(2) 目前的财务状况如何和公司的资本结构怎样?

(3) 收益风险和报酬如何?

(4) 与其他竞争者相比,公司处于何种地位?

2. 债权人

债权人包括银行、非金融机构等。他们希望能够通过阅读财务报告,来评价该企业的偿债能力,同时作为是否可以贷款、是否能够继续贷款、以前的贷款能否收回等决策的依据。

债权人可以分为短期债权人和长期债权人,他们进行财务报告分析是为了解答以下问题。

(1) 公司为什么需要筹集资金?
(2) 公司还本付息所需资金的来源是什么?
(3) 公司对于以前的短期和长期借款是否能按期偿还?
(4) 公司将来在哪些方面还需要借款?
(5) 公司偿债能力如何?
(6) 公司资金使用效率如何?

3. 经营管理者

企业的经营管理者接受企业所有者的委托,对企业所从事的各项经济活动及其经营成果和财务状况进行有效管理与控制,以实现企业长短期的经营目标。虽然相对于所有者和债权人等外部信息使用者而言,经营管理者拥有更多了解企业的信息渠道和监控企业的方法,但财务报告仍然是十分重要且有效的信息来源。由于经营管理者要参与企业实际管理工作的全过程,会涉及方方面面的问题,因此其财务报告分析的目的呈现出多样化的特点。

为满足不同利益主体的需要,协调各方面的利益关系,经营管理者必须对涉及企业财务状况的各个方面予以详尽了解和掌握,以便及时发现问题、采取对策,进行科学的投融资决策,规划和修订市场定位目标,指定和调整资源配置战略、资本引入战略等各方面战略,进一步挖掘潜力,为经济效益的持续稳定增长奠定基础。同时,经营管理者还需要借助财务报告分析,对企业的各个部门和员工进行业绩评价,为日后的生产经营编制科学的预算,实现高效的控制与监管。

4. 政府职能机构

政府职能机构是指工商、税务、财政以及各级国有资产管理委员会(简称国资委)等对企业有监督职能的政府职能部门。工商行政部门主要是审核企业经营的合法性,并进行产品质量监督与安全检查;税务与财政部门则主要关注企业的盈利水平与资产的增减变动情况,监督企业是否遵守相关政策法规,检查企业税收缴纳情况;各级国资委作为国有企业的直接出资人,除关注投资所产生的社会效益外,还必然对投资的经济效益予以考虑,在谋求资本保全的前提下,期望企业能够带来稳定增长的财政收入。总之,政府职能机构不仅要了解企业资金的使用效率,预测财务收入增长情况,有效组织和调整社会资金资源的配置,而且要借助财务报告分析,检查企业是否存在违法违纪、浪费国家财产等问题。最后,通过综合分析,对企业的发展后劲以及对社会的贡献程度进行考察。

5. 社会中介结构

社会中介机构通常包括会计师事务所、律师事务所、资产评估事务所、资信评估公司以及各类咨询机构等。它们以独立第三方的身份为企业提供服务,包括对企业相关事项做出客观公正的评价,提出中肯的意见和建议等等。通过财务报告分析,了解企业的财务状况,发现生产经营过程中存在的问题。所以,财务报表会为社会中介机构提供非常有价值的判断依据。

在这些社会中介机构中,会计师事务所与财务报告分析的关系最为密切。注册会计师在对企业的财务报告进行审计时,需要就财务报告编制状况发表审计意见,而财务报告分析可以帮助其发现问题和线索,为审计结论提供依据。

6. 供应商

供应商是指为企业提供原材料、设备和劳务等商品的单位。他们根据企业的财务报告,可以分析该企业的经营能力、应收账款周转率和存货周转率等,判断企业采购业务的支付能力,调整供应商品的营销策略。

7. 社会公众

社会公众是企业潜在的合作者。他们通过企业提供的会计信息,可以分析和掌握企业的盈利能力、经营能力、支付能力、股利分配政策等等,从而有可能发展成为企业的投资者、债权人、供应商等等,以夯实企业生存的基础。

从以上的讨论中,我们可以得出以下结论。

(1) 财务报告的使用者所要求的信息大部分都是面向未来的。

(2) 不同的使用者各有其不同的目的,因此,即使对待同一对象,他们所要求得到的信息也是不同的。

(3) 不同的使用者所需要的信息的深度和广度不同。

(4) 上市公司财务报告中并不包含使用者需要的所有信息。

（5）中介和咨询机构利用自身的专业知识分析财务报告为客户提供咨询服务。

五、财务报告分析的内容

不同的财务报告使用者，由于其对财务信息的需求不同，因而相应的财务报告分析的内容也不同。但概括起来，财务报告分析的内容主要包括以下几个方面。

（一）资本结构分析

企业在生产经营过程中周转使用的资金，是从不同的来源取得的（包括从债权人借入和企业自有两大部分），又以不同的形态分配和使用（包括流动资产、固定资产、无形资产、其他资产等）。资本结构的健全和合理与否，直接关系到企业经济实力的充实和经济基础的稳定与否。如果资本结构健全且合理，企业的经济基础就比较牢固，就能承担各种风险；反之，如果资本结构不合理，企业就会处于虚弱的经济基础，难以承担各种风险。分析资本结构，无论对企业的经营者，还是对投资者或债权人，都具有十分重要的意义。

（二）偿债能力分析

企业在生产经营过程中，为了弥补自有资金的不足，经常通过举债来筹集部分生产经营资金。但是举债必须以能偿还为前提。如果企业不能按时偿还所负债务的本息，那么企业的生产经营就会陷入困境，以至危及企业的生存。因此，对于企业经营者来说，通过财务报告分析，评价企业的偿债能力，有利于其作出正确的筹资决策和投资决策。而对债权人来说，偿债能力的强弱是他们作出贷款决策的基本的和决定性的依据。

（三）获利能力分析

获利能力即赚取利润的能力。获取利润是企业生产经营的根本目的，也是投资者投资的基本目的。获利能力的大小显示着企业经营管理的成败和企业未来前景的好坏，因而是企业经营者和投资者财务报告分析的重点。

（四）资金使用效率分析

企业筹集资金的目的是为了使用。如果资金得到充分有效的使用，则企业必能获得较多的收入，而且能减少对资金供应量的需求；反之，如果筹集到的资金得不到充分有效的使用，不仅不能给企业带来利益，而且还会给企业带来负担。因此,资金利用效率的高低,直接关系到企业获利能力的大小,预示着企业未来的发展前景,因而是企业经营者和投资者财务报告分析的一项重要内容。

(五) 现金流量分析

通过现金流量表的分析,为财务报告的使用者提供企业在该会计期间内现金流入、现金流出以及现金净流量信息的财务报表,估量企业产生现金的能力和使用方向,反映企业现金在流动中增减变动情况,从现金流量的角度来揭示企业的财务状况。

(六) 成本费用分析

在市场经济条件下,产品的价格是由市场决定的。在同样的市场价格条件下,如果能降低成本,减少费用,企业就能获取较高的利润,从而在市场竞争中处于有利的地位;反之,则会在市场竞争中处于不利的地位,以致被淘汰。由于有关成本和费用的报表属于企业内部使用报表,投资者、债权人一般无法取得,因而成本和费用的分析是企业经营者财务报告分析的重要内容。

(七) 收入、利润及利润分配分析

收入和利润水平的高低是否与企业生产经营规模和能力相适应,反映着企业经营管理的水平和企业获利能力的大小,也预示企业未来的发展前景。而利润分配政策则直接关系到企业未来的发展和企业承担风险的能力,这些都是企业经营者和投资者财务报告分析的重要内容。

六、财务报告分析的程序

财务报告分析就是在财务报告所提供的信息的基础上,结合其他信息来源,利用特定的方法,对企业当前状况作出综合评价,对企业未来发展趋势作出预测,使会计信息真正发挥其应有的作用。财务报告分析一般应按以下分析程序进行操作。

(一) 明确分析目的

在进行分析时,首先是要明确分析的目的,比如对盈利情况进行分析,据以预测未来年度的盈利能力,称为盈利性分析。

财务报告分析具有广泛的用途。企业短期投资者分析财务报告的目的在于了解企业的短期偿债能力,便于短期投资决策;企业长期投资者分析财务报

告的目的则着重于企业的长期偿债能力,为长期投资提供决策依据;股东分析财务报告的目的在于获悉企业的经营业绩、获利能力、财务状况及资本结构等因素,这些因素对股票价值的高低具有重大的影响;企业管理人员分析财务报告的目的在于及时掌握企业的财务状况及经营成果,检讨其得失,并及时发现问题所在,迅速采取有效措施,使企业能够稳定发展;注册会计师分析财务报告的目的在于以独立超然的地位,采用合理的方法与程序,明确指明企业所提供的财务报告是否公允表达某特定会计期间的财务状况及经营成果;税务机关分析财务报告的目的在于纳税义务人是否如实申报有关税款金额等等。

（二）收集分析资料

财务报告是企业进行财务报告分析的主要资料来源,为了全面掌握企业的经营状况,还需要搜集其他资料,如市场前景,产销情况,员工构成,技术开发,以及预测、计划、定额和标准等资料。

企业财务报告分析所需资料来源主要有以下几种。

1. 财务报表

企业在会计期间编制的、对外报送的财务报表,主要有资产负债表、利润表、现金流量表和所有者权益变动表等。

2. 注册会计师的审计报告

审计报告是注册会计师依据中国注册会计师独立审计准则的规定,在实施审计工作的基础上,对企业财务报告发表审计意见的书面文件。审计报告作为民间审计的主要形式,通常具有一定的权威性和法定证明效力。报告使用者或分析者在阅读分析企业财务报告之前,有必要阅读一下注册会计师出具的审计报告,了解注册会计师对企业财务报告的审计结果。毕竟大部分的财务报告使用者对企业的日常经营活动不了解,也难以及时获得有关企业日常行为的确切信息,更不可能对企业进行实地考察,因而也就无法对企业财务报告的真实、合法与完整性做出判断与评价。对审计报告的阅读,有助于财务报告使用者借助于注册会计师的审计行为初步获得有关企业财务状况是否真实、可靠、合法的"旁证",了解报告所披露的信息是否存在可能会影响其分析与决策的相关事项等。

按照我国证监会2001年12月22日发布的《公开发行证券的公司信息披露编报规则第14号——非标准无保留审计意见及其涉及事项的处理》中的解释,审计报告一般包括标准审计报告与非标准审计报告。当注册会计师出具的是无保留意见审计报告不附加说明段、强调事项段或任何修饰性用语时,即为标准审计报告。而非标准审计报告,是指标准审计报告以外的其他审计报告,包括带强调事项段的无保留意见审计报告、保留意见审计报告、否定意见审计报告和拒绝表示意见的审计报告等。不同的审计报告代表着注册会计师不同的审计结论,也代表着注册会计师对企业财务报告质量的不同评判结果。

(1) 无保留意见审计报告。无保留意见审计报告,是指注册会计师经过审计后,认为被审计单位的财务报告是按照适用的会计准则和相关会计制度编制的,在所有重大方面公允反映了被审计单位的财务状况、经营成果和资金流量的变动情况,会计政策与会计估计的选择确定能合理保证财务报告不存在重大错误。报告信息能基本满足非特定信息使用者的基本需要,信息的可信度较高。

带强调事项段的无保留意见审计报告(即非标准无保留审计意见),是在标准的无保留意见审计报告之后,附带有强调事项段。这并非意味着被审计单位的财务报告不公允或不可靠,而是注册会计师针对被审计单位存在的一些重大财务事项或财务风险做出的提示。

《公开发行证券的公司信息披露编报规则第14号——非标准无保留审计意见及其涉及事项的处理》中明确规定:"凡注册会计师对上市公司的财务报告出具非标准无保留审计意见的,应当根据中国注册会计师独立审计准则的要求,在其审计报告中清楚地说明出具该意见的原因及依据,并对该意见涉及事项对上市公司财务报告的影响做出估计,无法估计的应当说明原因。"

(2) 保留意见审计报告。保留意见审计报告,是指注册会计师经过审计之后,认为被审计单位的财务报告就其整体而言还是公允的,但在某些方面也还存在着一些问题。问题主要体现在以下两个方面:

① 在个别事项的会计处理方面,会计政策与会计估计的选择确定或财务报表信息的披露不符合相关的会计准则和会计制度的规定,但经注册会计师指出后被审计单位又拒绝就此进行调整的。

② 注册会计师对个别问题的审计范围受到限制,不能获取充分、适当的审计证据,因此无法就此作出具体审计判断的情况。

保留意见的审计报告,通常是由于上述个别问题的存在而引起的。在不涉及这些个别事项的前提下,被出具保留意见审计报告的财务报告在其他事项的信息方面仍然是公允和可利用的。

(3) 否定意见的审计报告。注册会计师经过审计后,如果出具的是否定意见的审计报告,说明他认为被审计单位的财务报告没有按照适用的会计准则和相关会计制度编制,未能在所有重大方面公允反映被审计单位的财务状况、经营成果和现金流量,或者被审计单位的报告严重歪曲了其实际的财务状况、经营成果与资金流量变动等情况,被审计单位又拒绝对此进行调整。由于这些重大错报会误导报告信息的使用者,因此报告信息已基本上失去了其使用价值。此时,财务报告对报告使用者而言,已经没有了分析利用的意义,仅仅只能作为一种粗略的参考而已。

(4) 无法表示意见的审计报告。注册会计师在审计过程中,需要借助于包括阅读、查账、函证、监盘等一系列必要的手段与审计程序,才能获取充分、适当的审计证据,以对被审计单位财务报告的合法性、公允性作出恰当的判断与评价。然而,如果在审计过程中,审计范围受到委托人、被审计单位或客观环境等的严重限制,使得注册会计师不能获取充分、恰当的审计证据时,注册会计师就无法对企业财务报告整体所反映的内容发表评判意见,只能出具无法表示意见的审计报告。被出具无法表示意见审计报告的财务报告并不一定存在问题,或存在的问题并不一定非常严重,这只是由于审计工作受到限制而导致的。因此,与被出具否定意见审计报告的财务报告在报告质量和可利用性上还是有所不同的。但即便如此,还是应引起报告使用者的特别注意。

当然,即使是经过注册会计师审计,并出具了标准无保留意见审计报告的财务报告,也不一定就完全真实、全面地反映被审计单位的实际情况。现实中,由于会计准则与会计假设本身的局限性,财务会计数据的滞后性以及相关当事人,特别是被审计单位管理层和注册会计师的职业道德等主、客观因素的影响,可能会导致公司公布的财务报告与其现实情况存在一定程度的脱节。例如,按照历史成本计价的资产账面价值有时不一定对等于其现时的变现能力,因而也就不能准确反映公司的财务状况。此外,公司管理层出于某种特殊目的而人为操纵利润也会影响着其报告数据的可信度。

必须强调,审计的有用性依赖于它的独立性和能力性。审计的独立性是人们信赖他们的首要因素,但是被审计单位是审计人员服务费用的支付主体,与审计的独立性存在重大矛盾。审计的能力性是他们被信赖的第二位因素,但是谁也不能保证每一个审计人员都是胜任的。因此,分析人员应当关注可能出现的欺诈、疏忽和不遵守审计准则的行为,始终对审计意见保持一定的谨慎。

3. 企业的会计政策

企业的会计政策是指该企业在编制财务报告时所依据的各项会计原理、原则与方法,以及对这些原理、原则与方法的特殊应用。

4. 其他途径取得的有关资料

其他专业性机构,如投资咨询服务机构、行业性协会、证券交易所等所提供的有关资料,有关企业预算、计划、总结、规划的材料以及企业管理人员对企业当年度生产经营与未来展望的评价等,均可为财务报告分析者提供必要的会计资料。

5. 有关部门对比分析所需的资料

掌握有关计划资料、历史资料和同行业的先进资料,可以全面深入地分析企业的财务状况、经营成果和现金流量。对所搜集的各项报告资料反映出的各项经济指标,同有关的计划、历史资料、同行业的先进资料进行对比,有利于找出差距和应深入分析的重点。

在充分搜集了财务报告资料以后,还必须按实事求是的原则,严格按企业生产经营活动的全貌进行加工。只有这样,才能客观地、公正地、如实地反映企业经营的本来面目。

(三)选择分析方法

分析方法服从于分析目的。应当根据不同的分析目的,采用不同的分析方法。如对未来发展趋势的预测,往往用到回归分析法;对流动性的分析,往往需要用到比率分析法;对计划执行情况分析,往往用到因素分析法等。

(四)进行分析计算

根据所掌握的数据资料,采用一定的分析方法,特别是采用一定的财务指标,进行指标计算,然后根据计算得出的指标,层层分解和辨析。比如,在进行计划执行情况的分析时,找出指标之间的差距,分析差距形成的原因;在进行未来趋势预测时,就要在指标计算的基础上,剔除其中隐含的非正常因素,从而对未来趋势作出判断。

(五)撰写分析报告

财务分析报告是反映企业财务状况和财务成果意见的报告性书面文件。分析报告要对分析目的作出明确说明,评价要客观、全面、准确。对分析的主要内容,选用的分析方法,采用的分析步骤也要作简明扼要的叙述,以备审阅分析报告的人了解整个分析过程。此外,分析报告中还应当包括分析人员针对分析过程中发现的矛盾和问题,提出的改进措施或建议。如果能对今后的发展提出预测性意见则具有更大的作用。

通过财务分析报告,阅读报告的相关人员可以系统地了解该财务报告单位的整体或某项财务活动的真实情况,正确地对其进行业绩评价,提前警示其财务风险,准确预测其发展趋势,以及完善其经营管理。

财务分析报告一般是由报告单位的财务部门,根据本单位的财务报告等会计及经济信息资料,利用财务分析的理论和方法,经过整理、分析、提炼和总结而撰写完成的供单位内部使用的财务经营活动的结论性文书。但随着我国资本市场的不断发展,由投资分析机构或独立财务分析人员撰写完成的,供资本运作、信贷决策参考的财务分析报告,已广泛应用于股权投资、企业重组或资产并购等价值评价和银行等金融机构的信贷决策之中了。

第二节 上市公司财务报告的法规环境

企业财务报告的编制如果没有一定强制性、约束性的法规制约,将会对财务报告信息的使用带来极大障碍。从世界各国的实际情况来看,各国大都对企业财务报告的编制与报告内容制定了一些法规,使报告信息的提供者——企业在编制财务报告时操纵报告信息的可能性受到了限制。

在我国,制约企业编制财务报告的法规体系包括会计规范体系以及约束上市公司信息披露的法规体系。从目前的情况来看,制约我国企业财务报告编制的会计法规体系包括下列内容。

一、制约企业财务报告编制的法规体系

(一)《会计法》

《会计法》是调整我国经济活动中会计关系的法律总规范,是会计法律规范体系的最高层次,是制定其他会计法规的基本依据,也是指导会计工作的最高准则。《会计法》由全国人大常委会制定发布。

中华人民共和国成立后的第一部《会计法》是于1985年1月21日由第六届全国人民代表大会常务委员会第九次会议通过的,并从1985年5月1日开始实施。为适应社会主义市场经济发展的需要,1993年12月29日,第八届全国人民代表大会常务委员会第五次会议通过了《关于修改〈中华人民共和国

会计法)的决定》,并以中华人民共和国主席令的形式予以公布,并自公布之日起施行。

1999年10月31日,《会计法》又一次被修订,并于2000年7月1日起施行。2017年第三次修订。现行《会计法》是2017年11月4日由第十二届全国人民代表大会常务委员会第三十次会议修订通过的,并自2017年11月5日起施行。《会计法》明确规定了其作用、适用范围、会计人员行使职权的保障措施和会计工作的管理体制等,明确规定了会计信息的内容和要求,企业会计核算、监督的原则,会计机构的设置,会计人员的配备以及相关人员的法律责任。

(二)会计准则体系

我国现行会计准则体系包括政府会计准则、企业会计准则和小企业会计准则三部分,分别规范政府机关与事业单位、大中型企业和小企业三类会计主体的核算行为,是相关会计主体会计部门从事确认、计量、记录和报告等会计活动所应遵循的标准。

1. 政府会计准则体系

《政府会计准则——基本准则》于2015年10月23日由财政部令第78号发布,并于2017年1月1日实施。政府会计准则适用于各级政府与本级政府财政部门直接或者间接发生预算拨款关系的国家机关、军队、政党组织、社会团体、事业单位和其他单位。政府会计准则体系由政府基本会计准则、政府具体会计准则、政府会计准则应用指南和政府会计制度构成。

2. 小企业会计准则体系

《小企业会计准则》于2011年10月18日由财政部以财会〔2011〕17号印发,用于规范符合《中小企业划型标准规定》的小型企业的会计确认、计量和报告行为。《小企业会计准则》分总则、资产、负债、所有者权益、收入、费用、利润及利润分配、外币业务、财务报表、附则10章共90条,并自2013年1月1日起施行。

3. 企业会计准则体系

企业会计准则体系(主要适用于大中型企业和上市公司)由企业基本会计准则、企业具体会计准则、企业会计准则应用指南和企业会计准则解释等组成。

(1)企业基本会计准则。企业基本会计准则最早于1992年11月30日发布,并于1993年7月1日起实施。2006年2月15日,财政部公布了修订后的《企业会计准则——基本准则》,并于2007年1月1日起施行。2014年7月再次修订。企业基本会计准则主要适用于大中型企业(包括上市公司),其主要内容包括财务会计的目标、会计核算的基本前提、会计核算的一般原则及会计要素。企业基本会计准则是制定和指导企业具体会计准则的前提条件,在企业会计准则体系中起着统御作用,为企业具体会计准则的制定提供了基本框架。本书将主要体现《企业会计准则——基本准则》的精神。

(2)企业具体会计准则。企业具体会计准则是根据企业基本会计准则的要求而制定的,截至2019年11月,财政部共发布(包括修订和补充)企业具体会计准则42项,分别就企业经济业务的会计处理、报表披露等方面做出了具体规定,用于具体规范企业普遍适用的一般业务、特殊行业、特定业务三类经济业务或会计事项的处理。

(3)企业会计准则应用指南和企业会计准则解释。企业会计准则应用指南是根据基本准则和具体准则制定并用于指导会计实务操作的细则,是企业会计准则体系的重要组成部分,主要运用在会计准则处理业务时所涉及的会计科目、账务处理、会计报表格式及其编制说明。应用指南的发布有助于会计人员完整、准确地理解和掌握所发布会计准则的内容与精神,确保会计准则的准确且有效贯彻与实施。为了深入贯彻实施企业会计准则,解决执行中出现的问题,同时实现企业会计准则持续趋同和等效,财政部于2007年11月至2017年6月陆续制定和发布了企业会计准则解释1号至12号。

注意,随着客观经济环境的变化,制约企业财务报告编制的会计规范体系必定处于不断变化、完善与发展之中。

二、约束上市公司信息披露的法规体系

信息披露制度是财务分析人员进行财务分析需要考虑的重要制度之一,因此,关注信息披露制度的变化与完善十分必要。

(一)信息披露制度的概念

信息披露制度也称公示制度或公开披露制度。它是上市公司为保障投资者利益、接受社会公众的监督而依照法律规定必须将其自身的财务变化、经营状况等信息和资料向证券管理部门和证券交易所报告,并向社会公开或公告,以使投资者充分了解情况的制度。

（二）上市公司信息披露的内容

上市公司信息披露的内容，可以从信息披露的需求者和披露信息时段两个方面进行分类。

（1）从上市公司披露信息的服务对象来看，可分为投资者评估公司状况所需要的信息和对股价运行有重要影响的事项两部分内容。

（2）从上市公司披露信息时段来看，可分为上市前和上市后会计信息两部分内容。

（三）我国现行上市公司信息披露规范体系

我国现行的上市公司信息披露规范体系主要由证券发行信息披露制度和持续性信息披露制度（定期报告制度和临时报告制度等）两个方面所组成。

1. 会计信息披露构件

会计信息披露一般包括首次披露（招股说明书、上市公告书）和持续披露（年度报告、中期报告和临时报告）。临时报告包括重大事件公告和收购与合并公告。

2. 信息披露的评价标准与目的

信息披露制度的目的与证券市场监管的目标是一致的，都以维护投资者利益、提高证券市场的效率为宗旨。因此，信息披露的评价标准强调"三性"，即及时性、有效性和充分性。

3. 我国上市公司信息披露制度建设

随着上市公司数量的不断增加，我国上市公司信息披露制度也逐渐规范。中华人民共和国证券监督管理委员会（以下简称证监会）已经发布或修订的《上市公司信息披露管理办法》《上市公司证券发行管理办法》和若干《公开发行证券的公司信息披露内容与格式准则》《公开发行证券的公司信息披露编报规则》等上市公司披露制度，将会随着客观经济环境的变化，处于不断变化、完善与发展之中。

第三节　财务报告分析的基本方法

财务报告是建立在会计核算基础上的，是对企业经营活动的综合反映。要对一个企业的财务报告作出比较深刻、透彻的分析，找出有用的信息，发现隐含的问题，必须具备一定的专业知识。为此，报告的使用者应该了解财务报告分析的基本方法。下面介绍几种常用的分析方法。

一、比较分析法

(一) 比较分析法的含义

比较分析法是财务报告分析中最常用的一种分析方法,也是一种基本方法。

所谓比较分析法是指将实际达到的数据与特定的各种标准相比较,从数量上确定其差异,并进行差异分析或趋势分析的一种分析方法。所谓差异分析是指通过差异揭示成绩或差距,作出评价,并找出产生差异的原因及其对差异的影响程度,为今后改进企业的经营管理指引方向的一种分析方法。所谓趋势分析是指将实际达到的结果,和不同时期财务报表中同类指标的历史数据进行比较,从而确定财务状况、经营状况和现金流量的变化趋势和变化规律的一种分析方法。由于差异分析和趋势分析都是建立在比较的基础上,所以统称为比较法。

(二) 比较数据

比较数据有绝对数比较和相对数比较两种。

(1) 绝对数比较。即利用财务报表中两个或两个以上的绝对数进行比较,以揭示其数量差异。例如:飞天公司上年的产品销售额为 200 万元,产品销售利润为 20 万元;今年的产品销售额为 240 万元,产品销售利润为 30 万元,则今年与上年的差异额为:产品销售额 40 万元,产品销售利润 10 万元。

(2) 相对数比较。即利用财务报表中有关系数据的相对数进行对比,如将绝对数换算成百分比、结构比重、比率等进行对比,以揭示相对数之间的差异。比如:飞天公司上年的产品销售成本占产品销售额的百分比为 85%;今年的产品销售成本占产品销售额的百分比为 80%,则今年与上年相比,产品销售成本占产品销售额的百分比下降了 5%,这就是利用百分比进行比较分析。对某些由多个个体指标组成的总体指标,就可以通过计算每个个体指标占总体指标的比重,进行比较,分析其构成变化和趋势。这就是利用结构比重进行比较分析。也可以将财务报表中存在一定关系的项目数据组成比率进行对比,以揭示企业某一方面的能力,如偿债能力、获利能力等,这就是利用比率进行比较分析。

一般来说,绝对数比较只通过差异数说明差异金额,但没有表明变动程度,而相对数比较则可以进一步说明变动程度。如上例中,用飞天公司的产品销售成本占产品销售额的比重进行比较,就能求得今年比上年降低了5%的变动程度。在实际工作中,绝对数比较和相对数比较可以交互应用,以便通过比较作出更充分的判断和更准确的评价。

(三)比较标准

在财务报告分析中经常使用的比较标准有以下几种。

(1) 实际指标与预算(计划或定额)比较,可以揭示出实际与预算(或计划或定额)之间的差异,了解该项指标的完成情况。

(2) 本期指标与上期指标或历史最好指标水平比较,可确定前后不同时期有关指标的变动情况,了解企业生产经营活动的发展趋势和管理工作的改进情况。

(3) 本企业指标与国内外优秀企业指标比较,可以找出与优秀企业之间的差异,以推动本企业改善经营管理,赶超先进水平。

(四)比较方法

比较分析法有两种具体方法:横向比较法和纵向比较法。

1. 横向比较法

它又称为水平分析法,是指将反映企业报告期财务状况的信息(特别指财务报表信息资料)与反映企业前期或历史某一时期财务状况的信息进行对比,研究企业各项经营业绩或财务状况的发展变动情况的一种财务分析方法。横向比较法所进行的对比,一般而言,不是单指指标对比,而是对反映某方面情况的报表的全面、综合对比分析,尤其在对财务报告分析中应用较多。因此,通常也将横向比较法称为财务报表分析方法。横向比较法的基本要点是,将报表资料中不同时期的同项数据进行对比,对比的方式有以下几种。

一是绝对值增减变动,其计算公式是

绝对值变动数量=分析期某项指标实际数-基期同项指标实际数

二是增减变动率,其计算公式是

$$变动率 = \frac{变动绝对值}{基期实际数量} \times 100\%$$

三是变动比率值,其计算公式是

$$变动比值率 = \frac{分析期实际数值}{基期实际数值} \times 100\%$$

上式中所说的基期,可指上年度,也可指以前某年度。横向比较法中应同时进行绝对值和变动率或比率两种形式的对比,因为仅以某种形式对比,可能得出错误的结论。

【例 1.1】 飞天公司 2018 年的净利润为 60 万元,2019 年的净利润为 90 万元,2019 年与 2018 年比较,净利润增加了 30 万元。或者说,飞天公司 2019 年的净利润为 2018 年的 150%,增长了 50%。

这是一种比较简单的横向比较,常用于差异分析。

横向比较法经常采用的一种形式是编制比较财务报表。这种比较财务报表可以选择最近两期的数据并列编制,也可以选取数期的数据并列编制。前者一般作差异分析用,后者则可作趋势分析用。

【例 1.2】 飞天公司 2019 年和 2018 年两年利润表的部分数据如下,以表 1.1 列示其比较利润表。

表 1.1 飞天公司比较利润表

会计年度:1 月 1 日—12 月 31 日

	2019 年/万元	2018 年/万元	增加(减少) 金额/万元	增加(减少) 百分比/%
一、营业收入	4 397	3 208	1 189	37.1
减:营业成本	2 465	1 846	619	33.5
税金及附加	145	108	37	34.3
销售费用	162	124	38	30.6
管理费用	153	136	17	12.5
财务费用	52	54	−2	−3.7
资产减值损失				—
加:投资收益				—
二、营业利润	1 420	940	480	51.1
加:营业外收入	100	84	16	19.0
减:营业外支出	20	24	−4	−16.7
三、利润总额	1 500	1 000	500	50.0
减:所得税	450	300	150	50.0

续表

	2019年/万元	2018年/万元	增加（减少）	
			金额/万元	百分比/%
四、净利润	1 050	700	350	50.0
五、每股收益			略	
（一）基本每股收益				
（二）稀释每股收益				

根据表1.1的资料初步评价如下。

(1) 营业收入和利润均呈增长势头，而且利润的增长幅度(50%)高于营业收入的增长幅度(37.1%)。

(2) 利润增长的主要因素有：营业成本、销售费用和税金及附加的增幅均低于营业收入的增幅，表明企业在收购和销售环节做了很多工作；管理费用增幅小，财务费用不仅未增，反而下降了3.7%，营业外支出也下降了16.7%，这些都表明飞天公司的管理水平有了很大提高。

(3) 综合以上两点，可以作出初步评价：飞天公司在业务经营和企业管理两个方面都取得了较好的成绩，企业经济效益有了显著的提高。

应当指出，横向比较法通过将企业财务报告期的财务会计资料与前期对比，揭示各方面存在的问题，为全面深入分析企业财务状况奠定了基础。因此横向比较法是会计分析的基本方法。另外横向比较法可用于一些可比性较高的同类企业之间的对比分析，以找出企业间存在的差距。但是，横向比较法在不同企业应用中，一定要注意其可比性问题，即使在同一企业应用，对于差异的评价也应考虑其对比基础；另外，横向比较法中，应将两种对比方式结合运用，仅用变动量，或仅用变动率都可能得出片面的、甚至是错误的结论。

2. 纵向比较法

也称垂直分析法，它的基本点不是将企业报告期的分析数据直接与基期进行对比求出增减变动量和增减变动率，而是通过计算报表中各项目占总体的比重或结构，反映报表中的项目与总体关系情况及其变动情况。财务报表经过纵向比较处理后，通常称为度量报表，或称总体结构报表、共同比报表等。如同度量资产负债表、同度量利润表、同度量成本表等，都是应用纵向比较法得到的。纵向比较法的一般步骤如下。

第一,确定报表中各项目占总额的比重或百分比,其计算公式是

$$某项目的比重 = \frac{该项目金额}{各项目总金额} \times 100\%$$

第二,通过各项目的比重,分析各项目在企业经营中的重要性。一般情况下,项目比重越大,说明其重要程度越高,对总体的影响越大。

第三,将分析期各项目的比重与前期同项目比重对比,研究各项目的比重变动情况。也可将本企业报告期项目比重与同类企业的可比项目比重进行对比,研究本企业与同类企业的不同,以及取得的成绩和存在的问题。

资产负债表的共同比报表通常以资产总额为基数。利润表的共同比报表通常以营业收入总额为基数。

共同比财务报表亦可用于几个会计期间的比较,为此而编制的财务报表称为比较共同比财务报表。通过报表中各项目所占百分比的比较,不仅可以看出其差异,而且通过数期比较,还可以看出变化趋势。

【例1.3】 现仍以前例飞天公司2018年和2019年两年的数据为例,编制共同比利润表,如表1.2所示。

表1.2 飞天公司比较共同比利润表　　　　单位:%

	2019年	2018年
一、营业收入	100.00	100.00
减:营业成本	56.06	57.54
税金及附加	3.30	3.37
销售费用	3.68	3.87
管理费用	3.48	4.24
财务费用	1.18	1.68
资产减值损失	—	—
加:投资收益		
二、营业利润	32.29	29.30
营业外收入	2.27	2.62
减:营业外支出	0.45	0.75
三、利润总额	34.11	31.17

续表

	2019 年	2018 年
减：所得税	10.23	9.35
四、净利润	23.88	21.82
五、每股收益	—	—
（一）基本每股收益		
（二）稀释每股收益		

从表 1.2 可以看出，飞天公司 2019 年的各项费用、成本项目的比重均略有降低，从而使税前利润和净利润有所上升。联系营业收入的绝对金额，主要是飞天公司 2019 年的营业收入额有较大增长的结果。

共同比财务报表分析的主要优点是便于对不同时期报表的相同项目进行比较，如果能对数期报表的相同项目作比较，可以观察到相同项目变动的一般趋势，有助于评价和预测。但无论是金额、百分比还是共同比的比较，都只能作出初步分析和判断，还需在此基础上作进一步分析，才能对变动的有利或不利因素作出较明确的判断。

（五）运用比较分析法应注意的问题

在运用比较分析法时应注意相关指标的可比性。具体来说有以下几点。

1. 指标内容、范围和计算方法的一致性

在运用比较分析法时，必须大量运用资产负债表、利润表、现金流量表等财务报表中的项目数据。必须注意这些项目的内容、范围以及使用这些项目数据计算出来的经济指标的内容、范围和计算方法的一致性，只有一致才具有可比性。

2. 会计计量标准、会计政策和会计处理方法的一致性

财务报表中的数据来自账簿记录，而在会计核算中，会计计量标准、会计政策和会计处理方法都有可能变动，若有变动，则必然会影响到数据的可比性。因此，在运用比较分析法时，对由于会计计量标准、会计政策和会计处理方法的变动而不具可比性的会计数据，就必须进行调整，使之具有可比性才可以进行比较。

3. 时间单位和长度的一致性

在采用比较分析法时，不管是实际与实际的对比，实际与预定目标或计划

的对比,还是本企业与优秀企业的对比,都必须注意所使用的数据的时间及其长度的一致性,包括月、季、年度的对比,不同年度的同期对比,特别是本企业的数期对比或本企业与优秀企业的对比,所选择的时间长度和选择的年份都必须具有可比性,以保证通过比较分析所作出的判断和评价具有可靠性和准确性。

4. 企业类型、经营规模和财务规模以及目标大体一致

这主要指本企业与其他企业对比时应当注意的要点。只有大体一致,企业之间的数据才具有可比性,比较的结果才具有实用性。

二、趋势分析法

趋势分析法是根据企业连续几年或几个时期的分析资料,运用指数或完成率的计算,确定分析期各有关项目的变动情况和趋势的一种财务分析方法。趋势分析法既可用于对财务报表的整体分析,即研究一定时期报表各项目的变动趋势,也可用于对某些主要指标的发展趋势进行分析。趋势分析法的一般步骤如下。

第一,计算趋势比率或指数。通常指数的计算有两种方法,一是定基指数,二是环比指数。定基指数就是各个时期的指数都是以某一固定时期为基期来计算的。环比指数则是各个时期的指数以前一期为基数来计算的。趋势分析法通常采用定基指数。

第二,根据指数计算结果,以评价与判断企业各项指标的变动趋势及其合理性。

第三,预测未来的发展趋势。根据企业以前各期的变动情况,研究其变动趋势或规律,从而可预测企业未来发展变动情况。

【例1.4】 某公司 2015—2019 年有关销售额、利润、每股收益及每股股息资料如表 1.3 所示。

表 1.3 某公司 2015—2019 年有关销售额、利润、每股收益及每股股息

	2019 年	2018 年	2017 年	2016 年	2015 年
销售额/万元	17 034.00	13 305.00	11 550.00	10 631.00	10 600.00
税后利润/万元	1 397.00	1 178.00	374.00	332.00	923.00
每股收益/元	4.31	3.52	1.10	0.97	2.54
每股股息/元	1.90	1.71	1.63	1.62	1.60

根据表 1.3 的资料，运用趋势分析法可得出趋势分析表如表 1.4 所示。

表 1.4 趋势分析表

	2019 年	2018 年	2017 年	2016 年	2015 年
销售额/万元	160.7	125.5	109.0	100.3	100.0
税后利润/万元	151.4	127.6	40.5	36.0	100.0
每股收益/万元	169.7	138.6	43.3	38.2	100.0
每股股息/万元	118.8	106.9	101.9	101.3	100.0

从表 1.4 可看出，该企业几年来的销售额和每股股息在逐年增长，特别是 2019 年和 2018 年增长较快。税后利润和每股收益在 2017 年和 2016 年有所下降，2018 年和 2019 年有较大幅度增长。从总体状况看，企业自 2015 年以来，除了 2016 年和 2017 年的盈利状况有所下降外，2018 年和 2019 年各项指标完成得都比较好。从各指标之间的关系看，每股收益的平均增长速度最快，高于销售、利润和每股股息的平均增长速度。企业几年来的发展趋势说明，企业的经营状况和财务状况不断改善，如果这个趋势能保持下去，未来几年的状况也会较好。

三、比率分析法

（一）比率分析法的含义和作用

比率是两数相比所得的值。任何两个数字都可以计算出比率，但是要使比率具有意义，计算比率的两个数字就必须具有相互关系。比如一个工厂的产品年产量与职工人数有关，通过年产量和职工人数这两个数字计算出的比率，就可以说明这家工厂的劳动生产率。在财务报表中这种具有重要联系的相关数字比比皆是，可以计算出一系列有意义的比率。这种比率通常叫作财务比率。利用财务比率，包括一个单独的比率或者一组比率，以表明某一方面的业绩、状况或能力的分析，就称为比率分析法。

比率分析法是财务报告分析中的一个重要方法。它之所以重要，主要体现在比率分析的作用之中。如前所述，由于比率是密切联系的两个或两个以上的相关数字计算出来的，所以通过比率分析，往往可以利用一个或几个比率就可以独立地揭示和说明企业某一方面的财务状况和经营业绩，或者说明某一方面的能力。比如,一个总资产报酬率可以揭示企业的总资产所取得的利润水平和能力;一个投资收益率也可以在一定程度上说明投资者的获利能力,如此等等。比率分析法在这方面的作用是较为明显的。当然对比率分析法的作用也不能估计过高。它和比较分析法一样,只适用于某些方面,其揭示信息的范围也有一定的局限,更为重要的是,在实际运用比率分析法时,还必须以比率所揭示的信息为起点,结合其他有关资料和实际情况,作更深层次的探究,才能作出正确的判断和评价,更好地为决策服务。因此,在财务报告分析中既要重视比率分析法的利用,又要和其他分析方法密切配合,合理运用,以提高财务报告分析的效果。

根据财务报表计算的比率主要有三类。

① 反映企业偿债能力的比率,如流动比率、速动比率、负债比率等等。

② 反映企业获利能力的比率,如资产报酬率、营业利润率、每股盈利等等。

③ 反映企业经营和管理效率的比率,如总资产周转率、存货周转率等等。实际上,第三类指标既与评价企业偿债能力有关,也与评价获利能力有关。有关各个比率的计算和分析,我们将在以后各章中专门作详细讲述。

(二) 财务比率的类型

在比率分析中应用的财务比率很多,为了有效应用,一般要对财务比率进行科学分类。但目前还没有公认的、权威的分类标准。比如美国早期的会计著作中对同一年份财务报表的比率分类中,将财务比率分成五类:获利能力比率、资本结构比率、流动资产比率、周转比率和资产流转比率。英国特许公认会计师公会编著的ACCA财会资格证书考试培训教材《财务报表解释》一书中,将财务比率分为获利能力比率、清偿能力比率、财务杠杆比率和投资比率四类。我国目前一般将财务比率分为三类,即:获利能力比率、偿债能力比率和营运能力比率。

四、因素分析法

(一) 因素分析法的含义和应用

在企业经济活动中,一些综合性经营指标往往是由于受多种因素的影响而变动的。比如,在生产性企业中,产品生产成本的降低或上升,受材料和动力耗费、人力耗费、生产设备的优劣等多种因素的影响。利润的变动,更是受到产品生产成本、销售数量和价格、销售费用和税金等多种因素的影响。在分析这些综合性经营指标时,就可以从影响因素入手,分析各种影响对经营指标变动的影响程度,并在此基础上查明指标变动的原因。这对企业做出正确的经营决策和改进管理都极为有用。由此可见,因素分析法是指确定影响因素,测量其影响程度,查明指标变动原因的一种分析方法。

因素分析法有连环替代法和差额计算法两种方法。

1. 连环替代法

连环替代法是指确定影响因素,并按照一定的替换顺序逐个因素替换,计算出各个因素对综合性经营指标变动程度的一种计算方法。为正确理解连环替代法,首先应明确连环替代法的一般程序或步骤。连环替代法的程序如下。

① 确定分析指标与其影响因素之间的关系。确定分析指标与其影响因素之间关系的方法,通常是用指标分解法,即将经营指标在计算公式的基础上进行分解或扩展,从而得出各影响因素与分析指标之间的关系式。如对于总资产报酬率指标,要确定它与影响因素之间的关系,可按下列公式进行分解:

$$\text{总资产报酬率} = \frac{\text{息税前利润}}{\text{平均资产总额}} \times 100\%$$

$$= \frac{\text{销售净额}}{\text{平均资产总额}} \times \frac{\text{息税前利润}}{\text{销售净额}} \times 100\%$$

$$= \frac{\text{总产值}}{\text{平均资产总额}} \times \frac{\text{销售净额}}{\text{总产值}} \times \frac{\text{息税前利润}}{\text{销售净额}} \times 100\%$$

$$= \text{总资产产值率} \times \text{产品销售率} \times \text{销售利润率} \times 100\%$$

分析指标与影响因素之间的关系式,既说明哪些因素影响分析指标,又说明这些因素与分析指标之间的关系及顺序。如上式中影响总资产报酬率的有总资产产值率、产品销售率和销售利润率三个因素。它们都与总资产报酬率成正比例关系。它们的排列顺序是,总资产产值率在先,其次是产品销售率,最后是销售利润率。

② 根据分析指标的报告期数值与基期数值列出两个关系式,或指标体系,确定分析对象。如对于总资产报酬率而言,两个指标体系是

基期总资产报酬率=基期资产产值率×基期产品销售率×基期销售利润率
实际总资产报酬率=实际资产产值率×实际产品销售率×实际销售利润率
分析对象=实际总资产报酬率-基期总资产报酬率

③ 连环顺序替代,计算替代结果。所谓连环顺序替代就是以基期指标体系为

计算基础,用实际指标体系中的每一因素的实际数顺序地替代其相应的基期数。每次替代一个因素,替代后的因素被保留下来。计算替代结果,就是在每次替代后,按关系式计算其结果。有几个因素就替代几次,并相应确定计算结果。

④ 比较各因素的替代结果,以确定各因素对分析指标的影响程度。比较替代结果是连环进行的,即将每次替代计算的结果与这一因素被替代前的结果进行对比,两者的差额就是替代因素对分析对象的影响程度。

⑤ 检验分析结果。即将各因素对分析指标的影响额相加,其代数和应等于分析对象。如果两者相等,说明分析结果可能是正确的。如果两者不相等,则说明分析结果一定是错误的。

连环替代法的程序和步骤是紧密相连、缺一不可的。尤其是前四个步骤,任何一步骤出现错误,都会出现错误结果。下面举例说明连环替代法的步骤和应用。

【例 1.5】 某公司的年产品销售收入额与产品销售量、产品销售单价资料如表 1.5 所示。

表 1.5 某公司××年产品销售销售情况资料表

	本 年	上 年	差 异
产品销售收入额/万元	135	120	+15
销售数量/台	300	240	+60
销售单价/万元	0.45	0.5	-0.05

要求:分析各因素变动对产品销售收入的影响程度。

根据连环替代法的程序和步骤可得出:

实际指标体系:$300 \times 0.45 = 135$(万元)

基期指标体系:$240 \times 0.5 = 120$(万元)

分析对象是:$135 - 120 = 15$(万元)

在此基础上,按照第三步骤的做法进行连环顺序替代,并计算每次替代后的结果:

基期指标体系:$240 \times 0.5 = 120$(万元)   ①

第一次替代:以本年销售数量替代

产品销售收入额 $= 300 \times 0.5 = 150$(万元)   ②

第二次替代:以本年销售代价替代

产品销售收入额＝300×0.45＝135(万元)　　③
根据第四步骤,确定各因素对销售收入的影响程度：
销售数量变动对差异的影响数＝②－①＝150－120＝30(万元)
销售单价变动对差异的影响数＝③－②＝135－150＝－15(万元)
最后检验分析结果：
销售数量影响数＋销售单价影响数＝30＋(－15)＝15(万元)

根据上述测算可得出如下评价：本年产品销售收入额比上年产品销售收入额增加15万元,主要是销售数量本年比上年多销售60台,从而使销售收入额增加30万元；由于销售单价本年比上年降低0.05万元,从而使销售收入额减少15万元。因此,增加销售数量应为今后的努力方向。

2. 差额计算法

差额计算法是因素分析法在实际应用中的一种简化形式,它的计算程序是：第一步,计算各个因素的差额；第二步,如果影响因素是两个,即以第一个因素的差额乘以第二个因素的上年数(或计划数等其他数值),求出第一个因素的影响程度,以第二个因素的差额乘以第一个因素的本年数(或实际数等其他数值),求出第二个因素的影响程度；第三步,汇总各个因素对经营性综合指标差异数的影响数。

仍以【例1.5】资料举例如下。

第一步：计算各因素的差额

销售数量差额＝本年销售数量－上年销售数量
　　　　　　＝300－240＝60(台)

销售单价差额＝本年销售单价－上年销售单价
　　　　　　＝0.45－0.50＝－0.05(万元)

第二步：测算各因素变动对产品销售收入额差异数的影响额

销售数量变动的影响额＝销售数量差额×上年销售单价
　　　　　　　　　　＝60×0.5＝30(万元)

销售单价变动的影响额＝销售单价差额×本年销售数量
　　　　　　　　　　＝(－0.05)×300＝－15(万元)

第三步：汇总各个因素的影响数

产品销售收入额差异数＝销售数量变动影响额＋销售单价变动影响额
　　　　　　　　　　＝30＋(－15)＝15(万元)

(二)因素分析法的特征

从因素分析法的计算程序和上述举例可以看出,因素分析法具有以下三个特征。

(1) 要按照影响因素同综合性经营指标之间的因果关系,确定影响因素。只有按照因果关系确定影响因素,才能说明综合性经营指标的变动是由于哪些因素变化所导致的结果。因此,运用因素分析法进行分析时,必须首先依据因果关系合理确定影响因素,并依据各个影响因素的依存关系确定计算公式。这是运用因素分析法的基础。

(2) 计算过程的假设性,即在分步计算各个因素的影响数时,要假设影响数是在某一因素变化而其他因素不变情况下得出的。这是一个假设,但它是分别计算各个因素影响数的前提条件。

(3) 因素替代的顺序性。即在运用因素分析法时,要按照影响因素和综合性经营指标的因果关系,确定合理的替代顺序。且每次分析时,都要按照相同的替代顺序进行测算,才能保证因素影响数的可比性。合理的替代顺序要按照因素之间的依存关系,分清基本因素和从属因素,主要因素和次要因素来加以确定。

五、图解分析法

(一)图解分析法的作用与种类

图解分析法亦称图解法,是财务报告分析中经常应用的方法之一。严格地说,图解分析法并不是一种独立的财务分析法,而是上述分析方法的直观表达形式。例如,比较分析法、趋势分析法、因素分析法等都可以用图解分析法来表达。图解分析法的作用在于能形象、直观地反映财务活动过程和结果,将复杂的经济活动及其结果以通俗、易懂的形式表现出来。因此,有的专家称图解分析法为一目了然的财务分析法。图解分析法的应用十分广泛,人们经常可在证券交易所、报纸杂志等媒体中看到财务分析图。目前,随着计算机及网络技术的普及与发展,图解分析法的应用基础、应用范围和种类、形式都得到了空前的发展。这里主要应用对比分析图解法、结构分析图解法、趋势分析图解法、因素分析图解法对相关问题进行分析说明。

(二)对比分析图解法

对比分析图解法是指用图形的形式,将某一指标的报告数值与基准数值进行对比,以揭示报告数值与基准数值之间的差异。对比分析图解法是实践中广泛应用的图解分析法之一,其形式多种多样。常见的对比分析图是柱形的,如图1.2所示。

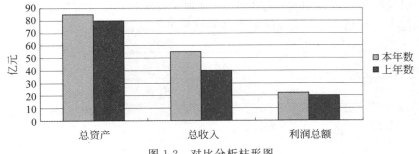

图1.2 对比分析柱形图

图1.2可直观反映本年度资产、收入、利润与上年对比的情况。可见,企业在本年总资产和收入都比上年增长的情况下,利润却有所下降。说明企业规模所有增长,但效益或盈利却明显下降。

(三)结构分析图解法

结构分析图解法,实际上是纵向分析法的图解形式,它以图形的方式表示在总体中各部分所占的比重。结构分析图的形式也有很多种,较常见的为饼形图。图1.3反映了某企业的资产结构。

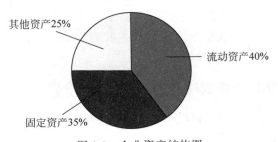

图1.3 企业资产结构图

图1.3反映了企业总资产中流动资产占40%,固定资产占35%,其他资产占25%。至于这个企业资产的结构分布是否合理,还需结合企业的具体情况来加以分析和判断。

(四)趋势分析图解法

趋势分析图解法,通常是指用坐标图反映某一个或某几个指标,在一个较长时间内的变动趋势。坐标图的横轴往往表示时期,纵轴表示指标数值。将不同时期的指标数值用线连接起来,就形成了反映指标变动趋势的曲线,或成折线图。下面用图1.4来反映销售净利润率的变动趋势。

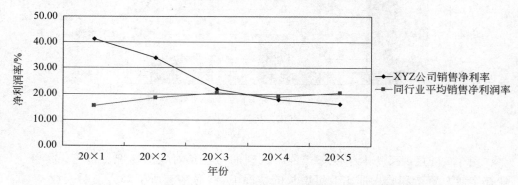

图1.4 20×1—20×5年XYZ公司销售净利率和同行业平均值比较

从表中历年数据走势可以看出,XYZ公司近5年的销售净利润率一路走低,从20×1年的远远高于同行业平均值,到20×4年和20×5年的低于同行业平均值,说明该公司在行业内获利的能力从颇具优势,已变得令人担忧。从图中可以看出,同行业平均值近5年整体呈上升趋势,整个行业的发展前景是令人看好的。显然,XYZ公司销售净利润率的下降并非外部原因造成的,应进一步从影响销售净利润率的内部因素去找原因,并应考虑企业是否存在战略调整情况,以作出客观评价。

六、财务报告分析应注意的问题

以上我们介绍了财务报告分析的五种基本方法,在实际运用时要依据分析的对象和目的选用恰当的方法。但是不管采用哪种分析方法都有一定的局限性,会影响作出恰当的分析判断和结论,因而财务报告分析应注意以下几个问题。

(一)弥补财务报表提供信息的局限性

财务报告分析是以财务报表为主要依据,而财务报表只涉及那些能用货币形式表达的经济事项,容纳的信息有一定的局限性,且有些数据是估算的,而不是精确数字,以致在分析时,必须作出必要的说明和解释,否则就会在一定程度上影响分析判断和结论。解决的最佳途径是尽可能地扩大信息来源,以弥补财务报表所提供信息的不足。

(二)用比较分析法或比率分析法必须和实际情况相结合

因为任何一个比较数据都有一个可比性问题。不具有可比性,就难以作出准确的判断和评价,因此必须十分谨慎。在使用比率分析法时,任何一个比率都要结合实际环境才能作出评价。比如资本金收益率的高低,在通货膨胀和通货紧缩的不同时期,在风险高低不同的企业中,都有不同的判断标准,要结合不同时期的实际情况和不同类型的企业,才能得出资本金收益率是高还是低的结论。

(三)经营业绩的评价要恰当

在财务报告分析中,对经营业绩的评价涉及企业管理人员的功绩评价,应力求达到准确和正确,但这种准确和正确都是有局限的,不是十全十美的。因为所用的会计数据的局限,它只能说明过去的业绩,比如未来预期收益、智力投资使员工知识增长等,则难以在分析数据中反映出来。解决的办法是,尽可能将潜在的业绩估计在内,作出恰当的判断和评价。

经典案例

不同财务报告用户关注报告的"秘诀"是什么

加拿大西部某著名的四季游览胜地公司计划增加几项新的娱乐设施,包括增加造雪能力,新建一架高速升降梯、一家具有700个座位的餐馆、一个新的滑雪设备零售商店,以及提高现有基础设施和条件等。新的投资计划需要2 500万美元的资金。公司董事会计划在两个星期内安排一次会议以表决提议的扩展计划。对于公司的财务总监以及领导层而言,他们需要了解公司近年来的盈利状况、资金周转状况以及公司的债务负担状况等,并结合公司发展战略来决定是否通过此项提议。如果新投资计划的资金不足,准备申请贷款,那么银行主管需要考虑公司已有的债务状况以及以往的信用状况,并结合新项目可能给公司带来的盈利潜力来决定是否给予公司贷款。对于公司已有的股东而言,他们需要了解新项目可能带来的风险和收益,以此作出是否需要继续持有公司股票的决定。对于潜在的投资者而言,他们需要了解公司新项目的收益及风险情况,并考虑新项目给公司带来的发展潜力,从而决定是否投资该公司的股票。不同的公司利益关系人,从自身决策的角度出发需要不同的决策信息,因此我们需要了解如何对公司的财务报表进行分析。

案例思考题

(1) 不同财务报告用户分析的目的有哪些共同之处和不同之处?

(2) 常见的财务报告用户有哪些?各个财务报告用户分析的目的分别是什么?

关键术语

财务报告 资产负债表 利润表 现金流量表 所有者权益变动表 报表附注 结构分析法 趋势分析法 比率分析法 比较分析法 因素分析法 图形分析法

本章小结

本章从总体上介绍财务报告分析的内容、作用、程序和方法。

财务报告是反映企业某一特定日期财务状况和某一会计期间财务成果、现金流量的书面文件。

财务报告的使用者有:投资者、债权人、国家政府、企业管理层以及证券分析人员等。各个使用者对财务信息的需求,既有共同点,也有不同点和各自的侧重点。

财务报告分析是指对财务报表上的有关数据资料进行比较、分析和研究,从而了解企业的财务状况,发现企业生产经营中存在的问题,预测企业未来的发展趋势,为科学决策提供依据。

财务报告分析的内容包括资本结构分析、偿债能力分析、获利能力分析、资金利用效率分析、现金流量分析等。

财务报告分析的基本方法有比较分析法、趋势分析法、比率分析法和因素分析法。无论采用哪一种分析方法都有一定的局限性,需要克服其缺陷,力求作出恰当的结论。

思考题

1. 如何理解企业财务报告分析的内容?
2. 为什么说企业财务信息的不同使用者对企业财务状况有不同的关注点?
3. 企业财务报告的组成内容包括哪些?

4. 制约企业财务报告编制的法规体系之间的关系怎样？

5. 四张主表之间的对应关系怎样？

6. 财务报表的局限性有哪些？

7. 注册会计师在审计报告中对所审计的会计报告可提出哪四种审计意见？

8. 财务报告分析的方法有哪些？

练习题

一、单项选择题

1. 不同的财务报告使用者因（　　）存在明显差异，这就决定了他们在对企业财务报告进行分析时必然有不同的分析目的和侧重点。

　　A. 竞争地位　　　B. 分析依据　　　C. 利益倾向　　　D. 分析要求

2. 决策依赖于评价，而评价建立在对比的基础上，究其本质，企业财务报告分析就是通过对比来发现问题，进而分析问题和解决问题。所以，企业财务报告分析的灵魂在于（　　）。

　　A. 分析　　　　　B. 评价　　　　　C. 预测　　　　　D. 对比

3. 采用共同比财务报告进行比较分析的主要优点是（　　）。

　　A. 计算容易

　　B. 可用百分比表示

　　C. 可用于纵向比较

　　D. 能显示各个项目的相对性，能用于不同时期相同项目的比较分析

4. （　　）是财务报告的核心内容，也是财务报告最重要的构成内容。

　　A. 财务报表附注　B. 资产负债表　　C. 利润表　　　　D. 财务报表

5. 外部信息使用者了解单位会计信息最主要的途径是（　　）。

　　A. 财务报告　　　B. 账簿　　　　　C. 财产清查　　　D. 会计凭证

6. 根据及时性原则，股份有限公司财务报告应当分别在年度终了和中期结束后（　　）报出。

　　A. 2个月和30天　B. 3个月和40天　C. 4个月和60天　D. 无规定

7. 从企业债权者角度看，财务报告分析的最直接目的是看（　　）。

　　A. 企业的盈利能力　　　　　　　　B. 企业的营运能力

　　C. 企业的偿债能力　　　　　　　　D. 企业的增长能力

8. （　　）分析法是依据分析指标与其影响因素之间的关系，按照一定的程序和方法，确定各因素对分析指标差异影响程度的一种分析方法。此分析法是一种常用的定量分析方法，通常以指标分解等方法为基础。

A. 比较　　　　B. 差额计算　　　C. 连环替代　　　D. 因素

9. 企业投资者进行财务报告分析的根本目的是关心企业的（　　）。

A. 盈利能力　　B. 营运能力　　　C. 偿债能力　　　D. 增长能力

10. 可提供企业变现能力信息的会计报表是（　　）。

A. 现金流量表　　　　　　　　　B. 所有者权益变动表

C. 资产负债表　　　　　　　　　D. 利润分配表

二、多项选择题

1. 企业财务信息的主要用户有（　　）。

A. 债权人　　　　　　　　　　　B. 投资人

C. 国家财政和税务部门　　　　　D. 证券监管部门

E. 企业本身

2. 企业对外公布的财务报表有（　　）。

A. 资产负债表　　　　　　　　　B. 利润表

C. 现金流量表　　　　　　　　　D. 主要产品单位成本表

E. 期间费用表

3. 我国一般将财务比率分为三类，它们是（　　）。

A. 获利能力比率　　　　　　　　B. 资本结构比率

C. 偿债能力比率　　　　　　　　D. 营运能力比率

E. 资金周转比率

4. 财务报告分析的基本方法有（　　）。

A. 比较分析法　　B. 差量分析法　　C. 比率分析法

D. 因素分析法　　E. 本量利分析法

5. 财务报告分析的目标有（　　）。

A. 为企业的经营决策提供依据

B. 为考核企业的管理水平和评价管理人员的业绩提供依据

C. 为投资人的投资决策提供帮助

D. 为债权人的贷款决策提供帮助

E. 为政府的宏观经济决策提供依据

6. 财务报表附注是对在（　　）等报表中列示项目的文字描述或明细资料，以及对未能在这些报表中列示项目的说明等。

A. 资产负债表　　B. 利润表　　　C. 统计报表　　　D. 现金流量表

E. 所有者权益变动表

7. 规范企业财务报表编制的法规体系主要包括（　　）体系。

A. 政策规范　　　B. 市场规范　　C. 会计规范　　　D. 预算规范

E. 约束上市公司信息披露的法规

8. 制约企业财务报表编制的会计规范体系中的企业会计准则体系主要由（　　）等构成。

　　A. 会计法　　　　　　　　　　B. 企业会计基本准则
　　C. 企业具体会计准则　　　　　D. 企业会计准则应用指南
　　E. 企业会计准则解释

9. 财务报告分析框架的设计应以不同信息使用者的不同需求为导向，可以分别基于（　　）。

　　A. 投资决策　　B. 信贷决策　　C. 定价决策　　D. 管理决策
　　E. 信息决策

10. 财务报告分析的基本资料包括（　　）。

　　A. 资产负债表　　B. 利润表　　C. 所有者权益变动表
　　D. 现金流量表　　E. 审计报告

三、判断题

1. 财务报告分析主体和财务报告分析报告使用主体，可以是同一个单位或个人，也可以是不同的单位或个人。社会中介机构既可以是财务分析主体，也可以是财务分析报告使用主体，或者两者兼而有之。

2. 会计分期不同，对利润总额不会产生影响。

3. 不同利益主体的财务分析内容各有侧重和差异，财务信息使用者所要求的信息大部分都是面向未来的。不同信息使用者的目的不同，他们所要求得到的信息也不尽相同，其所需信息的深度和广度也不同。

4. 债权人通常不仅关心企业偿债能力比率，而且关心企业盈利能力比率。

5. 企业财务报表中包括使用者需要的所有信息。

6. 作为一项决策咨询与支持性管理活动，财务分析在企业管理中对企业管理主体起着服务于管理的功能和作用。因此，财务分析无论是一项管理活动，还是一种管理方法，其属性都属于企业管理范畴。

7. 公司年度报告中的财务报告必须经会计事务所审计，审计报告须由该所至少两名注册会计师签字。

8. 针对不同的财务分析报告使用主体，财务分析主体进行财务分析的分析内容是一样的。

9. 通过财务分析报告为利益相关者提供决策参考建议，是财务分析最重要的作用。

10. 我国现行的上市公司信息披露规范体系主要由证券发行信息披露制度和持续性信息披露制度（定期报告制度和临时报告制度等）两个方面所组成。

四、综合计算及案例分析题

1. 纵向分析与比率分析。

分析资料:某企业 2019 年 6 月 30 日资产负债表,如表 1.6 所示。

表 1.6 资产负债表 单位:元

资　产	金　额	负债及所有者权益	金　额
流动资产	201 970	流动负债	97 925
其中:速动资产	68 700	长期负债	80 000
固定资产净值	237 000	负债合计	177 925
无形资产	138 955	所有者权益	400 000
总计	577 925	总计	577 925

要求:

(1) 资产负债表纵向分析与评价。

(2) 计算资产负债表比率(流动比率、速动比率、资产负债率)。

2. 某企业 2018 年和 2019 年的相关财务指标如表 1.7 所示。

表 1.7　某企业 2018 年和 2019 年的相关财务指标　%

指　　标	2019 年	2018 年
销售净利率	25.00	20.00
总资产周转率	90.00	85.00
权益乘数	110.00	120.00
净资产收益率	24.75	20.40

要求:

(1) 根据以上资料,以 2018 年为基期,进行连环替代分析。

(2) 根据以上资料,以 2018 年为基期,进行差额计算分析。

3. 横向分析和纵向分析。

分析资料:A 公司 2019 年度资产负债表如表 1.8 所示。

表 1.8 资产负债表

编制单位：A 公司　　　　2019 年 12 月 31 日　　　　　　　　单位：万元

资　产	年末数	年初数	负债及所有者权益	年末数	年初数
流动资产	8 684	6 791	流动负债	5 850	4 140
其中：			其中：应付账款	5 277	3 614
应收账款	4 071	3 144	长期负债	10 334	4 545
存货	3 025	2 178	其中：长期借款	7 779	2 382
固定资产原值	15 667	13 789	负债合计	16 184	8 685
固定资产净值	8 013	6 663	所有者权益	6 780	6 013
无形及其他资产	6 267	1 244	其中：实收资本	6 000	5 000
资产总计	22 964	14 698	负债及所有者权益	22 964	14 698

要求：

(1) 对资产负债表进行横向分析。

(2) 对资产负债表进行纵向分析。

(3) 评价 A 公司的财务状况。

资产是物质条件,负债能借鸡生蛋,而一切的一切归所有者! 有收入,有费用,相配比是利润。会计六要素,必须搞清楚,它们是财务报告分析的基础!
——什么是会计六要素?
——会计要素之间的相互关系如何?

第二章 财务报告分析基础

本章学习目标
1. 掌握资产负债表要素。
2. 掌握利润表要素。
3. 了解资产负债表要素之间的相互关系。
4. 了解利润表要素之间的相互关系。

会计要素又称为财务报表要素,是会计对象(企业经济活动)的具体分类,是设定财务报表结构和内容的依据,也是进行确认和计量的依据。对会计要素加以严格的定义,就能为会计核算、财务报表分析奠定坚实的基础。会计要素按照内容分为两大类:一类是反映企业某一时点财务状况的要素,也称其为资产负债表要素,包括资产、负债、所有者权益;一类是反映企业某一期间经营成果的要素,也称其为利润表要素,包括收入、费用和利润。

第一节 资产负债表要素

资产负债表又名平衡表、余额表或财务状况表。之所以通常称其为资产负债表,是因为该表反映的内容是企业在某一特定时点所拥有的资产状况和承担的"负债"状况。在这里,"负债"应该理解为广义的概念,即企业对股东及债权人承担的经济责任。所以"资产负债表"概念中的"负债",就已经涵盖了所有者权益。但是,在财务会计实务中,"负债"已经狭义化为企业对债权人承担的经济责任。为了便于区分,企业对股东所承担的经济责任,则称为"所有者权益"或"股东权益"。

反映企业财务状况的会计要素,分为资产、负债、所有者权益,它们都是静态的、存量性质的会计要素,属于资产负债表要素。

一、资产

(一) 资产的经济意义

企业从事生产经营活动必须具备一定的物质条件,或者说物质资源。在市场经济条件下,这些必要的物质资源表现为货币资金、厂房场地、机器设备、原材料等。这些货币资金、厂房场地、机器设备、原材料等,称为资产,它们是企业从事生产经营活动的物质基础。除上述货币资金、厂房场地、机器设备、原材料等有形资产外,资产还包括不具有物质形态,但有助于生产经营活动进行的专利权、商标权等无形资产。此外,还包括企业拥有的债权以及对其他单位的投资等。

总体来说,资产是指企业过去的交易或者事项形成的,由企业拥有或者控制的,预期会给企业带来经济利益的资源,它具有以下特征。

1. 资产是一项由过去交易或事项形成的,而不是由未来交易或事项形成的资源

这一特征说明:资产必须是现时的资产,而不能是预期的资产,是企业在过去一个时期里,通过交易或事项所形成的,是过去已经发生的交易或事项所产生的结果。至于未来交易或事项以及未发生的交易或事项可能产生的结果,则不属于现在的资产,不得作为资产确认。这里所说的企业过去的交易或者事项包括购买、生产、建造行为等。预期在未来发生的交易或者事项不形成资产,例如,企业未来通过购买、自行建造等方式形成某项设备,或因销售产品而形成一项应收账款等,都是企业的资产;但企业预计在未来某个时点将要购买的设备,因其相关的交易或事项尚未发生,就不能确认为企业的资产。

2. 资产应当为企业所拥有或控制的资源

由企业拥有或控制,是指企业享有某项资产的所有权,或者虽然不享有某项资源的所有权,但该资源能被企业所控制。一般来说,一项资源要作为企业的资产予以确认,企业应该拥有此项资源的所有权,可以按照自己的意愿使用或处置资产,其他企业或个人未经同意,不能擅自使用本企业的资产。但在某些情况下,对于一些特殊方式形成的资产,企业虽然对其未拥有所有权,但能够实际控制并从中收益,也应当确认为企业的资产,如租赁取得的使用权资产。

3. 预期会给企业带来经济利益

这里是指直接或者间接导致现金和现金等价物流入企业的潜力。这种潜力可以来自企业日常的生产经营活动,也可以是非日常生产经营活动;带来的经济利益可以是现金或者现金等价物,或者是可以转化为现金或者现金等价物的形式,或者是可以减少现金或者现金等价物流出的形式。预期不能带来经济利益的,就不能确认为企业的资产。某项支出如果能获取未来的经济利益的全部或一部分,它就可以作为企业的资产,否则,就只能作为费用或损失处理。例如,待处理财产损失、已失效或已毁损的存货,它们已经不能给企业未来带来经济利益,就不应该再作为资产出现在资产负债表中。在实际工作中,有的企业将本应列作费用的巨额支出长期作为资产挂账,还有的企业将已失去效益的过时商品或产品仍按其历史成本挂账,这些做法一方面夸大了资产,另一方面也虚增了利润,造成会计信息失真。

(二) 资产的分类

对资产可以作多种分类,比较常见的,一般按流动性分类,分为流动资产和非流动资产(或长期资产)。其中,流动资产包括货币资金、交易性金融资产、应收票据、应收账款、预付款项、其他应收款、存货、合同资产、持有待售资产、1 年内到期的非流动资产、其他流动资产等。如存货,一般会在 1 年内耗用并通过产品的销售来收回现金,或者通过直接销售收回现金,所以属于流动资产。有些企业比较特殊,其经营周期可能长于 1 年,比如,造船企业、大型机械制造企业,从购料到销售商品直到收回货款,周期比较长,往往超过 1 年,在这种情况下,就不能把 1 年内作为划分流动资产的标志,而是将经营周期作为划分流动资产的标志。非流动资产包括债权投资、长期股权投资、固定资产、无形资产、使用权资产、商誉、递延所得税资产、其他非流动资产等。如长期股权投资、固定资产、无形资产的变现周期往往在 1 年以上,也就是说从取得该资产开始,到这些资产的变成现金,或收回投资,周期在 1 年以上。按流动性对资产进行分类,有助于掌握企业资产的变现能力,从而进一步分析企业的偿债能力和支付能力。一般而言,流动资产所占比重越大,说明企业资产的变现能力越强。流动资产中,货币资金、交易性金融资产比重越大,则支付能力越强。资产负债表中对资产基本上是按流动性进行分类的。

按资产有无实物形态,还可以分为有形资产和无形资产。如存货、固定资产等具有特定物质形态,就属于有形资产。而专利、商标权等不具有实物形态，而表现为某种法定权利和技术，能够给企业未来带来超额盈利能力，就属于无形资产。此外，还有一项或有资产值得研究。

1. 流动资产

流动资产包括的项目比较多，通常有货币资金、交易性金融资产、应收票据、应收股利、应收利息、应收账款、存货等。

（1）货币资金。货币资金包括库存现金、存放在银行或其他金融机构的各种存款以及其他货币资金。这是一种流动性最强的流动资产，可以充当媒介，自由流通，自由运用，可随时用来购买所需的财产物资，偿还债务，支付各种费用，也可以随时存入银行。

（2）交易性金融资产。交易性金融资产是指以公允价值计量且其变动计入当期损益的金融资产。它是企业为了近期内出售而持有的金融资产，如企业以赚取差价为目的从二级市场购入的股票、债券、基金等；或者是在初始确认时属于集中管理的可辨认金融工具组合的一部分，且有客观证据表明近期实际存在短期获利模式的金融资产等。

（3）应收票据。票据是指出票人或付款人在某一特定日期或某一特定期间，无条件支付一定金额的书面证明，如商业汇票等。作为流动资产的应收票据一般是由于销售商品、提供劳务等而收到的商业汇票，按承兑人不同，可分为银行承兑汇票和商业承兑汇票。

（4）应收股利。应收股利是指企业因股权投资而应收取的现金股利和应收取其他单位分配的利润。

（5）应收利息。应收利息是指企业因债权投资而应收取的利息。

（6）应收账款。应收账款是指企业因销售商品、提供劳务等，应向购货单位或接受劳务单位收取的款项。其他原因所产生的应收款项，如应收各种赔款、应收各种罚款等，则可用其他应收款项目来表达。企业应于期末时对应收款项（不包括应收票据，下同）计提坏账准备。坏账准备应当单独核算，在资产负债表中应收款项按照减去已计提的坏账准备后的净额反映。

（7）存货。存货是指企业在日常活动中持有以备出售的产成品或商品，处在生产过程中的在产品，在生产过程或提供劳务过程中消耗的材料或物料等。企业的存货通常包括各类材料、在产品、半成品、产成品以及周转材料、委托加工物资等。到会计期间结束时，存货应当按成本与可变现净值孰低原则计量，将存货的成本与可变现净值进行比较，如果存货的可变现净值低于其成本时，则应当计提一笔存货跌价准备，在将来存货变现时，用以弥补存货上的价格损失。在资产负债表中,存货项目按照减去存货跌价准备后的净额反映。

2. 非流动资产

所谓非流动资产是指在1年以上或超过1年的一个营业周期以上才能变现或被耗用的资产。非流动资产包括债权投资、长期股权投资、固定资产、无形资产、使用权资产、商誉、递延所得税资产、其他非流动资产等。

(1) 债权投资。债权投资是指分类为以摊余成本计量的金融资产,该资产需同时符合下列的条件:① 企业管理该金融资产的业务模式是以收取合同现金流量为目标;② 该金融资产的合同条款规定,在特定日期产生的现金流量,仅为对本金和以未偿付本金金额为基础的利息的支付。

(2) 长期股权投资。长期股权投资是指能够取得并意图长期持有被投资单位股份的投资,包括股票投资和其他股权投资。股票投资是指企业以购买股票的方式对其他企业所进行的投资。其他股权投资是指除股票投资以外具有股权性质的投资,一般是企业直接将现金、实物或无形资产等投入其他企业而取得股权的一种投资。企业的长期股权投资应当在期末时按照其账面价值与可收回金额孰低计量,对可收回金额低于账面价值的差额,应当计提长期投资减值准备。在资产负债表中,长期投资项目应当按照减去长期投资减值准备后的净额反映。

(3) 固定资产。固定资产是指企业为生产商品、提供劳务、出租或经营管理而持有的,使用寿命超过一个会计年度的房屋、建筑物、机器、机械、运输工具、设备、器具、工具等。固定资产最重要的特征是在使用过程中保持其原有实物形态不变。由于在使用过程中物质形态保持不变,因而不能像原材料那样将其成本一次全部计入服务对象,而是逐次地将其成本转移服务对象中,这称之为折旧。从投入使用提取折旧开始到编制资产负债表日止提取的折旧之和称为累计折旧。为了反映固定资产的规模和企业的生产能力,资产负债表上仍然保留固定资产原值项目,同时在固定资产原值项目下再设一个累计折旧,作为备抵项目,固定资产原值减去累计折旧即固定资产净值。会计期末,企业应当按照账面价值与可收回金额孰低计量,对可收回金额低于账面价值的差额,应当计提固定资产减值准备。在资产负债表中,固定资产减值准备应当作为固定资产净值的减项反映。

(4) 无形资产。无形资产是指企业拥有或者控制的没有实物形态的可辨认非货币性资产,包括专利权、非专利技术、商标权、著作权、土地使用权等。

(5) 使用权资产。使用权资产是指承租人可在租赁期内使用租赁资产的权利。自 2018 年修订租赁准则后,承租人会计处理不再区分经营租赁和融资租赁,而是采用单一的会计处理模型,也就是说,除采用简化处理的短期租赁和低价值资产租赁外,对所有租赁均确认为使用权资产和租赁负债。

(6) 商誉。通常是指在购买法下,购买价格超过所购子公司净资产账面价值的差额部分。我们把这部分超过可辨认资产项目的重估增值部分,确认为合并商誉。

(7) 其他非流动资产。其他非流动资产是指除上述资产以外的其他非流动资产,如长期待摊费用等。长期待摊费用,是指企业已经支出,但摊销期限在 1 年以上(不含 1 年)的各项费用。

(8) 或有资产。或有资产是指过去交易或事项形成的潜在资产,随着经济情况的变化,其是否会形成企业真正的资产,须通过不完全由企业控制的未来不确定事项的发生或不发生才能证实。因此,或有资产不在财务报表中予以确认,因为确认或有资产可能会导致那些可能永远不会实现的收益得到确认。出于稳健的考虑,或有事项准则规定,一般情况下,不对或有资产进行披露,除非或有资产很可能导致未来经济利益流入企业。此时,企业应在财务报表附注中披露或有资产形成的原因、预计产生的财务影响等。

(三) 资产的确认与列示

符合资产定义的资源,在同时满足以下条件时,应确认为资产。

(1) 与该资源有关的经济利益很可能流入企业,即该资源有较大的可能直接或者间接导致现金和现金等价物流入企业。在现实生活中,由于经济环境瞬息万变,与资源有关的经济利益能否流入企业或者能够流入多少实际上带有不确定性。因此,资产的确认还应与经济利益流入企业的不确定性程度的判断结合起来。任何一项资源,如果不具备未来经济利益,那么即便企业过去为取得该项资源曾发生过巨额耗费,也不能确认为资产。已确认为资产的,也应从账面上予以剔除。

(2) 该资源的成本或者价值能够可靠计量,即应当能以货币来计量。如果一项资源的成本或价值不能用货币加以计量,企业就难以确认和计量它的价值,它在未来转化为费用也难以进行计量。

符合资产定义和资产确认条件的项目,应当列入资产负债表;符合资产定义,但不符合资产确认条件的项目,不应当列入资产负债表。

二、负债

(一) 负债的经济意义

负债是指企业过去的交易或者事项形成的,预期会导致经济利益流出企业的现时义务。它具有以下特征。

(1) 负债是基于过去的交易或事项而产生的。也就是说,导致负债的交易或事项必须已经发生,例如,赊购货物所产生的应付账款,接受银行贷款产生的偿还贷款的义务。只有源于已经发生的交易或事项,会计上才有可能确认为负债。正在筹划的未来交易或事项,如企业的业务计划,不会产生负债。

(2) 负债是企业承担的现时义务。企业的现时义务可以源于具有约束力的合同或法定要求,如收到货物而发生的应付款项。另外,义务还可能产生于正常的业务活动、习惯以及为了保持良好的业务关系或公平处事的愿望。如果企业定出一条方针,即使产品在保证期期满以后才显现缺陷也给予以免费修理,则企业在已经售出的产品上预期将会发生的修理费用就是该企业的负债。

(3) 负债预期会导致经济利益流出企业。预期会导致经济利益流出企业是负债的一个本质特征,只有在履行义务时会导致经济利益流出企业的,才符合负债的定义。在履行现时义务清偿负债时,导致经济利益流出企业的形式多种多样,例如,用现金偿还或以实物资产形式偿还;以提供劳务形式偿还;以部分转移资产、部分提供劳务形式偿还;将负债转为资本等。

(4) 负债通常是在未来某一时日通过交付资产(包括现金和其他资产)或提供劳务来清偿。也即负债通常都有确切的收款人和偿付日期,或者说,债权人和负债到期日都可以合理地估计确定。例如,企业对已经出售的产品的质量担保债务,对于哪些客户和在什么时期内有效,一般是可以合理估计的。有时,企业可以通过承诺新的负债或转化为所有者权益来了结一项现有负债。前一种情况只是负债的展期,后一种情况则相当于用增加所有者权益而了结债务。

从负债的上述基本特征可以看出,在会计上所用的负债概念包含的内容要比法律上所讲的负债概念范围广泛得多。

(二) 负债的分类

按照流动性对负债进行分类,可以分为流动负债和非流动负债。其中流动负债包括短期借款、应付票据、应付账款、预收款项、合同负债、应付职工薪酬、应交税费、其他应付款、1年内到期的非流动负债、其他流动负债；非流动负债包括长期借款、应付债券、长期应付款、预计负债、递延收益、递延所得税负债、其他非流动负债。此外，或有负债值得进一步研究。

1. 流动负债

流动负债是在1年（含1年）或者超过1年的一个营业周期内偿还的债务，通常包括短期借款、应付票据、应付账款、其他应付款、应付职工薪酬、应付股利、应交税费等。

（1）短期借款。这是指企业向银行或其他金融机构等借入的期限在1年以下（含1年）的各种借款，是企业为维持正常的生产经营需要而借入的或者为抵偿某项债务而借入的。

（2）应付票据。这是指企业购买材料、商品和接受劳务供应等而开出、承兑的商业汇票，包括银行承兑汇票和商业承兑汇票。

（3）应付账款。这是指企业因购买材料、商品和接受劳务供应等而应付给供应单位的款项。

（4）应付职工薪酬。这是指企业应付给职工的各种薪酬，职工薪酬最基本的内容是工资和福利费。工资包括一切构成工资总额的部分，如奖金、津贴、补贴等。职工福利费主要指用于职工个人福利的支出，包括职工的医药费、医务经费、职工生活困难补助、职工福利和人员的工资等。不论是否在当月支付，都应当通过本科目核算。

（5）应付股利。这里是指企业经董事会或股东大会，或类似机构决议确定分配的现金股利或利润。但企业分配的股票股利，不通过本科目核算。

（6）应交税费。这里是指企业在生产经营过程中按税法规定计算出应向国家缴纳的各种税费，如增值税、消费税、所得税、资源税、土地增值税、城市维护建设税、房产税、土地使用税、车船使用税、教育费附加、矿产资源使用税、个人所得税等。企业交纳的印花税、耕地占用税、契税以及其他不需要预计应交数的税金，不在本科目核算。

2. 长期负债

这里是是指偿还期在1年或超过1年的一个营业周期以上的各种债务，通常包括长期借款、应付债券、长期应付款等。各项长期负债应当分别进行核算，并在资产负债表中分列项目反映。将于1年内到期偿还的长期负债，在资产负债表中应当作为一项流动负债，单独反映。

(1) 长期借款。长期借款是指企业向银行或其他金融机构借入的,偿还期在1年以上(不含1年)的各种借款。

(2) 应付债券。应付债券是指企业为筹集长期资金而实际发行的,约定于某一特定日期还本付息的书面证明。发行期1年期及1年期以下的短期债券,应当另设"应付短期债券"科目核算。

(3) 长期应付款。长期应付款是指企业除长期借款和应付债券以外的其他各种长期应付款。如以分期付款方式购入固定资产或无形资产发生的应付账款等。

3. 预计负债与或有负债

预计负债主要指因对外提供担保、未决诉讼、产品质量保证、重组义务、亏损性合同以及固定资产和矿区权益弃置义务等,根据或有事项准则应确认的负债。或有负债是指过去的交易或事项形成的潜在义务,其存在须通过未来不确定事项的发生或不发生予以证实;或过去的交易或事项形成的现时义务,履行义务不是很可能导致经济利益流出企业或该义务的金额不能可靠地计量。因此,企业不应确认或有负债。

(三) 负债的确认与列示

符合前述负债定义的义务,在同时满足以下条件时,确认为负债。

(1) 与该义务有关的经济利益很可能流出企业。

(2) 未来流出的经济利益的金额能够可靠计量。

符合负债定义和负债确认条件的项目,应当列入资产负债表;符合负债定义,但不符合负债确认条件的项目,不应当列入资产负债表。

三、所有者权益

(一) 所有者权益的经济意义

所有者权益是指企业资产扣除负债后由所有者享有的剩余权益。对于公司来说,所有者权益又称为股东权益。所有者权益在性质上体现为所有者对企业资产的剩余权益,在数量上也就体现为资产减去负债后的余额。它具有以下特征:

(1) 所有者权益是与投资者的投资行为相伴而生的。在投资人的投资行为结束之后,其权益完全取决于企业的经营情况。所有者权益将随企业经营盈亏而增减,从这个意义上讲,企业的所有者对企业的经营活动承担着最终的风险,当然他们也享受着最终的权益。

(2) 所有者权益是一种"剩余权益",也就是对企业资产中满足了权益人的要求之后的剩余部分的要求权。

(3) 同样是对企业资产的要求权,但所有者的要求权不仅在顺序上滞后于债权人的要求权,而且,这种要求权的实现也与债权人不同。债权人的要求权可以按约定的价格和时间来实现,而所有者权益则不然。所有者权益在企业整个存续期内一般不存在抽回问题,即所有者的"剩余权益"并没有约定的偿付期。

(4) 从构成要素看,所有者权益包括所有者的投入资本、企业的资产增值及经营利润。所有者的投入资本既是企业实收资本的唯一来源,也是企业资本公积(溢价或超面值投入的资本)的最主要来源。作为企业的终极所有者还是企业资产增值的当然受益者。至于企业的经营利润,根据风险的报酬对应原则,这是所有者作为承担全部经营风险和投资风险的一种回报。

(二) 所有者权益的分类

所有者权益包括所有者投入的资本、其他综合收益、留存收益等,通常由股本(或实收资本)、资本公积(含股本溢价或资本溢价、其他资本公积)、其他综合收益、盈余公积和未分配利润等构成。

1. 所有者投入的资本

所有者投入的资本是指所有者投入企业的资本部分,它既包括构成企业注册资本或者股本的金额,也包括投入资本超过注册资本或股本部分的金额,即资本溢价或股本溢价,这部分投入资本作为资本公积(资本溢价)反映。

(1) 股本(或实收资本),企业的实收资本是指投资者按照企业章程,或合同、协议的约定,实际投入企业的资本。在企业会计核算中的实收资本即为法定资本。

(2) 资本公积,资本公积是指投资者或者他人投入到企业、所有权归属于投资者并且投资金额超过法定资本部分的资本或者资产。资本公积包括资本溢价(或股本溢价)和其他资本公积。资本溢价(或股本溢价)是指企业受到投资者出资超出其在注册资本或股本中所占的份额。其他资本公积是指资本溢价(或股本溢价)以外的直接计入所有者权益的利得和损失。

2. 其他综合收益

其他综合收益是指企业根据会计准则规定未在当期损益中确认的各项利

得和损失。

3. 留存收益

留存收益,是指企业从历年实现的利润中提取或形成的留存于企业的内部积累,包括盈余公积和未分配利润。

(1)盈余公积,一般企业和股份有限公司的盈余公积包括:法定盈余公积与任意盈余公积。法定盈余公积是指企业按照规定的比例从净利润中提取的盈余公积;任意盈余公积是指企业经股东大会或类似机构批准按照规定从净利润中提取的盈余公积。

(2)未分配利润是指企业累积未分配的利润。企业历年实现的利润,在提取盈余公积、向投资者分配利润以后,所剩余的部分则累积在未分配利润项目中,用于以后年度分配。

(三)所有者权益的确认与列示

所有者权益体现的是所有者在企业中的剩余权益,因此,所有者权益的确认和计量主要依赖于资产和负债的确认和计量。例如,企业接受投资者投入的资产,在该资产符合资产确认条件时,就相应地符合所有者权益的确认条件;当该资产的价值能够可靠计量时,所有者权益的金额也就可以确定。

符合所有者权益确认的项目,应当列入资产负债表。在我国的财务报表上,将所有者权益分为五个项目,即实收资本、资本公积、其他综合收益、盈余公积和未分配利润来报告。

第二节 利润表要素

利润表又名损益表或经营情况表,旨在报告企业在特定时期所实现的净收益及其过程。与资产负债表不同,利润表是一张动态报表,反映的是一个"期间"中而非一个"时点"上的经营情况和结果。

反映企业经营成果的会计要素,分为收入、费用、利润。它们都是动态的、流量性质的会计要素,属于利润表要素。

一、收入

(一)收入的特点

收入是指企业在日常活动中形成的、会导致所有者权益增加的、与所有者投入资本无关的经济利益的总流入，包括销售商品收入、劳务收入、利息收入、使用费收入、租金收入、股利收入等。收入不包括为第三方或客户代收的款项。它具有以下特征。

(1) 收入是从企业的日常经营活动中产生，而不是从偶发的交易或事项中产生。

所谓日常活动，是指企业为完成其经营目标而从事的所有活动，以及与之相关的其他活动，例如，商业企业从事商品销售活动、金融企业从事贷款活动、工业企业制造和销售产品等。企业所进行的有些活动并不是经常发生的，比如工业企业出售作为原材料的存货，此时，虽然不是经常发生的，但因与日常活动有关，也属于收入。但是，有些交易或事项虽然也能为企业带来经济利益，但由于不属于企业的日常经营活动，所以，其流入的经济利益不属于收入而是利得，如工业企业出售固定资产净收益。

(2) 收入可能表现为企业资产的增加，或负债的减少，或二者兼而有之。

收入为企业带来经济利益的形式多种多样，既可能表现为资产的增加，如增加银行存款、形成应收款项；也可能表现为负债的减少，如减少预收账款；还可能表现为二者的组合，如销售实现时，部分冲减预收的货款，部分增加银行存款。

(3) 收入能引起企业所有者权益的增加。

企业取得收入能导致所有者权益的增加。但是，收入与相关的成本费用相配比后，则可能增加所有者权益，也可能减少所有者权益。由于收入是经济利益的总流入，所以，收入能引起所有者权益的增加。

(4) 收入只包括本企业经济利益的流入，而不包括为第三方或客户代收的款项。

企业为第三方或者客户代收的款项，如增值税、代收利息等，一方面增加企业的资产，另一方面增加企业的负债，因此，不增加企业的所有者权益，也不属于本企业的经济利益，不能作为本企业的收入。

为了正确理解收入的定义，必须联系其他会计要素进行说明。即收入首先应和负债相区别，继而还要和投入资本相区别。并非所有的货币收入都是营业收入。例如，股东追加的投资只是资本的增加，而不是营业收入的增加。再如，从银行取得的借款也不是营业收入，而是负债。只有企业向其他单位提供产品或劳务时，才能获得营业收入。

（二）收入的分类

按照企业所从事日常活动的性质，收入有三种来源，一是销售商品，取得现金或者形成应收款项；二是提供劳务；三是让渡资产使用权，主要表现为对外贷款、对外投资或者对外出租等。

按照日常活动在企业所处的地位，收入可分为主营业务收入和其他业务收入。其中，主营业务收入是企业为完成其经营目标而从事的日常活动中的主要项目，如工商企业的销售商品、银行的贷款和办理结算等。其他业务收入是主营业务以外的其他日常活动，如工业企业销售材料、提供非工业性劳务等。

（三）收入的确认与列示

收入的确认。当企业与客户之间的合同同时满足下列条件时，企业应当在客户取得相关商品控制权时确认收入。

(1) 合同各方已批准该合同并承诺将履行各自义务；

(2) 该合同明确了合同各方与所转让商品或提供劳务相关的权利和义务；

(3) 该合同有明确的与所转让商品或提供劳务相关的支付条款；

(4) 该合同具有商业实质，即履行该合同将改变企业未来现金流量的风险、时间分布或金额；

(5) 企业因向客户转让商品或提供劳务而有权取得的对价很可能收回。

符合收入定义和收入确认条件的项目，应当列入利润表。

二、费用

（一）费用的特点

费用是指企业在日常活动中发生的、会导致所有者权益减少的、与所有者分配利润无关的经济利益的总流出。它具有以下特征。

(1) 费用是指企业在日常活动中发生的经济利益的流出，而不是从偶发的交易或事项中发生的经济利益的流出。

商业企业从事商品采购活动、金融企业从事存贷款业务、工业企业采购原材料等所发生的经济利益的流出，属于费用。但是，有些交易或事项虽然也能使企业发生经济利益的流出，但由于不属于企业的日常经营活动，所以，其经济利益的流出不属于费用而是损失，如工业企业出售固定资产净损失。

(2)费用可能表现为资产的减少,或负债的增加,或二者兼而有之。

费用的发生形式多种多样,既可能表现为资产的减少,如购买原材料支付现金、制造产品耗用存货;也可能表现为负债的增加,如负担长期借款利息;还可能是二者的组合,如购买原材料支付部分现金,同时承担债务。

(3)费用将引起所有者权益的减少。通常,企业的资金流入(收入)会增加企业的所有者权益;相反,资金流出会减少企业的所有者权益,即形成企业的费用。但是,企业在生产经营过程中,有的支出是不应归入费用的。例如,企业以银行存款偿付一项债务,只是一项资产和一项负债的等额减少,对所有者权益没有影响,因此不构成费用;又例如,企业向投资者分配股利或利润,这一资金流出虽然减少了企业的所有者权益,但其属性是对最终利润的分配,不是经营活动的结果,也不应作为费用列示。

(二)费用的分类

按照经济内容(或性质)进行分类,费用可分为劳动对象方面的费用、劳动手段方面的费用和活劳动方面的费用三大类。这在会计上称为生产费用要素,一般由以下9个项目组成:外购材料、外购燃料、外购动力、工资、提取的职工福利费、折旧费、利息支出、税金、其他费用。

按照经济用途分类,费用可以分为营业成本和期间费用。其中,营业成本是指所销售商品或提供劳务的成本。营业成本按照其所销售商品或提供劳务在企业日常活动中所处地位可以分为主营业务成本和其他业务成本。期间费用包括销售费用、管理费用和财务费用。销售费用是企业在销售商品、提供劳务等日常经营活动中发生的除营业成本以外的各项费用以及专设销售机构的各项经费;管理费用是企业行政管理部门为组织和管理生产经营活动而发生的各种费用;财务费用是企业筹集生产经营所需资金而发生的费用。

(三)费用的确认和列示

1. 费用确认的标准

费用的确认除了应当符合其定义外,还至少应当符合以下条件:
① 与费用相关的经济利益应当很可能流出企业;
② 经济利益流出企业的结果会导致资产的减少或者负债的增加;
③ 经济利益的流出额能够可靠计量。

确认费用一般有三种标准。

(1)企业为生产产品、提供劳务等发生的可归属于产品成本、劳务成本等的费用,应当在确认产品销售收入、劳务收入等时,将已销售产品、已提供劳务的成本等计入当期损益。例如,产品销售成本就属于这种情况。企业售出的产品直接与所生产的营业收入相联系,所以,该项销售产品的成本就可以随同本期的销售收入而作为该期的费用计入当期损益。

(2) 企业发生的支出不产生经济利益,或者即使能够产生经济利益但不符合或者不再符合资产确认条件的,应当在发生时确认为费用,计入当期损益。例如,无形资产的摊销和保险费用的分摊;再如,在企业中有些费用不能提供明确的未来利益,并且对这些费用加以分摊也没有意义,这时,这些费用就应采用这一标准,直接作为当期费用予以确认,如广告费等。

(3) 企业发生的交易或者事项导致其承担了一项负债而又不确认为一项资产的,应当在发生时确认为费用,计入当期损益。如企业对外担保发生诉讼且法院已判决,从而确认一项预计负债。

2. 费用确认的原则

确认费用还应遵循划分收益性支出与资本性支出原则以及配比原则。

(1) 划分收益性支出和资本性支出的原则。按照划分收益性支出与资本性支出的原则,某项支出的效益基于几个会计年度(或几个营业周期),该项支出应予以资本化,不能作为当期的费用;如果某项支出的效益仅基于本会计年度(一个营业周期),就应作为收益性支出,在一个会计期间内确认为费用。这一原则为费用的确认给定了一个时间上的总体界限。

(2) 配比原则。按照此原则,为产生当期收入所发生的费用,应当确认为该期的费用。配比原则的基本含义在于,当收入已经实现时,某些资产(如物料用品)已被消耗,或已被出售(如商品),以及劳务已经提供(如专设的销售部门人员提供的劳务),已被耗用的这些资产和劳务的成本应当在确认有关收入的期间予以确认。如果收入要到未来期间实现,相应的费用就应递延分配到未来实际收益的期间。因此,费用的确认要根据费用与收入的相关程度,确定哪些资产耗费或负债的增加应从本期收入中扣减。

3. 费用的列示

符合费用定义和费用确认条件的项目,应当列入利润表。

三、利润

利润是指企业在一定会计期间的经营成果。利润可以及时反映企业在一定会计期间的经营业绩和获利能力,反映企业的投入产出效率和经济效益,有助于企业投资者和债权人据此进行盈利预测,评价企业经营绩效、作出正确的决策。

1. 利润的内容

利润包括收入减去费用后的净额、直接计入当期利润的利得和损失等。其中,收入减去费用后的净额反映的是企业日常活动的业绩。直接计入当期利润的利得和损失,是指应当计入当期损益、会导致所有者权益发生增减变动的、与所有者投入资本或者向所有者分配利润无关的利得或损失。其中,利得,是指由企业非日常活动所形成的、会导致所有者权益增加的、与所有者投入资本无关的经济利益的流入;损失,是指由企业非日常活动所发生的、会导致所有者权益减少的、与向所有者分配利润无关的经济利益的流出。

2. 利润的确认条件

利润反映的是收入减去费用、利得减去损失后净额的概念。因此,利润的确认主要依赖于收入和费用,以及利得和损失的确认,其金额的确定也主要取决于收入、费用、利得和损失金额的计量。

第三节 财务报表要素之间的关系

财务报表要素之间的关系,我们可以通过两个会计等式来说明,而会计等式就是表明各会计要素之间基本关系的恒等式,也称为会计平衡公式。

一、资产＝负债＋所有者权益

企业要开始生产经营活动,必须从投资者和债权人那里取得一定的经营资金或一定的实物,首先得占用一定的资财才能开始生产经营活动。这些资财就形成企业的资产,在会计核算上以货币形式表现并确认为资产。另一方面,这些资产或来源于债权人提供的资金,形成企业的负债;或来源于所有者的资本投入,形成企业的所有者权益。资产表明企业的资金占用在哪些方面,负债与所有者权益表明资金从哪些方面取得。资产与负债、所有者权益,实质上也是同一价值运动的两个方面的表现,从数量上来说,其来源必然等于占用。在所有者权益数额一定的情况下,从债权人手中取得多少数额的资金,必然使资产按同一数额增加。在负债数额一定的情况下,所有者向企业投入多少数额的资金,也必然使资产按同一数额增加。所以,资产的价值量必然等于负债与所有者权益之和。

企业的生产经营活动就是不断地取得、使用、生产和销售不同资财的过程。从静态来看,企业开始生产经营活动后,在某一时点上总是表现为占用一定的资财,即占用一定的资产。这些资财同样也是来源于债权人的债务、来源于所有者的投资。企业的资产价值总量也必然等于企业的负债和所有者对企业投资额及其增值额的总和、企业经济活动的发生,只是表现在数量上影响企业资产总额与负债和所有者权益总额的同时增减变化,并不能也不会破坏这一基本的恒等关系。这一基本平衡关系用公式表示出来,就是通常所称的会计等式之一,即:

$$资产＝负债＋所有者权益$$

这一会计等式,表明某一会计主体在某一特定时点所拥有的各种资产,债权人和所有者对企业资产要求权的基本状况,表明资产与负债、所有者权益之间的基本关系。

这一会计等式,还是会计复式记账、会计核算和编制财务报表的基础。在这一会计等式的基础上,才能运用复式记账法去记录某一会计主体资金运动的来龙去脉,反映会计主体的资产、负债和所有者权益情况,并通过编制资产负债表提供企业财务状况的信息。

二、收入－费用＝利润

企业经营的目标就是从生产经营活动中获取收入,实现盈利。企业在取得收入的同时,也必然要发生相应的费用。企业通过收入与费用的比较,才能计算确定一定会计期间的盈利水平,确定当期实现的利润总额。

由于收入不包括处置非流动资产利得、非货币性资产交换利得等,费用也不包括处置非流动资产损失、非货币性资产交换损失等,所以,收入减去费用,并经过调整后,才等于利润。如果不考虑调整因素,收入减去费用,等于利润。用公式表示,就是通常所称的另一个会计等式,即:

$$收入－费用＝利润$$

这一会计等式表明经营成果与相应的收入和费用的关系。

第四节 会计要素计量属性

会计计量是为了将符合确认条件的会计要素登记入账并列报于财务报表而确定其金额的过程。会计计量属性主要包括历史成本、重置成本、可变现净值、现值和公允价值等。

(一) 历史成本

历史成本又称实际成本,是指取得或制造某项财产物资时所实际支付的现金或者现金等价物。采用历史成本计量时,资产按照其购置时支付的现金或现金等价物的金额,或者按照购置时所付出对价的公允价值计量。负债按照其因承担现时义务而实际收到的款项或者资产的金额,或者承担现时义务的合同金额,或者按照日常活动中为偿还负债预期需要支付的现金或者现金等价物的金额计量。

(二) 重置成本

重置成本又称现行成本,是指按照当前市场条件,重新取得同样一项资产所需支付的现金或现金等价物金额。采用重置成本计量时,资产按照现在购买相同或者相似资产所需支付的现金或者现金等价物的金额计量。负债按照现在偿付该项债务所需支付的现金或者现金等价物的金额计量。

(三) 可变现净值

可变现净值,是指在生产经营过程中,以预计售价减去进一步加工成本和销售所必需的预计税金、费用后的净值。采用可变现净值计量时,资产按照其正常对外销售所能收到现金或者现金等价物的金额,扣减该资产至完工时估计将要发生的成本、估计的销售费用以及相关税费后的金额计量。

(四) 现值

现值,是指对未来现金流量以恰当的折现率进行折现后的价值,是考虑货币时间价值因素等的一种计量属性。采用现值计量时,资产按照预计从其持续使用和最终处置中所产生的未来净现金流入量的折现金额计量。负债按照预计期限内需要偿还的未来净现金流出量的折现金额计量。

(五) 公允价值

公允价值,是指市场参与者在计量日发生的有序交易中,出售一项资产所能收到或者转移一项负债所需支付的价格。

在采用重置成本、可变现净值、现值、公允价值等计量属性时,应当保证所确定的会计要素的金额能够取得并可靠计量,所以,对于会计要素的计量,一般采用历史成本。

经典案例

Jack 是一位初涉股票市场的投资者。他熟悉各种投资分析工具,但不太了解公司的财务信息。Jack 看中了一家药品类公司的未来发展,准备将其纳入他的投资组合中。他需要知道该公司以及其所处行业的整体盈利水平和发展潜力,因此他查阅了该公司公开披露的年报。在年度资产负债表中,他发现该公司的资产过亿,但其中应收账款金额很大,无形资产所占比重很高,公司负债水平也很高;在年度利润表中,该公司营业利润很高但净利润为负;年度现金流量表中,该公司现金及现金等价物净增加额为负。他很不理解,无法做出是否购买该股票的决策。

其实,公司所有的经济活动都需要通过会计要素来进行归类并反映,并最终以财务报表及附注的形式表现出来。

案例思考题

(1) 作为一个投资者,需要了解哪些会计基础知识?
(2) 资产如何分类,它与负债、所有者权益关系如何?
(3) 收入、费用和利润与会计等式的关系如何?

关键术语

资产负债表要素　资产　负债　所有者权益　利润表要素　收入　费用　利润
资产=负债+所有者权益　收入-费用=利润　会计计量属性

本章小结

本章主要阐述的是六个会计要素(也称为财务报表要素),它们也是财务报表的分析基础。主要内容有:资产的经济意义、特点、分类以及确认和列示;负债的经济意义、特点、分类以及确认和列示;所有者权益的经济意义、特点、分类以及列示;收入的特点、分类以及确认和列示;费用的特点、分类以及确认和列示;利润的概念。有关报表项目的简单介绍。关于两个会计等式的含义:资产=所有者权益+负债;收入-费用=利润。

思考题

1. 什么是资产,它有哪些特征?
2. 资产的分类如何?
3. 什么是负债,有哪些特征?
4. 负债的分类如何?
5. 什么是所有者权益,它与负债的区别是什么?
6. 所有者权益包括哪些内容?
7. 什么是收入,有哪些特征?
8. 收入是如何分类的?
9. 什么叫费用,它有哪些特征,如何分类?
10. 什么是利润,它是如何构成的?
11. 资产与权益的关系如何?
12. 收入、费用和利润与会计等式的关系如何?
13. 会计计量属性有哪些?

练习题

一、单项选择题

1. 某企业9月1日的资产总额为30 000元,负债总额为10 000元。9月发生如下业务:9月的收入共计15 000元,发生费用共计24 000元,则9月该企业的股东权益总额为(　　)元。

    A. 20 000　　　　B. 9 000　　　　C. 11 000　　　　D. 21 000

2. 某公司资产总额为60 000元,负债总额为30 000元,向银行贷款20 000元并加上本公司银行存款15 000元购买生产设备,则上述业务入账后该公司的资产总额为(　　)元。

    A. 35 000　　　　B. 40 000　　　　C. 75 000　　　　D. 80 000

3. 企业财务部门人员的工资在哪个科目核算(　　)。

    A. 销售费用　　　B. 管理费用　　　C. 财务费用　　　D. 制造费用

4. 企业本月利润表中的主营业务收入为450 000元,营业外收入100 000元,营业成本为156 000元,税金及附加为59 000元,管理费用为7 000元,财务费用为9 000元,销售费用为7 000元,则其营业利润为(　　)元。

    A. 225 000　　　　B. 217 000　　　　C. 212 000　　　　D. 234 000

5. 下面（　　）应在当期利润表里计为费用。
   A. 本期使用的物业电费，但在年底还没支付
   B. 赊购的物资
   C. 今年年底现金支付的下一年保险
   D. B 和 C 都是当期的费用
6. 期间费用不包括（　　）。
   A. 管理费用　　　B. 销售费用　　　C. 财务费用　　　D. 制造费用
7. 公司在什么时候会报告净损失（　　）。
   A. 由于分配股利导致了未分配利润的减少
   B. 在一个账期内资产减少
   C. 在一个账期内负债增加
   D. 在一个账期内费用超过收入
8. 利润表当期的净利润应转入资产负债表里的（　　）。
   A. 实缴资本　　　B. 应付股利　　　C. 留存收益　　　D. 股本溢价
9. 资产的流动性是指（　　）。
   A. 管理能力　　　B. 盈利能力　　　C. 变现能力　　　D. 抗风险能力
10. 会计基本恒等式是指（　　）。
    A. 资产＝权益
    B. 资产＝负债＋所有者权益
    C. 收入－费用＝利润
    D. 资产＋费用＝负债＋所有者权益＋收入

二、多项选择题

1. 资产按照其流动性强弱分为（　　）。
   A. 流动资产　　　B. 有形资产　　　C. 无形资产　　　D. 非流动资产
2. 长期负债，是指偿还期在 1 年或者超过 1 年的一个营业周期以上的负债，包括（　　）。
   A. 长期借款　　　　　　　　　　　B. 应付债券
   C. 长期应付款　　　　　　　　　　D. 一年内到期的长期借款
3. 所有者权益项目主要包括（　　）。
   A. 实收资本　　　B. 存货　　　　　C. 资本公积　　　D. 盈余公积
4. 按照日常活动在企业所处的地位，收入可分为（　　）。
   A. 主营业务收入　B. 营业外收入　　C. 补贴收入　　　D. 其他业务收入
5. 营业外收入是指企业发生的与其生产经营无直接关系的各项收入，如（　　）。
   A. 债务重组利得　　　　　　　　　B. 与企业日常活动无关的政府补助
   C. 盘盈利得　　　　　　　　　　　D. 罚款收入

6. 营业外支出是指企业发生的与其生产经营无直接关系的各项支出,如( )。
   A. 固定资产盘亏　　　　　　　　B. 债务重组损失
   C. 非常损失　　　　　　　　　　D. 公益性捐赠支出
7. 巴菲特比大多数人更关注公司的( )
   A. 资产负债表　　B. 利润表　　C. 现金流量表　　D. 财务实力
8. 一般企业和股份有限公司的盈余公积包括( )
   A. 法定盈余公积　　　　　　　　B. 任意盈余公积
   C. 资本公积　　　　　　　　　　D. 未分配利润
9. 资产负债表要素包括( )。
   A. 资产　　　B. 负债　　　C. 所有者权益　　D. 利润
10. 利润表要素包括( )。
    A. 收入　　　B. 费用　　　C. 所有者权益　　D. 利润

三、判断题

1. 企业发生的各项费用最终构成产品的成本。
2. 净资产要看盈利积累了多少,无形资产决定长期竞争力。
3. 所得税费用是企业的一项费用支出,而非利润的分配。
4. 收入一定表现为企业资产的增加。
5. 所有者权益在数量上等于企业全部资产减去全部权益后的余额。
6. 法定盈余公积是根据公司法的规定由董事会决定后计提,任意盈余公积是根据财务制度规定的比例计提。
7. 企业的实收资本一定等于注册资本。
8. 负债是由于已经发生的和将要发生的交易或事项引起的企业现有义务。
9. 办理银行承兑汇票时向承兑银行支付的承兑手续费,应作为财务费用处理。
10. 资产是越多越好,而负债是越少越好。

四、综合计算及案例分析题

某公司 2020 年 6 月 30 日资产负债表显示资产总计 70 000 元,股东权益 50 000 元,负债 20 000 元,该公司 2020 年 7 月份发生如下经济业务:

(1) 购入全新设备一台,价值 5 000 元,以银行存款支付;
(2) 投资者以原材料投资,价值 10 000 元;
(3) 将一笔长期借款 5 000 元转化为股东权益;
(4) 从银行提取现金 200 元备用;
(5) 以银行存款偿还对供应商的欠款 1 000 元;

(6) 以银行存款归还短期借款 5 000 元；
(7) 收到客户支付的应收款 14 000 元，存入银行；
(8) 向银行借款 10 000 元，存入银行；
(9) 以现金 50 000 元购买了一项土地使用权。

请问 2020 年 7 月底该公司的资产、负债和股东权益分别是多少？

财务报表应当反映企业价值,然而事实上做不到,于是社会上形成了专门解释报表的新产业,股评就是其中之一。煞有介事地探讨日K线走势图,看起来似乎很权威,其实无异于"瞎子算命"。更不用说,其中还裹挟着股评家偷偷塞进去的怀疑、臆断、误导等"私货"。百闻不如一见,百见不如一算。自己对报表进行深入研究,比任何股评都来得真实可靠。

第三章　资产负债表分析

本章学习目标
1. 了解资产负债表的性质。
2. 熟练掌握资产项目的分析。
3. 掌握负债项目和所有者权益项目的分析。
4. 熟练掌握企业偿债能力和营运能力的分析。

第一节　资产负债表概述

一、资产负债表的性质

资产负债表是反映企业在某一特定日期财务状况的会计报表。它是根据"资产＝负债＋所有者权益"这一会计基本等式,按照一定的分类标准和一定的顺序,把企业一定日期的资产、负债和所有者权益各项目予以适当排列,并对日常工作中形成的大量数据进行整理后编制而成的。它表明企业在某一特定日期所拥有或控制的经济资源、所承担的现有义务和所有者对净资产的要求权。

二、资产负债表的格式

资产负债表的基本原理是"资产＝负债＋所有者权益"这一会计恒等式。根据会计恒等式编制资产负债表时,按照资产、负债和所有者权益的排列形式不同,资产负债表主要有两种格式:账户式和报告式。

1. 账户式

账户式资产负债表的表体分为左右两方,左右平衡。左方列示资产各项目,右方列示负债和所有者权益各项目,其中:负债项目列在报表右方的上半部分,所有者权益项目列示在报表右下部分。从形式上看,这种排列方式与会计常用的"丁字账"账户相似,故称"账户式资产负债表"。

我国的资产负债表格式一般采用账户式,这种方式清晰直接,一目了然,便于编制、检查、阅读和理解。其格式如表3.1所示。

表 3.1 资产负债表(账户式)

资　产	金　额	负债及所有者权益	金　额
流动资产		流动负债	
非流动资产		非流动负债	
		负债合计	
		所有者权益	
		所有者权益合计	
资产总计		负债及所有者权益总计	

2. 报告式

在报告式下,所有的资产项目按一定的排列顺序列示在报表的上面,负债及所有者权益列示在下面。从形式上看,报告式资产负债表是依据书面报告的常规,采用上下呼应的形式,故称"报告式资产负债表"。其格式如表3.2所示。

表 3.2 资产负债表(报告式)

	金　额
资产类:	
流动资产	
非流动资产	
资产合计	
负债及所有者权益类:	
流动负债	
非流动负债	

续表

	金　额
负债合计	
所有者权益	
所有者权益合计	
负债及所有者权益合计	

三、资产负债表的结构

根据我国《企业会计准则》的规定，企业的资产负债表采用账户式结构，它由表首、基本部分和补充资料三部分构成。

（一）表头部分

内容包括报表名称、编制单位、报表编号、编报日期和货币计量单位等项目。

（二）基本内容部分

这部分是资产负债表的核心所在，它采用账户式左右对称格式排列，左方为资产；右方为负债和所有者权益。资产负债表所依据的是"资产＝负债＋所有者权益"这个会计恒等式，所以资产负债表左方项目金额总计与右方项目金额总计必须相等，始终保持平衡。

1. 资产负债表左方项目

左方项目为资产，它是按照资产流动性程度的高低，即变现速度快慢的顺序排列，依次为流动资产和非流动资产，即先流动性资产，后非流动性资产。

2. 资产负债表右方项目

右方项目为负债和所有者权益，它是按先负债后所有者权益排列。其中负债按偿还时间的顺序排列，先流动负债后非流动负债，而所有者权益则是按其金额的稳定程度排列。

这种排列的资产负债表，既可以清晰地反映企业资产的构成和来源，又可以充分反映其转化为现金的能力，以及企业的偿债能力和财务弹性，同时明确划分不同投资者的权益界限，适应了不同报表使用者对各种信息的需求。

（三）补充资料

补充资料也是资产负债表的重要组成部分，列在资产负债表的下端。补充资料所提供的，是使用者需要了解但在基本部分中无法反映或难以单独反映的一些资料。补充资料主要指明商业承兑汇票贴现的金额、融资租入固定资产的原价、库存商品的期末余额等信息。

表 3.3 是一张资产负债表的实例，是星光公司 2019 年 12 月 31 日的 1 张资产负债表，它反映了该公司本年初即上年末的财务状况和本期末的财务状况。

表 3.3 资产负债表[①]

编制单位：星光公司　　　　　2019 年 12 月 31 日　　　　　单位：元

资　产	期末余额	期初余额	负债和所有者权益	期末余额	期初余额
流动资产：			**流动负债**		
货币资金	125 400 715 267.64	115 022 653 811.67	短期借款	15 944 176 463.01	22 197 859 406.88
现金及存放中央银行款项			向中央银行借款		
存放同业款项			吸收存款及同业存放	352 512 311.72	319 477 242.91
存出保证金			拆入资金	1 000 446 666.67	
拆出资金			交易性金融负债		
交易性金融资产	955 208 583.58	1 012 470 387.43	衍生金融负债		257 364 882.07
衍生金融资产	92 392 625.69	170 216 138.92	卖出回购金融资产款	2 074 500 000.00	
应收票据			吸收存款		
应收账款	8 513 334 545.08	7 642 434 078.24	应付票据	25 285 207 843.86	10 835 428 282.29
应收款项融资	28 226 248 997.12	34 300 472 580.13	应付账款	41 656 815 752.46	38 987 371 471.02
预付款项	2 395 610 555.26	2 161 876 009.22	预收款项	8 225 707 662.42	9 792 041 417.16
其他应收款	159 134 399.10	290 346 336.38	应付职工薪酬	3 430 968 964.33	2 473 204 451.69
存货	24 084 854 064.29	20 011 518 230.53	应交税费	3 703 779 716.33	4 848 347 673.70

---

① 由于报表调整，资产负债表 2019 年年初的各项资产余额与 2018 年年末报表存在微小差异。

续表

资产	期末余额	期初余额	负债和所有者权益	期末余额	期初余额
持有待售资产			其他应付款	2 712 692 973.66	3 084 011 741.38
一年内到期的非流动资产	445 397 710.39		持有待售负债		
其他流动资产	23 091 144 216.68	18 913 345 857.70	一年内到期的非流动负债		
流动资产合计	213 364 040 964.83	199 525 333 430.22	其他流动负债	65 181 491 855.14	64 890 979 418.62
非流动资产：			流动负债合计	169 568 300 209.60	157 686 125 987.72
发放贷款及垫款	14 423 786 409.22	9 081 714 083.52	**非流动负债：**		
债权投资		37 216 700.19	长期借款	46 885 882.86	
其他债权投资	296 836 282.20	1 064 120 569.43	应付债券		
长期应收款			其中：优先股		
长期股权投资	7 064 186 161.29	2 250 732 461.71	永续债		
其他权益工具投资	4 644 601 697.51	1 144 907 946.33	长期应付款		
其他非流动金融资产	2 003 483 333.33		长期应付职工薪酬	141 021 228.00	130 840 170.00
投资性房地产	498 648 691.85	537 589 343.08	预计负债		
固定资产	19 121 930 757.04	18 385 761 475.54	递延收益	240 504 270.47	166 293 620.03
在建工程	2 431 051 409.94	1 663 938 988.55	递延所得税负债	927 789 301.27	536 185 771.60
生产性生物资产			其他非流动负债		
油气资产			非流动负债合计	1 356 200 682.60	833 319 561.63
无形资产	5 305 541 098.92	5 204 500 167.30	负债合计	170 924 500 892.20	158 519 445 549.35
开发支出			**所有者权益：**		
商誉	325 919 390.58	51 804 350.47	股本	6 015 730 878.00	6 015 730 878.00
长期待摊费用	2 718 105.35	4 237 554.01	其他权益工具		
递延所得税资产	12 541 085 078.09	11 377 090 764.13	其中：优先股		
其他非流动资产	948 328 035.13	787 542 636.50	永续债		
非流动资产合计	69 608 116 450.45	51 591 157 040.76	资本公积	93 379 500.71	93 379 500.71

续表

资　产	期末余额	期初余额	负债和所有者权益	期末余额	期初余额
			减：库存股		
			其他综合收益	6 260 291 981.13	−620 246 513.23
			专项储备		
			盈余公积	3 499 671 556.59	3 499 671 556.59
			一般风险准备	489 855 826.75	329 417 571.48
			未分配利润	93 794 643 539.49	81 891 475 269.72
			归属于母公司所有者权益合计	110 153 573 282.67	91 209 428 263.27
			少数股东权益	1 894 083 240.41	1 387 616 658.36
			所有者权益合计	112 047 656 523.08	92 597 044 921.63
资产总计	282 972 157 415.28	251 116 490 470.98	负债和所有者权益总计	282 972 157 415.28	251 116 490 470.98

四、资产负债表的局限性

1. 资产负债表并不能完全真实反映企业的财务状况

资产负债表是以历史成本为基础的，它不反映资产负债和股东权益的现行市场价值。因此，由于通货膨胀的影响，账面上的原始成本与编表日的现时价值已相去甚远，所代表的不一定就是资产的真实价值。

2. 资产负债表并不能完全反映企业所有的资产和负债

货币计量是会计的一大特点，财务报表表现的信息是能用货币表述的信息，因此，资产负债表会遗漏无法用货币计量的重要经济信息。

另一方面，即使是可以用货币计量的经济资源，在计量时也未必就是真实的。这是不考虑物价变动对货币购买力的影响，即所谓"币值不变假设"。然而，现实中，物价总是经常的处在变动之中的，货币的购买力会随着物价的变化而变化，这就出现了矛盾——币值的现实变化与币值不变假设的矛盾。

3. 资产负债表中许多信息是人为估计的结果

例如坏账准备、固定资产折旧和无形资产摊销等。这些估值难免主观，会影响信息的可靠性。

4. 资产负债表项目的计价运用了不同的计价方法

资产项目的计量,受约于会计核算原则和计价方法。如现金按其账面价值表示,应收账款按照扣除坏账准备后的净值表示,存货则按成本与可变现净值孰低法表示等等。这样,由于不同资产采用不同的计价方法,资产负债表上得出的合计数失去了可比的基础,并变得难以解释,它无疑影响了会计信息的相关性。

5. 理解资产负债表的含义必须依靠报表使用者的判断

很多有关企业长期、短期偿债能力和经营效率等信息企业往往不会直接披露,靠报表使用者自己分析判断。由于各公司采用会计政策可能不同,导致使用者难于判断比较。

第二节 资产项目内容及其分析

一、资产总括分析

企业资产按流动性分为流动资产、长期投资、固定资产、无形资产和其他资产。除流动资产外,其他几种资产的形成往往需要投入大量的资金,并且发挥作用的时间也较长,它一旦形成就不易调整或变换。因此,我们应根据各类资产的特点和作用以及它们构成的比重作细致的分析。通过分析,我们可以认识企业生产经营与管理的优势与不足,并为进一步分析这些优势和不足形成的原因找寻资料。

（一）资产结构分析

资产结构,就是指企业的流动资产、长期投资、固定资产、无形资产等占资产总额的比重。资产结构分析,对报表使用者来说,可以深入地了解企业资产的组成状况、盈利能力、风险大小及弹性高低等方面的信息,从而为其合理地作出决策提供强有力的支持。对企业管理者而言,有助于其优化资产结构,改善财务状况,使资产保持适当的流动性,降低经营风险,加速资金周转。对债权人而言,有助于其了解债权的物资保证程度或安全性。对企业的关联企业而言,可了解企业的存货状况和支付能力,从而对合同的执行前景心中有数；对企业的所有者而言,有助于对企业财务的安全性、资本的保全能力以及资产的收益能力作出合理的判断。

企业资产结构主要受以下因素影响。

(1) 企业所处行业的特点和经营领域。不同的行业、不同的经营领域，往往需要不同的资产结构。生产性企业固定资产的比重往往要大于流通性企业；机械行业的存货比重则一般要高于食品行业。

(2) 企业的经营状况。企业的资产结构与其经营状况紧密相连。经营状况好的企业，其存货资产的比重相对可能较低，货币资金则相对充裕。经营状况不佳的企业，可能由于产品积压，存货资产所占的比重会较大，其货币资金则相对不足。

(3) 市场需求的季节性。若市场需求具有较强的季节性，则要求企业的资产结构具有良好的适应性，即资产中临时波动的资产应占较大比重，耐久性、固定资产应占较小比重。反之亦然。旺季和淡季的季节转换也会对企业的存货数量和货币资金的持有量产生较大影响。

(4) 宏观经济环境。宏观经济环境制约着市场的机会、投资风险，从而直接影响企业的长期投资数额。通货膨胀效应往往直接影响到企业的存货水平、货币资金和固定资产所占的比重。一些法律或行政法规、政策，也会影响到企业的资产结构。

通过对资产结构分析，可以看出企业的行业特点、经营特点和技术装备特点。

(1) 行业特点。工业企业的非流动资产往往大于流动资产，而商业企业的情况正好相反。

(2) 经营特点。在同一行业中，流动资产、非流动资产所占的比重反映出企业的经营特点。流动资产较高的企业稳定性较差，却较灵活。而那些非流动资产占较大比重的企业底子较厚，但调头难；长期投资较高的企业，金融利润和风险要高。

(3) 无形资产增减和固定资产折旧快慢反映企业的新产品开发能力和技术装备水平。无形资产持有多的企业，开发创新能力强；而那些固定资产折旧比例较高的企业，技术更新换代快。

分析资产结构与变动情况通常采用纵向分析法。纵向分析法的基本要点是通过计算财务报表中的各项目占总体的比重，反映财务报表中的项目与总体关系情况及其变动情况。对资产结构变动的分析，应对流动资产和非流动资产，有形资产与无形资产、固定资产和流动资产等结构进行分项目比较、分析，以便进一步查明原因，判断企业资产结构变动的合理性。在判断企业资产各项目结构变动合理性时应结合企业生产经营特点和实际情况。

1. 流动资产与非流动资产

(1) 流动资产构成比重的计算与分析。流动资产构成比重是指流动资产占资产总额的百分比,其计算公式为

$$流动资产比重 = \frac{流动资产}{资产总额} \times 100\%$$

流动资产比重高的企业,其资产的流动性和变现能力便较强,企业的抗风险能力和应变力就强。但由于缺乏雄厚的固定资产作后盾,一般而言其经营的稳定性则会较差。流动资产比重低的企业,虽然其底子较厚,但灵活性却较差。流动资产比重上升,则说明企业应变能力提高,企业创造利润和发展的机会增加,加速资金周转的潜力较大。

分析时应注意把流动资产比重的变动与销售收入和营业利润的变动联系起来。如果营业利润和流动资产比重同时提高,说明企业正在发挥现有经营潜力,经营状况好转。如果流动资产比重上升而营业利润并没有增长,则说明企业产品销路不畅,经营形势不好。如果流动资产比重降低而销售收入和营业利润呈上升趋势,说明企业资金周转加快,经营形势优化;如果流动资产比重和营业利润、销售收入同时下降,则表明企业生产萎缩,沉淀资产增加。

由于各行业生产经营情况不一样,流动资产在资产总额中的比重就不一样。合理的程度应根据具体行业、企业来判断分析。

(2) 非流动资产构成比重的计算与分析。非流动资产构成比重是指非流动资产占资产总额的百分比。计算公式为

$$非流动资产比重 = \frac{非流动资产}{资产总额} \times 100\%$$

首先,非流动资产的比重过高意味着企业非流动资产周转缓慢,变现能力低,势必会增大企业经营风险;其次,使用非流动资产会产生一笔巨大的固定费用,这种费用具有刚性,一旦生成短期内不易消除,这样也会加大企业的经营风险;最后,非流动资产比重过高会削弱企业的应变能力,一旦市场行情出现较大变化,企业可能会陷入进退维谷的境地。

非流动资产比重的合理范围应结合企业的经营领域、经营规模、市场环境以及企业所处的市场地位等因素来进行,并可参照行业的平均水平或先进水平。

2. 有形资产与无形资产

(1) 有形资产构成比重的计算与分析。有形资产构成比重是指有形资产

占资产总额的百分比。计算公式为

$$有形资产比重 = \frac{有形资产}{资产总额} \times 100\%$$

有形资产是指那些具有实物形态的资产,如存货、对外投资、货币资产、应收账款等,可以分为实物资产和金融资产。实物资产具有有形形式,其价值源于其物理性质,可以是天然物质,如黄金或石油,也可以是人造物质,如机器或建筑。金融资产是一种从合同权利或所有权要求中获得价值的流动资产,股票、债券、共同基金、银行存款、投资账户和现金都是金融资产,它们可以是实物形式,如美元钞票或债券凭证,也可以是非实物形式,如货币市场账户或共同基金。

(2) 无形资产构成比重的计算与分析。无形资产构成比重是指无形资产项目占资产总额的百分比。计算公式为

$$无形资产比重 = \frac{无形资产}{资产总额} \times 100\%$$

无形资产是指企业拥有或者控制的没有实物形态的可辨认非货币性资产,包括专利权、非专利技术、商标权、著作权、土地使用权、特许经营权。需要注意的是,由于商誉属于不可辨认资产,并不属于无形资产,但是属于无形项目。在知识经济时代,无形资产是反映企业技术创新能力、市场竞争力和可持续发展能力的重要指标,但是,由于无形资产在创造经济利益方面具有的高度不确定性,基于谨慎性原则,资产负债表中列示的无形资产基本为通过外购方式取得的。因此,无形资产比重的分析应当考虑无形资产项目的不充分性、价值不确定性,以及存在账外无形资产等因素,综合考察企业的技术创新能力。

3. 固定资产与流动资产

企业资产结构优化就是研究企业的各类资产如何配置能使企业取得最佳经济效益。在企业资产结构体系中,固定资产与流动资产之间的结构比例是最重要的内容。固定资产与流动资产之间的结构比例通常称之为固流结构。

在企业经营规模一定的条件下,如果固定资产存量过大,则正常的生产能力不能充分发挥出来,造成固定资产的部分闲置或生产能力利用不足。如果流动资产存量过大,则又会造成流动资产闲置,影响企业的盈利能力。无论以上哪种情况出现,最终都会影响企业资产的利用效果。

对一个企业而言,主要有三种类型的固流结构。

(1) 适中的固流结构,是指企业在一定销售量的水平上,使固定资产存量

与流动资产存量的比例保持在平均合理的水平上。这种资产结构可在一定程度上提高资金的使用效率,但同时也增大了企业的经营风险和偿债风险,是一种风险一般、盈利水平一般的资产结构。

(2) 保守的固流结构,是指企业在一定销售水平上,维持大量的流动资产,并采取宽松的信用政策,从而使流动资金处于较高的水平。这种资产结构由于流动资产比例较高,可降低企业偿债或破产风险,使企业风险处于较低的水平。但流动资产占用大量资金会降低资产的运转效率,从而影响企业的盈利水平。因此,该种资产结构是一种流动性高、风险小、盈利低的资产结构。

(3) 冒险的固流结构,是指企业尽可能少地持有流动资产,从而使企业流动资金维持在较低水平上。这种资产结构流动资产比例较低,资产的流动性较差。虽然固定资产占用量增加而相应提高了企业的盈利水平,但同时也给企业带来较大的风险。这是一种高风险、高收益的资产结构。

在实际工作当中,我们通常根据下列标准来评价企业固定资产与流动资产的结构比例是否合理。

(1) 盈利水平与风险。企业将大部分资金投资于流动资产,虽然能够减少企业的经营风险,但是会造成资金大量闲置或固定资产不足,降低企业生产能力,降低企业的资金利用效率,从而影响企业的经济效益;反之固定资产比重增加,虽然有利于提高资产利润率,但同时也会导致经营风险的增加。企业选择何种资产结构,主要取决于企业对风险的态度。如果企业敢于冒险,就可能采取冒险的固流结构策略;如果企业倾向于保守,则宁愿选择保守的固流结构策略而不会为追求较高的资产利润率而冒险。

(2) 行业特点。不同的行业,因经济活动内容不同,技术装备水平也有差异,其固流结构也会有较大差异。一般说来,创造附加值低的企业,如商业企业,需要保持较高的资产流动性;而创造附加值高的企业,如制造业企业,需要保持较高的固定资产比重。同一行业内部,因其生产特点、生产方式的差异较小,所以其固流结构就比较接近,行业的平均固流结构比例应是本企业固流结构的主要参照标准。

(3) 企业经营规模。企业经营规模对固流结构有重要影响。一般而言,规模较大的企业,固定资产比例相对高些,因其筹资能力强,流动资产比例相对低些。

企业在分析和评价目前固流结构合理性的基础上,必须对固流结构进一步优化。固流结构优化必须以企业采取的固流结构策略所确定的标准为根据。固流结构优化的步骤一般是：首先，分析企业的盈利水平和风险程度，判断和评价企业目前的固流结构；其次，根据盈利水平与风险、行业特点、企业规模等评价标准，按照企业选择的固流结构策略确定符合本企业实际情况的固流结构比例的目标标准；最后，对现有的固流结构比例进行优化调整。调整时，既可以调整流动资产存量，也可以调整固定资产存量，还可以同时调整固定资产存量和流动资产存量以达到确定的目标标准。

4. 经营性资产与投资性资产

资产按照对利润贡献的方式，可以分为经营性资产与投资性资产两大类。经营性资产是指与企业日常经营活动有关的资产，是企业在经营活动中直接使用或控制，并主要用来获取企业的核心利润的资产。一般来说，这类资产与企业的经营活动相关，由企业直接使用或控制，效果较难受外部的条件约束，但能直接影响企业核心利润的增减变动。投资性资产是指企业对外投资所形成的资产。此类资产用于对外投资活动，目的是获取企业投资收益。一般来说，它与企业自身经营活动不直接相关。该类资产一旦对外投出以后主要由接受投资方或具体投资项目直接经管人控制或使用，且投资性资产的控制权或使用效果较难受投资方企业的直接约束，但其投资效果能直接或间接影响投资企业的投资收益的增减变动。

资产负债表中的交易性金融资产、债权投资、其他债权投资、长期股权投资、其他权益工具投资、其他非流动金融资产等主要属于投资性资产。投资性资产按照能否对被投资方形成控制，可以进一步分为控制性投资资产和非控制性投资资产。长期股权投资如果达到可控制被投资方的程度，则被称为控制性投资资产，其余的投资性资产则是非控制性投资资产。不属于投资性资产的项目可以粗略地划归经营性资产。因此，货币资金、商业债权（应收票据、应收账款、预付款项等）、合同资产、存货、企业应收款、投资性房地产、固定资产、在建工程、无形资产等可全部划归经营性资产。

在财务报表分析的过程中，不是流动资产和非流动资产的分类解决了财务分析问题，而是经营性资产和投资性资产的分类与流动资产和非流动资产的分类相结合，才能解决实际财务分析问题。

将企业的资产结构分为经营性资产和投资性资产，有利于结合利润表分析企业生产经营的盈利能力、持续性和发展能力，明确企业的盈利方式和发展战略。

5. 资产结构分析与评价

不同资产结构体现出的经济含义、管理含义等显著不同,因此,需要根据分析从不同角度进行分析和评价,同时,可以通过与行业平均水平或可比企业资产结构进行比较,对资产结构的合理性做出评价。

下面我们根据星光公司 2019 年 12 月 31 日资产负债表的相关资料,编制公司资产结构及增减变动表分析该公司资产的构成情况(见表 3.4)。

表 3.4 资产结构分析表

资　产	金额/元		构成比例/%		变动情况/%
	期末余额	期初余额	期末余额	期初余额	
流动资产:					
货币资金	125 400 715 267.64	115 022 653 811.67	44.32	45.80	−1.48
交易性金融资产	955 208 583.58	1 012 470 387.43	0.34	0.40	−0.06
衍生金融资产	92 392 625.69	170 216 138.92	0.03	0.07	−0.04
应收账款	8 513 334 545.08	7 642 434 078.24	3.01	3.04	−0.03
应收款项融资	28 226 248 997.12	34 300 472 580.13	9.97	13.66	−3.69
预付款项	2 395 610 555.26	2 161 876 009.22	0.85	0.86	−0.01
其他应收款	159 134 399.10	290 346 336.38	0.06	0.12	−0.06
存货	24 084 854 064.29	20 011 518 230.53	8.51	7.97	0.54
一年内到期的非流动资产	445 397 710.39	0.00	0.16	0.00	0.16
其他流动资产	23 091 144 216.68	18 913 345 857.70	8.16	7.53	0.63
流动资产合计	213 364 040 964.83	199 525 333 430.22	75.40	79.46	−4.06
非流动资产:					
发放贷款及垫款	14 423 786 409.22	9 081 714 083.52	5.10	3.62	1.48
债权投资		37 216 700.19	0.00	0.01	−0.01
其他债权投资	296 836 282.20	1 064 120 569.43	0.10	0.42	−0.32
长期股权投资	7 064 186 161.29	2 250 732 461.71	2.50	0.90	1.60
其他权益工具投资	4 644 601 697.51	1 144 907 946.33	1.64	0.46	1.18

续表

资产	金额/元		构成比例/%		变动情况/%
	期末余额	期初余额	期末余额	期初余额	
其他非流动金融资产	2 003 483 333.33	0.00	0.71	0.00	0.71
投资性房地产	498 648 691.85	537 589 343.08	0.18	0.21	−0.03
固定资产	19 121 930 757.04	18 385 761 475.54	6.76	7.32	−0.56
在建工程	2 431 051 409.94	1 663 938 988.55	0.86	0.66	0.20
无形资产	5 305 541 098.92	5 204 500 167.30	1.87	2.07	−0.20
商誉	325 919 390.58	51 804 350.47	0.12	0.02	0.10
长期待摊费用	2 718 105.35	4 237 554.01	0.00	0.00	0.00
递延所得税资产	12 541 085 078.09	11 377 090 764.13	4.43	4.53	−0.10
其他非流动资产	948 328 035.13	787 542 636.50	0.34	0.31	0.03
非流动资产合计	69 608 116 450.45	51 591 157 040.76	24.60	20.54	4.06
资产总计	282 972 157 415.28	251 116 490 470.98	100.00	100.00	

表3.4是根据星光公司2019年12月31日资产负债表的相关资料,编制的资产结构分析表。可以看出,从流动性角度来看,星光公司2019年年末流动资产占资产总额的75.40%,非流动资产占资产总额的24.60%,企业流动资产占资产总额比重较高。企业流动资产中,货币资金、应收款项融资和存货的占比较高,分别为44.32%、9.97%和8.51%;非流动资产中,固定资产占比最高,为6.76%。一方面,可以认为,星光公司的资产流动性较强,资产弹性较好,资产风险较小,同时,经营性资产占比较高。从动态角度看,星光公司2019年流动资产占比较2018年下降了4.06个百分点。其中,应收款项融资占比下降了3.69个百分点,货币资金占比下降了1.48个百分点。非流动资产中,长期股权投资占比变动幅度最大,上升了1.60个百分点。总体而言,星光公司流动资产和非流动资产的变化较为平稳,经营性资产的比重略有下降,资产结构相对较为稳定。当然,必须要注意,评价一个公司资产结构是否合理,也就是说公司在总资产中保持有多少流动资产、多少固定资产才合适,还应对公司的经营性质、规模、公司经营状况、市场环境等因素进行综合分析。对近几年来的资产结构进行趋势比较,或者与同行业的平均水平、先进水平进行比

较,才能正确评价资产结构的合理性和先进性。

(二) 资产规模分析

企业资产规模是指企业所拥有的资产存量。它既是保证企业生产经营管理活动正常进行的物质基础,又是关系到企业能否持续经营的重要前提和条件。一个企业的资产必须保持合理的规模,因为资产规模过大,将形成资产资源的闲置,造成资金周转缓慢,影响资产的利用效果。资产规模过小,将难以满足企业生产经营的需要,导致企业生产经营活动难以正常运行。

对资产规模的分析,就是利用水平分析法从数量上了解企业资产的变动情况,分析变动的具体原因。利用横向比较法的基本要点就是将企业资产负债表中不同时期的资产进行对比。对比的方式有两种:一是确定其增减变动数量;二是确定其增减变动率。应用水平分析法,可以观察资产规模以及各资产项目的增减变化情况,发现重要或者异常的变化,对这些变化再做进一步分析,找出其变化的原因,并判断这种变化是有利的还是不利的。判断一个企业资产规模变化是否合理,要结合企业生产经营活动的发展变化,即将资产规模增减比率同企业产值、销售收入等生产经营指标的增减比率相对比,判断增资与增产、增收之间是否协调,资产营运效率是否提高。

下面我们根据星光公司2019年12月31日资产负债表的相关资料,编制公司资产项目增减变动表(见表3.5)。

表 3.5 资产项目增减变动表

资产	金额		差异		构成比例/%		变动情况/%
	期末余额/元	期初余额/元	金额/元	增幅/%	期末余额	期初余额	
流动资产:							
货币资金	125 400 715 267.64	115 022 653 811.67	10 378 061 455.97	9.02	44.32	45.80	−1.48
交易性金融资产	955 208 583.58	1 012 470 387.43	−57 261 803.85	−5.66	0.34	0.40	−0.06
衍生金融资产	92 392 625.69	170 216 138.92	−77 823 513.23	−45.72	0.03	0.07	−0.04
应收账款	8 513 334 545.08	7 642 434 078.24	870 900 466.84	11.40	3.01	3.04	−0.03
应收款项融资	28 226 248 997.12	34 300 472 580.13	−6 074 223 583.01	−17.71	9.97	13.66	−3.69

续表

资产	金额		差异		构成比例/%		变动情况/%
	期末余额/元	期初余额/元	金额/元	增幅/%	期末余额	期初余额	
预付款项	2 395 610 555.26	2 161 876 009.22	233 734 546.04	10.81	0.85	0.86	−0.01
其他应收款	159 134 399.10	290 346 336.38	−131 211 937.28	−45.19	0.06	0.12	−0.06
存货	24 084 854 064.29	20 011 518 230.53	4 073 335 833.76	20.35	8.51	7.97	0.54
一年内到期的非流动资产	445 397 710.39	0	445 397 710.39	—	0.16	0.00	0.16
其他流动资产	23 091 144 216.68	18 913 345 857.70	4 177 798 358.98	22.09	8.16	7.53	0.63
流动资产合计	213 364 040 964.83	199 525 333 430.22	13 838 707 534.61	6.94	75.40	79.46	−4.06
非流动资产:							
发放贷款及垫款	14 423 786 409.22	9 081 714 083.52	5 342 072 325.70	58.82	5.10	3.62	1.48
债权投资		37 216 700.19	−37 216 700.19	−100.00	0.00	0.01	−0.01
其他债权投资	296 836 282.20	1 064 120 569.43	−767 284 287.23	−72.11	0.10	0.42	−0.32
长期股权投资	7 064 186 161.29	2 250 732 461.71	4 813 453 699.58	213.86	2.50	0.90	1.60
其他权益工具投资	4 644 601 697.51	1 144 907 946.33	3 499 693 751.18	305.67	1.64	0.46	1.18
其他非流动金融资产	2 003 483 333.33	0	2 003 483 333.33	—	0.71	0.00	0.71
投资性房地产	498 648 691.85	537 589 343.08	−38 940 651.23	−7.24	0.18	0.21	−0.03
固定资产	19 121 930 757.04	18 385 761 475.54	736 169 281.50	4.00	6.76	7.32	−0.56
在建工程	2 431 051 409.94	1 663 938 988.55	767 112 421.39	46.10	0.86	0.66	0.20
无形资产	5 305 541 098.92	5 204 500 167.30	101 040 931.62	1.94	1.87	2.07	−0.20
商誉	325 919 390.58	51 804 350.47	274 115 040.11	529.14	0.12	0.02	0.10
长期待摊费用	2 718 105.35	4 237 554.01	−1 519 448.66	−35.86	0.00	0.00	0.00

续表

资产	金额		差异		构成比例/%		变动情况/%
	期末余额/元	期初余额/元	金额/元	增幅/%	期末余额	期初余额	
递延所得税资产	12 541 085 078.09	11 377 090 764.13	1 163 994 313.96	10.23	4.43	4.53	−0.10
其他非流动资产	948 328 035.13	787 542 636.50	160 785 398.63	20.42	0.34	0.31	0.03
非流动资产合计	69 608 116 450.45	51 591 157 040.76	18 016 959 409.69	34.92	24.60	20.54	4.06
资产总计	282 972 157 415.28	251 116 490 470.98	31 855 666 944.30	12.69	100.00	100.00	

从表3.5可以看出,星光公司的2019年期末的资产总额较2018年年末相比,增加了318.56亿元,增长了12.69%。其中,流动资产增长了6.94%,非流动资产增长了34.92%。流动资产的变动主要来自于货币资金、应收款项融资、存货和其他流动资产;非流动资产的变动主要来自发放贷款及垫款、长期股权投资、其他权益工具投资、其他非流动金融资产以及递延所得税资产。需要注意的是,判断企业资产规模变化是否合理还需要结合企业具体业务发展状况进行综合分析,通过相关指标的计算,同行业平均水平、领先企业进行比较分析,同时,还可以进行趋势分析,通过对资产项目进行趋势分析,探寻企业财务状况的变动趋势及轨迹。

二、资产具体项目分析

(一)货币资金

1. 货币资金的概述

货币资金项目是企业在生产经营过程中处于货币形态的资金,包括库存现金、银行存款和其他货币资金。其中库存现金是指企业为了满足经营过程中零星支付而保留的现金。银行存款是企业存入银行或其他金融机构的各种存款(除了划分为其他货币资金的情况外)。而其他货币资金包括外埠存款、银行汇票存款、银行本票存款、信用证保证金存款、信用卡存款、存出投资款、在途货币资金等。

由于货币资金本身可用于偿债,其变现时间等于零,并且通常不存在变现损失问题,因此货币资金是偿债能力最强的资产。但是,有时候货币资金中有一部分资金属于受限的货币资金,不可随意支取,流动性较低,这类不可随意支取的部分通常计入货币资金中的其他货币资金。

受限的货币资金通常有两类:一类是用于支持企业日常经营而形成的受限资金,如公司用于开立银行承兑汇票的保证金及银行备用信用证保证金和保函保证金等,这类受限资金在财务分析时通常放在经营性营运资金中考虑。如零售企业为了向供应商开具商业票据,往往需要在银行存入大量保证金。另一类则是属于被他人(通常是企业股东或其他关联方)占用的资金或为其他公司做担保而放在银行的保证金。这类受限资金意味着资金被占用且往往是否可全部及时回收具有不确定性,通常作为非核心资产来分析。

货币资金特点:

(1) 有着极强的流动性,在企业经济活动中,有一大部分经营业务涉及货币资金的收支,也就是货币资金在企业持续经营过程中随时有增减的变化。

(2) 货币资金收支活动频繁。

(3) 在一定程度上货币资金的收支数额的大小反映着企业业务量的多少、企业规模的大小。

(4) 通过货币资金的收支反映企业收益和损失以及经济效益。

2. 货币资金的分析

(1) 货币资金规模的分析。为维持企业经营活动的正常运转,企业必须持有一定量的货币资金。从财务管理的角度来看,货币资金越多,企业偿债能力就越强。但是如果一个企业货币资金经常处于比重较大的状况,则很可能是企业不能有效利用资金资源的表现;如果比重过低,则意味着企业缺乏必要的资金,可能会影响企业的正常经营,并制约着企业的发展。企业货币资金规模是否合理,主要受下列因素决定。

① 资产规模与业务量。一般说来,企业资产规模越大,相应的货币资金规模也就越大;业务量越大,处于货币资金形态的资产也就越多。

② 筹资能力。如果企业有良好信誉,筹资渠道通畅,就没必要长期持有大量的货币资金,因为货币资金的盈利性通常较低。

③ 运用货币资金能力。货币资金如果仅停留在货币形态,则只能用于支付。这意味着企业可能丧失潜在的投资机会,也可能表明企业的管理人员经营无方。如果企业经营者利用货币资金能力较强,则货币资金比重可维持较低水平,将货币资金从事其他经营活动,企业的获利水平有可能提高。

④ 行业特点。一般来讲,企业业务规模越大,业务收支越频繁,持有的货

币资金也就越多。处于不同行业的企业,其合理的货币资金比重也会有较大差异。

(2) 货币资金变动的分析。企业货币资金的增减变动,可能受以下因素影响。

① 销售规模的变动。企业销售规模发生变动,货币资金规模也会随之发生变动,二者之间具有一定的相关性。

② 信用政策的变动。如果企业采用严格的信用政策,提高现销比例,可能会导致货币资金规模提高。

③ 为支出大笔现金做准备。如准备派发现金股利,偿还将要到期的巨额银行借款,或集中购货等,这都会增加企业货币资金规模。但是这种需要是暂时的,货币资金规模会随着企业现金的支付而降低。

(3) 货币资金持有量分析。企业货币支付能力大于1,说明货币支付能力较强,但并不表示企业货币资金的持有量是合理的。由于货币资金是一种非盈利资产,积存过多,必然会造成资金浪费,积存过少,又不能满足企业三个动机的需要(即:交易性动机、预防性动机、投机性动机),增加企业财务风险。

判断货币资金持有量是否合理,首先看它是否满足交易性动机,即企业正常生产经营活动的支出;其次看它是否能满足预防性动机,即应付市场变化的能力;在满足了上述二个需求后,仍有多余货币,可考虑短期投资,购买证券进行增值。

货币资金中的现金,主要是用于日常零星开支。根据现金管理条例规定,现金实行限额管理,其限额一般不超过 3～5 天的日常零星开支;货币资金中其他货币资金部分是为当前必须交易结算而准备的,故无须制定其额度;货币资金中的银行存款占用的数额较大,是确定货币资金持有量的重点。银行存款结存多少比较适宜,主要取决于近期须支付货币资金的需要量与结存量是否相近。如果相近,说明货币资金的持有量就是最佳持有量。

(4) 货币资金构成的分析。企业资产负债表上的货币资金金额代表了资产负债表日企业的货币资金拥有量。由于其形态的特殊性,在会计上,货币资金一般不存在估价问题,其价值永远等于各时点上的货币一般购买力。但由于物价波动、技术发展等方面原因,相同数量金额的货币资金在不同时点的购买力并不必然相同。

在企业的经济业务涉及多种货币、企业的货币资金有多种货币的条件下,不同货币币值的不同未来走向决定了相应货币的"质量"。此时,对企业持有的各种货币进行汇率趋势分析,就可以确定企业持有的货币资金的未来质量。

(5) 货币资金管理分析。首先,分析企业货币资金收支是否符合国家的规定。国家对有关货币资金收支方面有严格的管理规定,企业必须遵守国家有关的结算政策、现金管理制度,合理调度资金。如:企业没有遵守国家的现金管理制度而保留了过多的货币资金的情况下,企业可能会遭受失窃、白条抵库的损失;企业违反国家结算政策的情况下,企业有可能会受到有关部门的处罚;企业对国家有关货币资金管理规定的遵守质量较差的情况下,企业的进一步融资也将发生困难。

其次,从企业自身货币资金管理角度来进行分析。企业在收支过程中的内部控制制度的完善程度以及实际执行情况,则直接关系到企业的货币资金运用质量。

此外,必须要注意货币资金是否存在造假,一般而言,如果企业货币资金占总资产的比重远高于同行业平均水平,但没有与之相匹配的业务规模和行业竞争力,或拥有大量货币资金仍大肆举债,就需要谨慎对待。例如,康美药业《2018 年半年度报告》显示,货币资金 398.85 亿元,但同时,短期借款 124.52 亿元,短期融债 90 亿元,应付债券 132.73 亿元,利息支出高达 7.98 亿元,如此大量的货币资金和巨额的借款存在明显的矛盾。事实上,2016—2018 年,康美药业通过财务不记账、虚假记账,伪造、变造大额定期存单或银行对账单,配合营业收入造假伪造销售回款等方式累计虚增货币资金 887 亿元。2018 年上半年,虚增货币资金 361.9 亿元,占公司披露总资产的 45.96%。这是利用货币资金进行财务造假的典型案例。

(二) 应收账款

1. 含义

应收账款是企业因销售商品、产品或提供劳务等,应向购货单位或接受劳务单位收取的款项。

2. 分析

应收账款就其性质来讲,是企业的一项资金垫支,是为了扩大销售和增加盈利而发生的。它不会给企业带来直接利益,占用数额过大,又会使存货及其他资产占用资金减少,使企业失去取得收益的机会,造成机会成本、坏账损失和收账费用的增加。因此,应尽量减少其占用数额。应收账款应控制在多大数额为宜,这要取决于销售中赊销的规模、信用政策、收款政策及市场经济情况等因素。

应收账款的分析可从以下几个方面进行。

(1) 应收账款时间构成分析。应收账款时间构成分析就是对客户所欠账款时间的长短进行分析。具体做法就是将各项应收账款首先分为信用期内的和超过信用期的两大类,然后再对超过信用期的应收账款按照拖欠时间长短进行分类。通过分类,一方面可以了解企业应收账款的账龄结构是否合理;另一方面为企业组织催账工作和估计坏账损失提供依据。

对应收账款时间构成分析,可以通过编制应收账款时间构成表(见表3.6)来进行分析。

表3.6 应收账款时间构成表

应收账款时间	金额/元	比重/%
1年以内	7 697 417 213.86	83.26
1～2年(含2年)	926 391 719.35	10.02
2～3年	355 717 739.24	3.85
3年以上	265 497 478.10	2.87
应收账款总额	9 245 024 150.55	100.00

从表3.6中可看出,就数量而言,星光公司2019年末的应收账款中,有83.26%的应收账款在1年以内,有13.87%的应收账款在1～3年以内,有2.87%的应收账款超过3年。据此经营者应督促财务部门根据企业的收账政策采取不同的收账措施,如对于尚未超过信用期的不必催收,对于超过时间较短的一般性催收,对于超过时间较长的应加紧催收。

(2) 应收账款变动分析。应收账款变动分析,是将应收账款期末数与期初数进行比较,看它的发展变化情况。在流动资产和销售收入不变的情况下,应收账款的绝对额增加了,表明企业变现能力在减弱,承担的风险增大,其占用比重就不合理;如果应收账款的增长与流动资产增长和销售收入增长相适应,表明应收账款占用相对合理。应收账款变动分析,可通过编制应收账款变动表(见表3.7)来进行分析。

表3.7 应收账款变动情况表

应收账款时间	期末账面余额/元	期初账面余额/元	差异额/元	差异率/%
1年以内				
1~2年(含2年)				
2~3年				
3年以上				
应收账款总额				

对应收账款变动的分析,应重点分析应收账款的增加是否正常,影响应收账款增加的因素主要有以下几方面。

① 企业信用政策发生了变化,企业希望通过放松信用政策来增加销售收入。

② 企业销售量增长导致应收账款增加。

③ 收账政策不当或者收账工作执行不力。

④ 应收账款质量不高,存在长期挂账但难于收回的账款,或者客户发生财务困难,暂时难于偿还所欠货款。

⑤ 企业会计政策变更。如果一个企业在有关应收账款方面的会计政策发生变更,应收账款也会发生相应变化。如在坏账准备的核算上,由期末余额百分比法改为销售百分比法,应收账款余额也可能因此而降低。

对应收账款变动的分析,还应注意一些企业利用应收账款调节利润的行为。首先应特别注意企业会计期末突发性产生的与应收账款相对应的营业收入。如果一个企业全年的营业收入1月至11月各月都较为平均,而唯独12月营业收入猛增,且大部分是通过应收账款产生的,财务分析人员对此应该深入分析。如果企业确实有利润操纵行为,应将通过应收账款产生的营业收入剔除,同时调整应收账款账面余额;其次,要特别关注关联企业之间的业务往来,观察是否存在通过关联企业的交易操纵利润的现象。如果有,则应予以调整。

(3) 应收账款规模分析。影响应收账款规模的因素主要有。

① 企业的经营方式及所处的行业特点。对相当多的企业来说,其营销自己的产品或劳务,不外采用预收、赊销和现销方式。因此,债权规模与企业经营方式和所处行业有直接联系。如:处于商业行业的零售企业,相当一部分

业务是现金销售业务,因而其商业债权较少;而相当一部分工业企业,则往往采用赊销方式,从而形成商业债权。

② 企业的信用政策。企业赊销商品,就是向购买方提供了商业信用。因此,企业的信用政策对其商业债权规模有着直接的影响:放松信用政策,将会刺激销售,增大债权规模;紧缩信用政策,则又会制约销售,减少债权规模。

企业应收账款规模越大,其发生坏账的可能性越大,应收账款规模越小,发生坏账的可能性越小。因此,应在刺激销售和减少坏账间寻找赊销政策的最佳点。

(4) 债务人的构成分析。在很多情况下,企业债权的质量不仅与债权的账龄有关,更与债务人的构成有关。因此,在有条件的情况下,可以通过分析债务人的构成来分析债权的质量。对债务人的构成进行分析,可以从以下几个方面入手。

① 从债务人的行业构成入手来分析。由于不同行业的成长性差异可能很大,处于同一行业的企业往往在财务质量方面有较大的相似性,因此,对债务人的行业构成进行分析至关重要。

② 从债务人的区域构成入手来分析。从债务人的区域构成来看,不同地区的债务人由于经济发展水平、法制建设条件以及特定的经济环境等方面的差异,在企业自身债务的偿还心态以及偿还能力方面有相当大的差异。经济发展水平较高、法制建设较好以及特定的经济环境较好地区的债务人,一般具有较好的债务清偿心理,企业对这些地区的债权的可回收性较强。经济发展水平较落后、法制建设条件较弱以及特定经济环境较差(如正面临战争)地区的债务人,还款能力较差。

③ 从债务人的所有权性质入手来分析。从债务人的所有权性质来看,不同所有制的企业在自身债务的偿还心态以及偿还能力方面也有较大的差异。许多企业的实践已经证明了这一点。

④ 从债权企业与债务人的关联状况入手来分析。从债权企业与债务人的关联状况来看,可以把债务人分为关联方债务人与非关联方债务人。由于关联方彼此之间在债权债务方面的操纵色彩较强,因此,对关联方债务人的偿还状况应给予足够重视。

⑤ 从债务人的稳定程度入手来分析。从债务人的稳定程度来看,稳定的债务人的偿债能力一般较好把握,但同时也要关注其近期是否财务困难。一般情况下,稳定的债务人过多,通常意味着企业的经营没有起色。而临时性或

不稳定的债务人虽然有可能是企业扩展经营业务的结果,但其偿债能力一般较难把握。

(5) 对坏账准备计提情况以及计提政策的分析。由于资产负债表上列示的是应收账款净额,因此,在分析应收账款时要特别关注应收账款的保值性,即对坏账准备计提情况以及计提政策的恰当性进行分析。现行准则强调,应收账款作为一项金融资产,应当在资产负债表日进行减值检查,将其账面价值与预计未来现金流量现值之间的差额确认为减值损失,计入当期损益。金融资产发生减值的客观证据包括下列各项:

① 发行方或债务人发生严重财务困难;
② 债务人违反合同条款,如偿付利息或本金发生违约或逾期等;
③ 债权人出于经济或法律等方面的考虑,对发生财务困难的债务人做出让步;
④ 债务人很可能倒闭或进行其他财务重组;
⑤ 因发行方发生重大财务困难,该金融资产无法在活跃市场继续交易。

由此看来,企业的应收账款是否发生减值以及减值程度的大小取决于该项目预计未来现金流量的现值,而不再过分强调所采用的坏账准备计提方法。当然在实务中,企业仍可使用账龄分析等方法对坏账准备加以估计,而变更坏账准备的计提方法和比例往往存在不可告人的目的,阅读财务报表的相关附注,结合当年的实际业绩及行业惯例,有助于判断其变更的合理性,从而在一定程度上判断该项目的保值质量。

执行新金融准则的企业在资产负债表中要增加"应收款项融资"项目,反映资产负债表日以公允价值计量且其变动计入其他综合收益的应收票据和应收账款等。

(三) 存货

1. 存货的含义

存货是指企业日常生产经营过程中持有以备出售,或者仍然处在生产过程,或者在生产或提供劳务过程中将消耗的材料或物料等,包括各类材料、商品、在产品、半成品、产成品等。

2. 存货的分析

存货项目在流动资产中所占比重较大,它是企业收益形成的直接基础或直接来源,加强存货的分析,对加速存货资金周转,减少存货资金占用,提高收益率,有着十分重要的意义。对存货的分析,可以从以下几个方面进行。

(1) 存货真实性分析。存货是企业重要的实物资产,因此,首先应经常对库存的实物存货价值与其账面价值进行核对,看其是否相符。其次,应检查其待售商品是否完好无损,产成品的质量是否符合相应的产品等级要求,库存的原材料是否属于生产所需等等,以保证存货的真实性、合理性。

对存货真实性的分析,可以初步确定企业存货的状态,为分析存货的可利用价值和变现价值奠定基础。对于存货数额较大的企业,要特别关注存货的真实性。对于这些企业而言,如果想虚增利润的话,虚增存货往往是企业常用的重要手段之一。

企业的存货需要经过专业审计机构的审计,以确定其存货水平是否是真实的。然而,由于某些存货存在审计困难或者由于审计的疏忽,存货造假的案例并不少见。比如我国著名的蓝田股份存货造假事件,通过虚增收入的同时虚增存货和固定资产来造假。由于蓝田股份的存货主要为洪湖水下养殖的鱼类,而盘点鱼的种类、数量和重量存在较大难度。截至2000年,审计蓝田股份多年的沈阳华伦会计师事务所都出具了标准无保留意见的审计报告。

(2) 存货计价分析。存货计价分析,主要是分析企业对存货计价方法的选择或变更是否合理。存货发出采用不同的计价方法,对企业财务状况、盈亏情况会产生不同的影响,主要表现在以下三个方面。

① 存货计价对企业损益的计算有直接影响。表现在:A. 期末存货如果计价(估价)过低,当期的收益可能因此而相应减少;B. 期末存货计价(估价)如果过高,当期的收益可能因此而相应增加;C. 期初存货计价如果过低,当期的收益可能因此而相应增加;D. 期初存货计价如果过高,当期的收益可能因此而相应减少。

② 存货计价对于资产负债表有关项目数额计算有直接影响,包括流动资产总额、所有者权益等项目,都会因存货计价的不同而有不同的数额。

③ 存货计价方法的选择对计算缴纳所得税的数额有一定的影响。因为不同的计价方法,对结转当期销售成本的数额会有所不同,从而影响企业当期应纳税利润数额的确定。

在物价不断上涨时,计价方法对资产负债表和利润表的影响如表 3.8 所示。

表 3.8 计价方法对资产负债表和利润表的影响

计价方法	对资产负债表的影响	对利润表的影响
先进先出法	存货价值基本得到反映	利润偏高
加权平均法	存货价值偏低	利润偏低

在实际工作中,一些企业往往利用不同的存货计价方法,来实现其操纵利润的目的,因此,在对企业资产和利润进行分析时,应予以关注。

(3)存货的品种构成结构分析。存货品种构成结构是指企业各类存货占全部存货的比重。存货主要分为库存商品、在产品、原材料等。其中,原材料是保证生产正常进行的物资基础;在产品是保证生产过程连续性的存货,企业生产周期决定了在产品的必要性;而库存商品是直接用于销售的存货。存货的品种构成结构分析就是将本年实际存货结构与上年、计划存货结构比较,观察其变化情况。

正常情况下,原材料、在产品和库存商品之间存在一定的比例关系,如果这种关系发生了较大的变动,就可能预示着某种问题。比如当企业生产所需的原材料供不应求,价格处于快速上升阶段时,存货中原材料占比大幅提升可能是因为企业提前大量购入原材料,以抵御未来采购成本上升的风险;当企业的产品处于不景气周期时,库存商品占比的大幅增加往往预示着企业所处的市场环境竞争加剧、产品滞销,并有可能形成库存积压。

表 3.9 是星光公司 2019 年末存货品种构成结构分析表。

表 3.9 存货品种构成结构分析表

存货种类	2018 年		2019 年		与上年数差异	
	金额/元	比重/%	金额/元	比重/%	金额/元	比重/%
1. 原材料	8 790 176 373.99	43.32	10 313 734 271.81	42.37	1 523 557 897.82	−0.95
2. 在产品	1 833 419 414.90	9.03	1 833 675 212.23	7.53	255 797.33	−1.50
3. 产成品	9 668 991 016.29	47.65	11 120 744 840.53	45.68	1 451 753 824.24	−1.96
4. 其他存货	0	0	1 074 325 867.76	4.41	1 074 325 867.76	4.41
合计	20 292 586 805.18	100.00	24 342 480 192.33	100.00	4 049 893 387.15	0

通过对存货的品种构成结构表分析,可以看出星光公司 2019 年末存货余

额比 2018 年末增加了 404 989.34 万元。其中：原材料增加了 152 355.79 万元，在产品增加了 25.58 万元；产成品增加了 145 175.38 万元，其他存货增加了 107 432.59 万元。因此，应重点分析原材料等存货大幅度增加的原因，分析其中有无不当之处，以便采取相应的措施。

分析存货的品种构成结构时，应仔细阅读报表附注中披露的存货品种结构和金额。现代企业都尽量通过各种有效的管理来降低存货规模，来减少资金占用和仓储费用以及降低市场变化可能带来的风险，企业待售的产品尤其要少。

分析存货的品种构成结构，还应结合市场销售情况来具体分析，并关注不同品种的产品的盈利能力、技术状态、市场发展前景以及产品的抗变能力等方面的状况。

（4）存货增减变动分析。各类存货在企业再生产过程中的作用是不同的。其中材料存货是维持再生产活动的必要物质基础，所以应把它限制在能够保证再生产正常进行的最低水平上；产成品存货是存在于流通领域的存货，它不是保证再生产过程持续进行的必要条件，因此必须压缩到最低限度；而在产品存货是保证生产过程持续进行的存货，企业的生产规模和生产周期决定了在产品存货的存量，在企业正常经营条件下，在产品存货应保持一个稳定的比例。一个企业在正常情况下，其存货结构应保持相对稳定性。分析时，应特别注意对变动较大的项目进行重点分析。企业购置存货主要是因为企业对产品销售前景充满信心，提前大量采购原材料；或者是企业预测材料市场价格将大幅度上扬、提前大量进行储备，但存货的增加应以满足生产，不盲目采购和无产品积压为前提，存货减少应以压缩库存量加速周转，不影响生产为前提。

存货增减变动分析表如表 3.10 所示。

表 3.10 存货增减变动分析表

存货种类	期末账面余额/元	期初账面余额/元	差异	
			增减额/元	增减率/%
1. 原材料	10 313 734 271.81	8 790 176 373.99	1 523 557 897.82	17.33
2. 在产品	1 833 675 212.23	1 833 419 414.90	255 797.33	0.01
3. 产成品	11 120 744 840.53	9 668 991 016.29	1 451 753 824.24	15.01
4. 其他存货	1 074 325 867.76	0	1 074 325 867.76	—
合计	24 342 480 192.33	20 292 586 805.18	4 049 893 387.15	19.96

从表 3.10 可看出,公司 2019 年存货绝对额比 2018 年年末增加了 404 989.34 万元,在 2018 年基础上增加了 19.96%,其中增幅最大的是原材料和产成品,增幅分别为 17.33% 和 15.01%,一般来说,存货在保证生产经营活动正常进行的情况下,应尽可能压缩到最低水平。因为存货项目金额越大,资金沉淀也就越多,资金周转速度就越慢,可流动的资金就越少,这将会影响企业正常生产经营所需的资金和企业的正常运行。因此,对企业来说,应扩大销售,加强企业内部管理,力争将存货的金额降低到最低限度。

(5) 存货规模分析。与其他流动资产项目相比,存货的变现能力相对较弱。存货过多将使存货在流动资产中所占的比重上升,因此流动资产总体的变现能力下降,从而影响企业的短期偿债能力。而且存货过多将使企业的资金过多地占用在存货上,影响企业的资金周转。此外,存货过多会使存货的储存成本,包括保险费用、仓库租赁费、处置费用、变质损失等增加。但是,另一方面,存货是企业生产经营的前提和条件,存货量不足,就无法满足企业正常生产经营的需要,容易导致企业生产经营的中断,使企业失去获利的机会,影响企业的经济效益;而且存货量过少,虽然可以减少存货的储存成本,但为了保证生产经营需要存货的订购次数就会增加,相应的订购成本,包括订购、运输、收货、验查和入库过程中发生的各项费用就会增加。

因此作为企业的经营者,它不可能像债权人那样要求存货越少越好,而是应当从生产经营的需要出发,采用科学的方法,确定合理的存货水平。

(6) 存货质量分析。存货所反映的价值是历史成本,而存货的市价是会变动的。也许存货在账上、表上是 10 万元,但存货现在价值也许只有 6 万元,那么账上多出的 4 万元就是水分。因此我们应注意分析企业存货的质量。

企业存货质量的恶化可通过下列迹象来判断。

① 市价持续下跌,并且在可预见的未来无回升的希望。

② 企业使用该项原材料生产的产品的成本大于产品的销售价格。

③ 企业因产品更新换代,原有库存原材料已不适应新产品的需要,而该原材料的市场价格又低于其账面成本。

④ 因企业所提供的商品或劳务过时或消费者偏好改变而使市场的需求发生变化,导致市场价格逐渐下跌。

⑤ 已霉烂变质的存货。
⑥ 已过期且无转让价值的存货。
⑦ 生产中已不再需要,并且已无使用价值和转让价值的存货。

(7) 存货会计政策的分析。一是要分析企业会计期末是否按照账面成本与可变现净值孰低法的原则提取存货跌价准备,并分析其存货跌价准备计提是否正确。在实际工作中,一些企业不按规定提取存货跌价准备或者提取不正确,致使存货的账面价值高估,当期利润虚增。如果企业不提取存货跌价准备,就会掩盖存货质量不高的事实,导致存货价值虚增,同时也会使本期利润总额虚增。二是要分析存货的盘存制度对确认存货的数量和价值的影响。存货的盘存制度分为永续盘存制和定期盘存制两种。

(四) 固定资产

固定资产是指企业为生产商品、提供劳务、出租或经营管理而持有的,使用寿命超过一个会计年度的有形资产。不包括生物资产和投资性房地产。

虽然准则中对固定资产的时间标准作了具体的规定,但未规定单位标准;由于企业的经营内容、经营规模等各不相同,因此,各企业应根据准则中规定的固定资产的标准,结合各自的具体情况,制定适合本企业实际情况的固定资产目录、分类方法。

对固定资产的分析,可从以下几个方面进行。

1. 固定资产结构分析

企业的固定资产占用资金数额大,资金周转时间长,是资产管理的重点。但是,企业拥有的固定资产不都是生产经营使用的,为此,必须保持合理的结构。在分析该项目时,应该首先了解固定资产结构。

固定资产结构分析是指各类固定资产的价值在全部固定资产总额中所占比重的分析。其计算公式为

$$某类固定资产所占比重 = \frac{某类固定资产价值}{全部固定资产总额} \times 100\%$$

固定资产结构分析可通过编制固定资产结构分析表来分析,如表 3.11 所示。

表 3.11 固定资产结构分析表

固定资产类别	期初数		期末数	
	金额/元	比重/%	金额/元	比重/%
生产用固定资产				
非生产用固定资产				
未使用的固定资产				
不需用的固定资产				
合　计				

对固定资产结构的分析,可以了解固定资产分布和利用的合理性,可以为企业合理配置固定资产,挖掘固定资产利用潜力提供依据。固定资产按经济用途和使用情况可分为生产用固定资产、非生产用固定资产、未使用固定资产和不需用固定资产等。对固定资产结构分析可从以下三个方面进行。

① 要分析生产用固定资产与非生产用固定资产之间比例的变化情况。在各类固定资产中,生产用固定资产,特别是其中的生产设备,同企业生产经营直接相关,在全部资产中占较大的比重。非生产用固定资产是指间接服务于生产经营活动的各种劳动资料。如职工宿舍、食堂、浴室等非生产单位使用的房屋和设备。它的作用主要在于改善职工的生活福利设施,为生产创造一个好的外部环境。非生产用固定资产应在发展生产的基础上,根据实际需要适当增加这方面的固定资产,但增长速度一般不应超过生产用固定资产增长速度,它的比重降低应当认为是正常现象。一般来说,非生产经营用固定资产所占比重越大,则总资产的使用效果越差。

在各类企业中,国有企业中非生产经营用资产所占比重较大,这是历史形成的。在传统经济体制下,企业承担着大量的社会职能,正所谓是小企业大社会,从而使企业中累积了大量的非生产经营用的资产,这也是国有企业资产运作效率偏低的原因之一。因此,剥离非生产经营用资产以净化资产结构已成为国有企业改革的重要内容。

② 分析未使用和不需用固定资产比率的变化情况,查明企业在处置闲置固定资产方面的工作是否具有效率。未使用和不需用的固定资产,对固定资产的有效使用是不利的,应该查明原因,采取措施,积极处理,压缩到最低的限度。如因购入未来得及安装,或某项资产正进行检修等等,这虽属正常原因,

但也应加强管理,应尽可能缩短安装和检修时间,使固定资产尽早投入到生产运营中去。

③ 分析生产用固定资产内部结构是否合理。要对固定资产的配置做出切合实际的评价,必须结合企业的生产技术特点。

2. 固定资产变动情况分析

固定资产变动分析主要是对固定资产增长情况、更新情况、报废情况及损失情况进行分析,它是以固定资产的期初数与期末数相比较来确定其变动情况,可以通过编制固定资产增减变动分析表进行分析。

对于工业企业来说,常见的固定资产包括生产经营过程中需要使用的房屋(如厂房、办公大楼等)、生产用机器设备(如生产线、加工设备等)、办公设备(如电脑、打印机等)及运输工具(如汽车、轮船等)等,这些资产通常使用时间较长(超过1年)。

固定资产增减变动分析表如表3.12所示。

表3.12 固定资产原值增减变动分析表　　　　　　单位:元

固定资产类别	期初数	本期增加	本期减少	期末数
房屋建筑物	15 111 600 882.63	1 197 281 256.99	535 597.70	16 308 346 541.92
机器设备	12 981 060 812.52	2 255 730 830.69	169 952 632.62	15 066 839 010.59
运输设备	1 010 182 345.44	111 778 135.41	23 214 572.38	1 098 745 908.47
电子设备	1 111 422 671.43	341 221 610.26	23 720 298.09	1 428 923 983.60
其他设备	397 225 896.87	61 556 660.28	7 055 816.92	451 726 740.23
合计	30 611 492 608.89	3 967 568 493.63	224 478 917.71	34 354 582 184.81

从表3.12中我们可看出,2019年星光公司固定资产原值增长了12.23%,计3 743 089 575.92元,说明公司的固定资产规模扩大了。

3. 固定资产新旧程度分析

反映固定资产新旧程度的指标:固定资产磨损率、固定资产净值率。

(1) 固定资产磨损率。固定资产磨损率,就是固定资产累计已提折旧额和固定资产原价总额的比率,它反映了固定资产的磨损程度。

其计算公式如下:

$$固定资产磨损率 = \frac{固定资产折旧额}{固定资产原价} \times 100\%$$

当企业固定资产不断更新时,其磨损率指标就会呈下降趋势,当企业固定资产未进行更新时,其磨损率指标将会呈上升趋势。

【例 3.1】 星光公司相关资料及固定资产磨损率如表 3.13 所示。

表 3.13 星光公司相关资料及固定资产磨损率

	2018 年	2019 年
固定资产折旧额/元	12 218 727 993.78	15 226 221 732.18
固定资产原值/元	30 611 492 608.89	34 354 582 184.81
固定资产磨损率/%	39.92	44.32

从以上计算结果可知,星光公司 2019 年固定资产磨损率比 2018 年增加了 4.4%,说明该公司固定资产损耗较快,更新速度低于损耗速度。这将会影响公司市场竞争能力,进而影响公司获利能力。

(2)固定资产净值率。固定资产净值率,就是固定资产净值总额与固定资产原值总额的比率,它反映了固定资产的新旧程度。

固定资产净值,是固定资产的原值总额减去固定资产折旧后的余额。

其计算公式如下:

$$固定资产净值率 = \frac{固定资产原价 - 固定资产折旧额}{固定资产原价} \times 100\%$$

该指标高,说明企业设备较新;该指标低,说明企业设备陈旧。

【例 3.2】 星光公司相关资料及固定资产净值率如表 3.14 所示。

表 3.14 星光公司相关资料及固定资产净值率

	2018 年	2019 年
固定资产折旧额/元	12 218 727 993.78	15 226 221 732.18
固定资产原值/元	30 611 492 608.89	34 354 582 184.81
固定资产净值/元	18 392 764 615.11	19 128 360 452.63
固定资产净值率/%	60.08	55.68

(3)固定资产磨损率与净值率的关系。

$$固定资产磨损率 + 固定资产净值率 = 1$$

利用这些公式不但可以综合计算企业全部固定资产的新旧程度和磨损程

度,也可分别计算各类固定资产的新旧程度和磨损程度。

4. 固定资产规模分析

固定资产是企业的劳动手段,是企业生产经营的基础,企业固定资产的规模必须和企业生产经营的总体规模相适应,同时保持和流动资产的一定比例关系。企业应根据生产经营的计划任务,核定固定资产需用量,在此基础上合理配置固定资产和流动资产的比例关系。如果企业的总资产中固定资产比例过高,一方面会使企业对经济形势的应变能力降低,相应的财务风险会增大;另一方面会使固定资产闲置,其利用效率降低,同时折旧费用增加,从而使企业的获利能力下降。但是,固定资产比例过低,设备不足虽然可以使企业偿债能力提高,降低风险,但会使企业的资产过多地保留在获利能力较低的流动资产上,而且会使流动资产因相对过多而得不到充分利用,从而使企业的获利能力下降。企业为了扩展业务,获得更多的利润,需要扩大生产经营的规模,首先就要扩大固定资产规模,添置新的设备,同时企业在生产经营过程中,还会发生固定资产的盘盈、盘亏、清理,投资转入、转出等,从而使固定资产的总体规模发生增减变动。在进行报表分析时,应对企业固定资产规模的增减变动情况及这种变动对企业财务状况的影响引起足够的重视。

5. 固定资产会计政策的分析

固定资产会计政策主要是指计提固定资产折旧和固定资产减值准备两个方面。由于计提固定资产折旧和固定资产减值准备具有一定的灵活性,所以如何进行固定资产折旧以及如何计提固定资产减值准备,会给固定资产账面价值带来很大的影响。因此在实际工作中,往往存在一些企业利用固定资产会计政策选择的灵活性,虚夸固定资产和利润,结果造成会计信息失真,潜亏严重。因此,财务分析人员必须认真分析固定资产会计政策,正确评价固定资产账面价值的真实性。

在进行固定资产折旧分析时,应分析以下三方面。

(1) 分析企业固定资产预计使用年限和预计净残值确定的合理性。分析时,应注意固定资产预计使用年限和预计净残值的估计是否符合国家有关规定,是否符合企业的实际情况。在实际当中,一些采用直线法折旧的企业在固定资产没有减少的情况下,通过延长折旧年限,使得折旧费用大量减少,转眼之间就"扭亏为盈"。对于这样的会计信息失真现象,财务分析人员在分析时应持谨慎态度,并予以调整。

(2) 分析企业固定资产折旧方法的合理性。企业会计准则规定,企业应当根据科技发展、环境及其他因素,选择合理的折旧方法,但是在实际当中企业往往利用折旧方法的选择,来达到调整固定资产净值和利润的目的。

(3) 观察企业的固定资产折旧政策是否前后一致。因为固定资产预计使用年限和预计净残值、折旧方法等一经确定除非企业的经营环境发生变化,一般不得随意变更。企业变更固定资产折旧方法,可能隐藏一些不可告人的动机。

在进行固定资产减值准备分析时,应注意企业是否依据会计准则计提固定资产减值准备,计提是否准确。在实际当中,往往存在这种现象,企业的固定资产实质上已经发生了减值,如:固定资产由于技术进步已不能使用,但企业却不提或者少提固定资产减值准备,这样就不但虚夸了固定资产,而且虚增了利润,结果造成企业会计信息失真,潜亏严重。

(五) 其他资产项目

1. 交易性金融资产

交易性金融资产是指企业为交易的目的所持有的债券投资、股票投资、基金投资等金融资产,企业持有的目的是为了近期出售以便在价格的短期波动中获利。交易性金融资产极易变现,流动性仅次于货币资金,交易性金融资产还具有持有时间较短、盈利与亏损难以把握等特点。它在报表中常常表现为金额经常波动、投资收益与亏损易变等特点。

在进行交易性金融资产分析时,首先应注意交易性金融资产增减变动情况及其原因,注意是否存在将长期投资任意结转为交易性金融资产的现象。一些企业可能利用长期投资与交易性金融资产的划分来改善其流动比率,这可以通过交易性金融资产在报表中表现出来的特点进行分析。

(1) 从交易性金融资产的数量看。交易性金融资产具有金额经常波动的特点,跨年度不变且金额较为整齐的交易性金融资产极有可能是长期投资。

(2) 从投资收益的情况看。交易性金融资产收益具有盈亏不定、笔数较多的特点,而长期投资收益一般具有固定性、业务笔数较少的特点。如果在投资收益的构成中出现异常情况,则有可能是企业将长期投资划为交易性金融资产以改善其流动比率。

其次,要注意交易性金融资产的构成。企业的交易性金融资产包括从二级市场购入的股票、债券和基金等。购入债券和基金风险较小,购入股票风险较大。在资产的风险分析中应该注意交易性金融资产的构成,及时发现风险,予以防范。

2. 衍生金融资产

衍生金融资产也叫金融衍生工具,是从原生性金融工具(股票、债券、存单、货币等)派生出来的,以杠杆和信用交易为特征的金融工具。目前较为普遍的衍生金融资产包括远期合同、期货合同、互换和期权,以及具有远期合同、期货合同、互换和期权中一种或一种以上特征的工具上的资产。

3. 应收票据

应收票据是指企业因销售商品、提供服务等而收到的商业汇票。商业汇票是一种由出票人签发的,委托付款人在指定日期无条件支付确定金额给收款人或者持票人的票据。商业汇票的付款期限,最长不得超过6个月。

4. 应收款项融资

应收款项融资项目,反映资产负债表日以公允价值计量且其变动计入其他综合收益的应收票据和应收账款等。公司视日常资金管理的需要,将部分银行承兑汇票进行贴现和背书,对部分应收账款进行保理业务,基于出售的频繁程度、金额以及内部管理情况,此类金融资产的业务模式为既以收取合同现金流量为目标又以出售为目标,且此类金融资产的合同现金流量特征与基本借贷安排相一致。此类金融资产按照公允价值计量且其变动计入其他综合收益,但减值损失或利得、汇兑损益和按照实际利率法计算的利息收入计入当期损益。

5. 其他应收款

其他应收款是企业除应收票据、应收账款、预付账款等以外的其他各种应收、暂付款项,是由非购销活动所产生的应收债权,包括:企业拨出的备用金,应收的各种赔款、罚款,应向职工收取的各种垫付款项,以及已不符合预付账款性质而按规定转入的预付账款等。具体内容如下。

(1) 应收的各种赔款、罚款。

(2) 应收出租包装物租金。

(3) 应向职工收取的各种垫付款项。

(4) 备用金(向企业各职能科室、车间等拨出的备用金)。

(5) 存出保证金,如租入包装物支付的押金。

(6) 预付账款转入。

(7) 其他各种应收、暂付款项。

其他应收款类似一个"垃圾桶",与商品交易无关的且不能列入上述提及用途的应收及暂付款项都可以装进去。

其他应收款的常见类型概括如下。

(1) 大股东和其他关联方往来款。控股股东和其他关联方有时会利用关联公司进行资金融通。比如房地产行业中经常存在这种类型的往来款。

(2) 委托理财。很多公司将大量暂时闲置的资金,委托其他机构进行理财以期获得高于存款的收益。尤其是在股市较好的时候,委托证券公司进行股票等证券投资的委托理财最为普遍。委托理财计入其他应收款。

(3) 委托贷款。作为非金融机构通过委托贷款的方式借出的资金也计入其他应收款。比如2011年前后,银行业银根收紧,很多企业无法从银行获得贷款,民间借贷极度活跃,民间拆借利率也不断攀升。一些公司主业不太赚钱,又有闲置资金,就开始做委托贷款。

其他应收款分析要点如下。

(1) 注意关联方往来款。在我国资本市场中有一个非常普遍的现象——大股东占用上市公司资金。大股东打包一些资产质量较好的业务拿到资本市场上融资,再将上市公司的资金挪为己用,或者在集团下属公司之间进行周转。大股东或其他关联方占款严重侵犯了中小股东利益,更有甚者,可能由于资金严重被占用而导致上市公司退市或破产。因此,需要注意大额增加的其他应收款,分析其产生的原因。

(2) 委托理财及委托贷款本金及其收益稳定性。在享受理财较高收益的同时,此类业务面临的风险更需要引起我们的注意:

① 部分公司与证券公司私下签订保证收益或全权委托等不合规协议,法律风险较高;

② 在缺乏第三方存管时,受托方挪用资金的风险显著;

③ 资本市场波动使得理财资金面临收益甚至本金大幅度受损的风险。

在分析委托贷款的时候,首先应关注该委托贷款的回收风险,因为高利率通常伴随着高风险;其次需要关注委托贷款收益的持续性,一旦资金面好转,民间资金拆借利率就会下降。

(3) 警惕沉淀时间长的款项。其他应收款如果长期挂账,可能表示该笔款项全额收回的可能性很低,甚至可能完全无法收回。如果该笔款项计提的坏账准备较小,无法反映款项实际可能产生的损失,则可能高估其他应收款的金额,虚增资产。

(4) 警惕大额其他应收款。由于其他应收款类似于一项"杂货铺",里面的内容较杂,而且产生原因、真实性也各不相同。因此对于大额的其他应收款应当特别注意。企业有可能通过其他应收款来实现利润的调节。例如,在盈利水平不佳的年份,上市公司有可能会通过其他应收款科目列支费用,减少企业的费用,从而达到虚增利润的目的。或者通过调整其他应收款,来避免大额减值对利润的影响。

6. 合同资产

《企业会计准则第14号——收入(财会[2017]22号)》对原收入准则做了重大修订,其中新增了"合同资产"和"合同负债"的概念。合同资产,是指企业已向客户转让商品而有权收取对价的权利,且该权利取决于时间流逝之外的其他因素。如企业向客户销售两项可明确区分的商品,企业因已交付其中一项商品而有权收取款项,但收取该款项还取决于企业交付另一项商品的,企业应当将该收款权利作为合同资产。企业拥有的、无条件(即,仅取决于时间流逝)向客户收取对价的权利应当作为应收款项单独列示。二者的区别在于,应收款项代表的是无条件收取合同对价的权利,即企业仅仅随着时间的流逝即可收款,而合同资产并不是一项无条件收款权,该权利除了取决于时间流逝之外,还取决于其他条件(例如,履行合同中的其他履约义务)。因此,应收款项仅承担信用风险,而合同资产除承担信用风险之外,还可能承担其他风险,如履约风险等。

7. 债权投资和其他债权投资

债权投资反映的是资产负债表日以摊余成本计量的长期债权投资的期末账面价值。其他债权投资反映的是资产负债表日以公允价值计量且其变动计入其他综合收益的长期债权投资的期末账面价值。两者的区别在于:企业管理其金融资产的业务模式不同,或者说交易目的不同。债权投资,金融资产管理的业务模式是仅以收取合同现金流量为目标,且在特定日期产生的现金流量仅为对本金和以未偿付金额为基础的利息的支付,以摊余成本计量的金融资产。其他债权投资,金融资产管理的业务模式是既收取合同现金流量又出售该金融资产为目标,且在特定日期产生的现金流量仅为对本金和以未偿付金额为基础的利息的支付,以公允价值计量且其变动计入其他综合收益的金融资产。

8. 长期股权投资

长期股权投资是指投资方对被投资单位实施控制、重大影响的权益性投资,以及对其合营企业的权益性投资。其中,控制是指投资方拥有对被投资单位的权力,通过参与被投资单位的相关活动而享有可变回报,并且有能力运用对被投资单位的权力影响其回报金额。重大影响是指投资方对被投资单位的财务和经营政策有参与决策的权力,但并不能控制或者与其他方一起共同控制这些政策的制定。合营企业是指合营方仅对该安排的净资产享有权利的合营安排。由于长期股权投资期限长,金额通常很大,因而对于企业的财务状况影响很大。对于企业来说,进行长期股权投资意味着企业的一部分资金,特别是现金投出后在很长时间内将无法收回,如果企业资金不是十分充裕,或者企业缺乏足够的筹集和调度资金的能力,那么长期股权投资将会使企业长期处于资金紧张状态,甚至陷入困境。另外,由于长期股权投资时期长,期间难以预料的因素很多,因而风险也会很大,一旦失败,将会给企业带来重大的、长期的损失和负担,有时可能是致命的打击。当然,与风险相对应,长期股权投资的利润有时也较高。

9. 无形资产

无形资产是指企业拥有或控制的没有实物形态的可辨认非货币性资产,主要包括专利权、非专利技术、商标权、著作权、土地使用权、特许权等。需要特别注意的是,不能认为企业拥有了这些权利就等同于拥有了无形资产。会计确认无形资产有一个先决条件,就是要为企业带来收益,专利,哪怕是尖端技术,如果不能为企业创造收益,就不能算是企业的无形资产。从概念上看,商誉是一项无形资产,但按照会计准则,商誉在资产负债表中作为单独的项目,没有并入无形资产项目。根据会计惯例,入账的无形资产大多是外购的,而企业自己创造的无形资产一般都不入账,自己开发无形资产所花的费用大多作为当期费用处理(开发支出符合一定条件可以资本化)。所以,企业资产负债表中的"无形资产"大多是从其他单位买来的,目前企业账面上存在的"无形资产"有不少是土地使用权。

10. 商誉

商誉是企业合并的结果,是指在企业合并过程中,购买方的合并成本大于合并中取得的被并购方可辨认净资产公允价值份额的差额,即长期股权投资成本高于被投资企业可辨认净资产公允价值的差额。可辨认净资产是可辨认资产与负债的差额。可辨认资产通常是除商誉以外的资产,只要能够确定可辨认资产的价值,就可以分摊投资成本。商誉本质上是企业超额收益的表现,商誉不需要摊销,而只是在每年年末对商誉进行减值测试。如果发现商誉减值,则冲销商誉账面价值,并确认损失。

第三节　负债项目内容及其分析

一、负债分析

(一) 负债结构分析

1. 负债结构是指各项负债占总负债的比重

通过对负债结构的分析,可了解各项负债的性质和数额,进而判断企业负债主要来自何方,偿还的紧迫程度如何,揭示企业抵抗破产风险以及融资的能力。

(1) 流动负债构成比重的计算与分析。流动负债比重是指流动负债与负债总额之比。

$$流动负债占负债总额比重 = \frac{流动负债}{负债总额} \times 100\%$$

分析流动负债占总负债比重,可以反映一个企业依赖短期债权人的程度。流动负债占负债总额比率越高,说明企业对短期资金的依赖性越强,企业偿债的压力也就越大,这必然要求企业营业周转或资金周转也要加快,企业要想及时清偿债务,只有加快周转。相反,这个比率越低,说明企业对短期资金的依赖程度越小,企业面临的偿债压力也就越小。

对这个比率的分析,短期债权人最为重视。如果企业持有太高的流动负债与总负债比率,有可能会使短期债权人面临到期难以收回资金的风险,因而使短期债权人的债权保障程度降低;对企业所有者来说,在企业不会遇到因短期债务到期不能还本付息而破产清算时,企业保持较高的流动负债与总负债比率,可以使所有者获得财务杠杆利益。同时,对企业来讲则可以降低融资成本。

对流动负债与总负债比率应确定一个合理的水平。其衡量标志是在企业不发生偿债风险的前提下,尽可能多地利用短期负债融资,因为短期负债的融资成本通常低于长期负债。同时,还应考虑资产的周转速度和流动性。如果企业的流动资产的周转速度快,从而资金回收快,可融通的短期负债就可以多些;相反,短期负债融资则应少一些。

(2) 非流动负债构成比重的计算与分析。非流动负债比重是指非流动负债与负债总额的比值,用以反映企业负债中非流动负债的份额。

$$\text{非流动负债占负债总额比重} = \frac{\text{非流动负债}}{\text{负债总额}} \times 100\%$$

非流动负债比重的高低反映了企业借入资金成本的高低和筹措长期负债成本的能力。非流动负债具有期限长、成本高、风险性低、稳定性强等特点。在资本需求量一定的情况下,非流动负债占负债总额的比重越高,表明企业在经营过程中借助外来长期资金的程度越高;反之,该比重越低,说明企业经营过程中借助于外来资金的程度降低,从而减轻企业偿债的压力。

【例 3.3】 根据星光公司 2019 年 12 月 31 日的资产负债表的有关资料,编制负债结构分析表如表 3.15 所示,对该公司的负债结构进行分析:

表 3.15 星光公司负债结构分析表

	2018 年		2019 年		差异	
	金额/元	比重/%	金额/元	比重/%	金额/元	比重/%
流动负债	157 686 125 987.72	99.47	169 568 300 209.60	99.21	11 882 174 221.88	−0.27
非流动负债	833 319 561.63	0.53	1 356 200 682.60	0.79	522 881 120.97	0.27
负债总额	158 519 445 549.35	100.00	170 924 500 892.20	100.00	12 405 055 342.85	0

从表 3.15 中我们可看到,星光公司的流动负债比重无论是 2018 年还是 2019 年都较高,而非流动负债的比重都较低,这就使公司的资本结构不稳定,公司的财务风险加大。

2. 分析负债结构应考虑的因素

(1) 经济环境。企业生产经营所处的环境,特别是资本市场状况,对企业负债结构产生重要影响。当宏观银根紧缩时,企业取得短期借款可能较为困难,其长期负债的比重则相对提高;反之,企业相对较容易取得短期借款,流动负债比重稍大。当然,企业负债结构主要因为企业内部的相关因素加上外部条件配合而造成。

(2) 筹资政策。企业负债结构受许多主观、客观因素的影响和制约,筹资政策是较为重要的主观因素,企业根据其不同时期的经营目标,进行资产配置,制定筹资政策,这对负债结构有重大影响,或者说起着决定性作用。当企业流动资产规模较大时,决定着将采取短期筹资方式时,流动负债的比重就会大些;反之,当企业长期资产规模较大时,长期负债的比重就会大些。

(3) 财务风险。连续性短期负债的风险往往要高于长期负债。

（4）债务偿还期。企业负债结构合理的重要标志，是在负债到期日与企业适量的现金流入量相配合，企业应根据负债偿还期限来安排企业的负债结构。

（二）负债成本分析

负债成本是企业使用债权人资本而付出的代价。不同的负债方式所取得的资本成本往往不同，一般来说，债券成本高于银行借款成本，长期银行借款成本高于短期借款成本，企业在筹资过程中往往希望以较低的代价取得资本。所以，对资本成本的权衡，会影响企业的负债结构。

负债成本的计算公式如下：

负债成本＝$\sum$（各负债项目的资本成本×该负债项目占负债总额的比重）

（三）负债性质分析

负债从性质来看表现为两方面，一是向外单位的借入款项，如短期借款；二是所欠的款项，如应付账款。借入的款项，有明确的偿还期，到期必须偿还，具有法律上的强制性。而所欠的款项，大多没有明确的支付期，何时支付，支付多少，并不具有强制性。因此，企业应根据负债的性质及自身的支付能力，妥善安排好负债的支付，保护企业自身的信用和形象。

二、流动负债分析

（一）流动负债概述

流动负债是指将在 1 年（含 1 年）或者超过 1 年的一个营业周期内偿还的债务，包括短期借款、交易性金融负债、应付票据、应付账款、预收账款、应付职工薪酬、应交税费、应付利息、应付股利、其他应付款等。

流动负债具有以下特点。

① 利率低。一般来说，流动负债利率较低，有些应付款项甚至无须支付利息，因而筹资成本较低。

② 期限短。流动负债的期限一般都在 1 年以下，有时为 6 个月、3 个月、1 个月，还有时仅为 10 天甚至更短。

③ 金额小。流动负债金额一般不会太大。

④ 到期必须偿还。流动负债发生的频率最高，一般到期必须偿还，否则将会影响企业信用，以后再借将会发生困难。

流动负债一般只适合企业日常经营中的短期的、临时性的资金需要，不适合固定资产等非流动资产。因为企业日常经营中的存货等能在流转中很快地变现,用于偿付流动负债,而固定资产等非流动资产则不然,一旦投入需要在较长时期后才能一次性或分期收回,短期内无法变现,无法按期偿还。即使用企业流动资产偿还,也会减少营运资金,从而使企业的日常经营活动发生困难。流动负债如果运用得当,可以节约自有资金用于把握更有利可图的投资机会,也有助于加大经营规模,加速经营流转,取得更多的经营利润。但由于流动负债期限短,必须按期偿还,因此如果流动负债总额过大,比重过高,一旦经营发生困难,存货销售不出去,就会发生债务危机,影响企业信用,甚至危及企业生存。

(二)流动负债分析

1. 结构分析

流动负债结构就是指企业的短期借款、应付票据、应付账款、其他应付款等占流动负债总额的比重。流动负债结构分析,就是分析流动负债内部各项目发生了哪些变化。

2. 增减变动分析

流动负债增减变动分析,就是分析流动负债内部各项目发生了哪些变化。分析时,从期初、期末的短期借款、应付票据、应付账款、其他应付款等在流动负债总额中所占比重的增减变化,来分析判断流动负债构成比重与变动趋势是否合理,对企业的生产经营活动有什么影响。

流动负债结构及增减变动分析表如表 3.16 所示。

表 3.16 流动负债结构及增减变动分析表

	2018 年		2019 年		差 异	
	金额/元	比重/%	金额/元	比重/%	金额/元	比重/%
短期借款	22 197 899 406.88	14.08	15 944 176 463.01	9.40	−6 253 722 943.87	−4.68
吸收存款及同业存放	319 477 242.91	0.20	352 512 311.72	0.21	33 035 068.81	0.01
拆入资金		0.00	1 000 446 666.67	0.59	1 000 446 666.67	0.59
交易性金融负债						
衍生金融负债	257 364 882.07	0.16		0.00	−257 364 882.07	−0.15

续表

	2018年		2019年		差异	
	金额/元	比重/%	金额/元	比重/%	金额/元	比重/%
卖出回购金融资产款		0.00	2 074 500 000.00	1.22	2 074 500 000.00	1.22
应付票据	10 835 428 282.29	6.87	25 285 207 843.86	14.91	14 449 779 561.57	8.04
应付账款	38 987 371 471.02	24.72	41 656 815 752.46	24.57	2 669 444 281.44	−0.16
预收款项	9 792 041 417.16	6.21	8 225 707 662.42	4.85	−1 566 333 754.74	−1.36
合同负债						
应付职工薪酬	2 473 204 451.69	1.57	3 430 968 964.33	2.02	957 764 512.64	0.45
应交税费	4 848 347 673.70	3.07	3 703 779 716.33	2.18	−1 144 567 957.37	−0.89
其他应付款	3 084 011 741.38	1.96	2 712 692 973.66	1.60	−371 318 767.72	−0.36
持有待售负债						
1年内到期的非流动负债						
其他流动负债	64 890 979 418.62	41.15	65 181 491 855.14	38.44	290 512 436.52	−2.71
流动负债合计	157 686 125 987.72	100.00	169 568 300 209.60	100	11 882 174 221.88	0

其中:其他流动负债占比较高,主要是销售返利款。

三、非流动负债分析

(一)非流动负债概述

非流动负债是指偿还期在1年或者超过1年的一个营业周期以上的负债,包括长期借款、应付债券、长期应付款等。

非流动负债具有如下特点。

(1)利率高。一般来说,非流动负债的利率都比较高。

(2)期限长。非流动负债的期限都在1年以上,有时为3年、5年、8年、还有时可长达10年、20年。

(3) 金额大。一般来说,非流动负债每次筹集的资金数额都较大。

由于非流动负债的利率高,期限长,一般适用于购置固定资产,进行长期投资等,不适用于日常经营中的资金需要。因为固定资产等周转周期较长,变现速度慢,因此需要可以长期使用的资金,而日常经营中的资金只用来购置流动资产、支付工资等,周转速度快,而且波动较大,有时资金紧张,需要通过举债来筹集,有时资金又会闲置,应通过短期投资来加以充分运用。利用长期负债来充作短期流转使用,会使资金成本上升,得不偿失。利用长期负债来购置固定资产,可以扩大企业的生产能力,提高产品质量,降低产品成本,提高企业的市场竞争能力,从而为企业带来更多的利润。在资产报酬率高于长期利率的前提下,适当增加长期负债可以增加企业的获利能力,提高投资者的投资报酬率。同时,负债具有节税作用,从而使投资者得到更多的回报。但在资产报酬率下降甚至低于负债利率的情况下,举借长期负债将加大企业还本付息负担。在企业盈利不多时还会导致亏损,因而使企业的风险增大。企业的非流动负债会对企业的财务状况发生重大影响。企业举借非流动负债,使企业当期营运资金增加,而企业偿还非流动负债,使企业当期营运资金减少。在进行财务报表分析时,应对非流动负债的增减变动及其对企业财务状况的影响给予足够的重视,对于其中发现的异常情况及时进行研究和处理。

(二)非流动负债分析

1. 结构分析

长期负债结构是指企业长期负债各项目金额占长期负债总额的比重,反映了长期负债的分布情况。

2. 增减变动分析

长期负债的增减变动分析是指长期负债各项目在长期负债总额中所占比重的增减变动情况,反映了长期负债的变动趋势。

长期负债增减结构及变动分析如表 3.17 所示。

表 3.17 非流动负债增减结构及变动分析表

	2018 年		2019 年		差 异	
	金额/元	比重/%	金额/元	比重/%	金额/元	比重/%
长期借款			46 885 882.86	3.46	46 885 882.86	3.46
应付债券						

续表

	2018年		2019年		差异	
	金额/元	比重/%	金额/元	比重/%	金额/元	比重/%
其中：优先股						
永续债						
租赁负债						
长期应付款						
长期应付职工薪酬	130 840 170.00	15.70	141 021 228.00	10.40	10 181 058.00	−5.30
预计负债						
递延收益	166 293 620.03	19.96	240 504 270.47	17.73	74 210 650.44	−2.23
递延所得税负债	536 185 771.60	64.34	927 789 301.27	68.41	391 603 529.67	4.07
其他非流动负债						
长期负债合计	833 319 561.63	100.00	1 356 200 682.60	100.00	522 881 120.97	0

3. 会计政策分析

由于企业非流动负债会计政策和会计方法有很强的可选择性，采用的政策和方法不同，企业长期负债额就会有差异。比如，对应付债券的溢折价摊销，采用直线法和实际利率法计算的摊销额就不同。在摊销初期，采用实际利率法计提的摊销额高。如果是溢价发行债券，采用实际利率法将降低应付债券的账面价值。分析时应关注会计方法的影响。特别是会计期间里变更会计方法时，往往说明企业想借助会计方法调节负债账面价值。

四、或有负债项目及其分析

在现实经营活动中，企业可能存在一种另类"负债"。这类"负债"的金额大小、债权人以及付款日期的确定都取决于未来不确定事项的发生情况。这类负债就是我们所说的或有负债。或有负债是指过去的交易或事项形成的潜在义务，其存在须通过未来不确定事项的发生或不发生予以证实，或者指过去的交易或事项形成的现时义务，履行该义务不是很可能导致经济利益流出企业或该义务的金额不能可靠地计量。

在我国,或有负债无论作为潜在义务还是现时义务,均不符合负债的确认条件,因此不予确认。所以,或有负债并不是真正意义上的负债,也就是说,在资产负债表上并不存在这样一个项目。但是,如果或有负债符合某些条件,则应在企业的财务报表附注中予以披露。由于或有负债在未来的某个时点有可能会引起企业的经济利益流出,企业对或有负债的估计可能不准确或不完整。因此,在利用财务资料进行决策时,应该充分预见并分析这些或有负债对企业造成的潜在影响。

对或有负债的分析,主要是针对引起或有负债的原因进行分析。从前面对或有负债和预计负债的讨论可以看出,或有负债有的是由于外部经济环境变化引起的,有的是企业从事正常的经营活动所必须发生的(如质量保证等引起的或有负债),有的则是由于企业自身管理不善而引起的。对引起或有负债的原因进行分析,有助于区分或有负债产生过程中的主观原因和客观原因,这一点对于企业管理者来说尤为重要。在实务中,容易引起或有负债的原因主要包括以下几个方面。

(1) 对于已贴现商业承兑汇票形成的或有负债,如果贴现银行在汇票到期时不能从汇票的承兑方获得汇票上的资金,银行将从贴现企业的银行账户中将汇票上记载的资金额划走或者转为企业的短期借款。在这种情形下,企业贴现商业承兑汇票后,并没有与汇票彻底摆脱关系,有可能被银行划走资金。因此,附追索权的贴现方式会让企业形成或有负债,财务报告信息使用者需要进一步结合附注资料,分析这种或有负债转化为现时义务的可能性,及其对企业未来现金流量造成的影响。

诉讼是指当事人不能通过协商解决争议,因而在人民法院起诉、应诉、请求人民法院通过审判程序解决纠纷的活动,如因产品质量、担保、专利权被侵犯等原因引起的诉讼。如果诉讼在起诉当年由法院做出终审裁决,原告和被告应根据裁决结果进行相应的会计处理。而如果至起诉当年年底法院尚未裁决,则该事项属于未决诉讼。对于未决诉讼和仲裁事项,需要考虑的是:若企业败诉,因负有支付原告提出的赔偿金额的责任而对企业现金流量和生产经营造成的影响;若企业胜诉,根据款项收回的可能性来预测由此给企业带来的现金流入量的大小。

(2) 对于为其他单位提供债务担保形成的或有负债,如果企业的担保金额较大,则意味着企业未来发生巨额现金流出的风险将会加大。因此,需要考虑此项担保对企业现金流量、经营业绩等方面造成的影响,甚至可以由此预测企业未来面临财务危机的可能性。在特定的经济条件下,或有负债的不确定性可能会朝不利于企业的方向发展。在经济繁盛时,随着资金需要量的增加,借贷行为很有可能随之增加。而借贷行为的增加又必将导致担保行为的增加,体现为担保方的或有负债增加。而经济一旦走向低迷,借贷者也就是被担保方的资金压力不断增大,不能按期还款甚至彻底丧失还款能力的可能性就会加大,担保方的或有负债转化为预计负债或负债的可能性也必将增加。因此,不管是企业内部还是外部的财务报告信息使用者,都应该在理解和使用财务信息时注意到这种可能性,以规避风险。

第四节 资产负债表相关财务指标分析

偿债能力是指企业清偿到期债务的现金保障程度。企业偿债分析的内容受企业负债的内容和偿债所需资产内容的制约,不同的负债其偿还所需要的资产不同,或者说不同的资产可用于偿还的债务也有所区别。一般来说,由于负债可分为流动负债和非流动负债,资产可分为流动资产和非流动资产,因此偿债能力分析通常可分为短期偿债能力分析和长期偿债能力分析。

一、短期偿债能力分析

短期偿债能力是指企业用其流动资产偿付流动负债的能力,它反映企业偿付日常到期债务的实力。企业能否及时偿付到期的流动负债,是反映企业财务状况好坏的重要标志。对债权人来说,企业要具有充分的偿还能力,才能保证其债权的安全,按期取得利息,到期收回本金。对投资者来说,企业短期偿债能力的强弱意味着企业盈利能力的高低和投资机会的多少。企业短期偿债能力下降通常是盈利水平降低和投资机会减少的先兆,这意味着资本投资的流失。对企业管理者来说,企业短期偿债能力的强弱意味着企业承受财务风险的能力大小。对企业的供应商和消费者来说,企业短期偿债能力的强弱意味着企业履行合同能力的强弱。当企业短期偿债能力下降时,企业将无力履行合同,供应商和消费者的利益将受到损害。有时一个效益不错的企业,会由于资金周转不灵,偿还不了短期债务而导致破产。所以对短期偿债能力的分析,主要侧重于研究企业流动资产与流动负债的关系,以及资产的变现速度的快慢。因为大多数情况下,短期债务需要用货币资金来偿还,因而各种资产的变现速度也直接影响到企业的短期偿债能力。总之,短期偿债能力分析是财务报表分析的一项重要内容。

反映企业短期偿债能力的指标主要有:营运资金、流动比率、速动比率、现金比率等。通过对这些指标的计算分析,可以评价企业短期偿债能力的强弱程度,以及对企业生产经营的适应情况。

(一)营运资金

企业能否偿还短期债务,要看有多少债务,以及有多少可变现偿债的流动资产。流动资产越多,短期债务越少,则偿债能力越强。如果用流动资产偿还全部流动负债,企业剩余的就是营运资金。其计算公式如下:

$$营运资金 = 流动资产 - 流动负债$$

营运资金实际上反映的是流动资产可用于归还抵补流动负债后的余额。营运资金越多则偿债越有保障,企业的短期偿债能力就越强,债权人收回债权的安全性就越高。

【例3.4】 星光公司2019年年末流动资产为213 364 040 964.83元,流动负债为169 568 300 209.60元,则:

$$营运资金 = 213\ 364\ 040\ 964.83 - 169\ 568\ 300\ 209.60$$
$$= 43\ 795\ 740\ 755.23(元)$$

从动态上分析企业的短期偿债能力,就是要将2018年年末(即2019年年初)的营运资金与2019年年末的营运资金进行对比,以反映企业的偿债能力变动情况。2018年年末营运资金为

$$营运资金 = 199\ 525\ 333\ 430.22 - 157\ 686\ 125\ 987.72$$
$$= 41\ 839\ 207\ 442.50(元)$$

从以上计算结果可看出,2019年公司的营运资金状况比2018年的好。公司的短期偿债能力增强,可用于日常经营需要的资金增加。

正是为了便于分析短期偿债能力,才要求财务报表将流动资产和流动负债分别列示,并按流动性排序。营运资金是用于计算企业短期偿债能力的重要指标。企业能否偿还短期债务,要看有多少债务,以及有多少可以变现偿债的流动资产。当流动资产大于流动负债时,营运资金为正,说明营运资金出现溢余。此时,与营运资金对应的流动资产是以一定数额的长期负债或所有者权益作为资金来源的。营运资金数额越大,说明不能偿债的风险越小。反之,当流动资产小于流动负债时,营运资金为负,说明营运资金出现短缺。此时,

企业部分长期资产以流动负债作为资金来源,企业不能偿债的风险加大。

我们分析营运资金,还需分析营运资金的合理性。所谓营运资金的合理性是指营运资金的数量以多少为宜。短期债权人希望营运资金越多越好,这样就可以减少贷款风险。因为营运资金的短缺,会迫使企业为了维持正常的经营和信用,在不适合的时机和按不利的利率进行不利的借款,从而影响利息和股利的支付能力。但是过多的持有营运资金,也不是什么好事。高营运资金,意味着流动资产多而流动负债少。流动资产与长期资产相比,流动性强、风险小,但获利性差。过多的流动资产不利于企业提高盈利能力。除了短期借款以外的流动负债通常不需要支付利息。流动负债过少说明企业利用无息负债扩大经营规模的能力较差。因此,企业应保持适当的营运资金规模。

没有一个统一的标准用来衡量营运资金保持多少是合理的。不同行业的营运资金规模有很大差别。一般来说,零售商的营运资金较多,因为他们除了流动资产外没有什么可以偿债的资产。而信誉好的餐饮企业营运资金很少,有时甚至是一个负数,因为其稳定的收入可以偿还同样稳定的流动负债。制造业一般有正的营运资金,但其数额差别很大。由于营运资金与经营规模有联系,所以同一行业不同企业之间的营运资金也缺乏可比性。

营运资金是一个绝对数,不便于不同企业间的比较,因此在实际中很少直接使用营运资金作为偿债能力的指标。

【例 3.5】 A 公司和 B 公司的营运资金相同,但偿债能力显然不同,如表 3.18 所示。

表 3.18 营运资金对比表　　　　　　　　单位:万元

	A 公司	B 公司
流动资产	300	1 200
流动负债	100	1 000
营运资金	200	200

因此,营运资金的合理性主要通过流动资产与流动负债的相对比较即流动比率来评价。

(二) 流动比率

流动比率是指流动资产与流动负债的比率,表示每元流动负债有多少流动资产作为还款的保障。同时还表明了当企业遇到突发性现金流出,如发生意外损失时的支付能力。它是个相对数,排除了企业规模不同的影响,更适合企业之间以及本企业不同历史时期的比较。其计算公式为

$$流动比率 = \frac{流动资产}{流动负债}$$

该指标越大,表明公司短期偿债能力越强,企业财务风险越小,债权人的权益越有保证。由于流动资产中变现能力较差的存货、应收账款等在流动资产中约占一半,一般认为流动比率维持在 2∶1 左右较为合适。它表明了企业财务状况稳定可靠,除了满足日常生产经营的流动资金需要外,还有足够的财力偿付到期短期债务。流动比率高,不仅反映企业拥有的营运资金多,可用以抵偿债务,而且表明企业可以变现的资产数额大,债权人遭受损失的风险小。如果该比率过低,则表示企业可能难以如期偿还债务。

一般地说,或从债权人立场上说,流动比率越高越好,因为流动比率越高,债权越有保障,借出的资金越安全。但从经营者和所有者角度看,并不一定要求流动比率越高越好。过高的流动比率往往是由以下原因造成的。

① 由于企业对资金未能有效运用。
② 由于企业赊销业务增多致使应收账款增多形成的。
③ 由于产销失衡、销售不力致使在产品、产成品等积压造成的。

应该说,这些原因造成的较高的流动比率,并不是健康的财务状况。它不仅丧失机会收益,还会影响资金的使用效率和企业的获利能力。也就是说,可能是资金的使用效率较低的表现。

对于流动比率分析,可以从两个方面来进行。一是同本企业历史各期流动比率进行比较。这有利于发现问题,吸取历史的经验和教训,改善企业的偿债能力,并可对短期偿债能力的变动趋势作出分析。二是与同行业平均流动比率进行比较。同行业平均水平代表的是同行业标准,如果本企业的某一指标好于同行业标准,则说明企业在这一方面是处于行业平均水平之上。

但这种比较通常并不能说明流动比率为什么这么高或低。要找出过高及过低的原因,还必须分析流动资产和流动负债所包括的内容以及经营上的因素。有时流动比率很高,并不意味着企业有足够的现金或存款可用来归还短期债务。因为流动资产除了现金、银行存款、交易性金融资产等变现能力较强的资产外,还包括变现能力较差的存货、容易发生呆账的应收账款等。大量呆滞积压的存货、长时间无法收回的应收账款等的存在,都会使流动资产增加,

流动比率提高,而能用来偿还债务的现金、银行存款等并没有增加,有时反而减少。因此,作为债权人除了注意流动比率的数值外,还应关注企业现金流量的变化。一般情况下,营业周期、流动资产中的应收账款数额和存货的周转速度是影响流动比率的主要因素。

进行流动比率分析时应关注人为因素对流动比率指标的影响。由于债权人注重以流动比率衡量企业的短期偿债能力,所以有的企业为了筹借资金,有意在会计期末采用推迟购货,允许存货跌价,抓紧收回应收账款,尽可能在偿还债务以后再商借等方法,粉饰其流动资产和流动负债状况,提高流动比率。因此,作为债权人在进行报表分析时,除了观察流动比率和现金流量的变化之外,还应当对不同会计期间流动资产和流动负债状况的变化进行对比分析。

【例 3.6】 星光公司有关资料及流动比率的计算如表 3.19 所示。

表 3.19 星光公司有关资料及流动比率的计算

	2018 年	2019 年
流动资产/元	199 525 333 430.22	213 364 040 964.83
流动负债/元	157 686 125 987.72	169 568 300 209.60
流动比率	1.27	1.26

星光公司 2018 年和 2019 年的流动比率都低于一般公认标准,表明该公司短期债务的偿还能力较弱,短期债务的安全程度在降低。

用流动比率来评价短期偿债能力有明显的局限性。如存货积压和应收账款回收困难也会导致流动比率的提高,而这些情况实际上是企业偿债能力不足的表现。为了能更真实地揭示企业的短期偿债能力,我们还可以使用速动比率这一指标。

(三)速动比率

速动比率是指从流动资产中扣除存货部分,再除以流动负债的比值。它可用于衡量企业流动资产中可以立即用于偿还流动负债的能力。其计算公式如下:

$$速动比率 = \frac{速动资产}{流动负债}$$

速动资产是将流动资产中扣除存货后的资产的统称。其计算公式如下:

$$速动资产 = 流动资产 - 存货$$

计算速动比率时,之所以要扣除存货,是因为:

① 在流动资产中存货的变现速度最慢;

② 由于某种原因,部分存货可能已损失报废还没作处理;

③ 部分存货已抵押给某债权人;

④ 存货估价还存在着成本与合理市价相差悬殊的问题。综上所述,从谨慎的角度来看,把存货从流动资产总额中减去,而计算出的速动比率反映的短期偿债能力更加令人信服。

但这个指标也有其局限性。第一,速动比率只是揭示了速动资产与流动负债的关系,是一个静态指标。第二,速动资产中包含了流动性较差的应收账款,使速动比率所反映的偿债能力受到怀疑。第三,各种预付款项及预付费用的变现能力也很差。

【例 3.7】 星光公司有关资料及速动比率的计算如表 3.20 所示。

表 3.20 星光公司有关资料及速动比率的计算

	2018 年	2019 年
流动资产/元	199 525 333 430.22	213 364 040 964.83
存货/元	20 011 518 230.53	24 084 854 064.29
速动资产/元	179 513 815 199.69	189 279 186 900.54
流动负债/元	157 686 125 987.72	169 568 300 209.60
速动比率	1.14	1.12

星光公司 2019 年的速动比率比 2018 年减少了 0.02,这说明了该公司短期偿债能力略有减弱。

由于速动资产的变现能力较强,通常认为正常的速动比率为 1。即在无须动用存货的情况下,也可以保证对流动负债的偿还。如果速动比率小于 1,则表明企业必须变卖部分存货才能偿还短期负债。对于短期债权人来说此比率越大,对债务的偿还能力就越强。但,如果速动比率过高,则又说明企业因拥有过多的货币性资产,而可能失去一些有利的投资和获利机会。这个比率应在企业不同会计年度之间,不同企业之间以及参照行业标准进行比较,方能得出较佳的判断。

影响速动比率可信性的重要因素是应收账款的变现能力。账面上的应收账款不一定都能变成现金,实际坏账可能比计提的准备要多;季节性的变化,可能使财务报表的应收账款数额不能反映平均水平。所以,在评价速动比率指标时,还应结合应收账款周转率指标分析应收账款的质量。

速动比率同流动比率一样,它反映的是会计期末的情况,并不代表企业长期的财务状况。它有可能是个别企业为筹借资金人为粉饰财务状况的结果,作为债权人应进一步对企业整个会计期间和不同会计期间的速动资产、流动资产和流动负债情况进行综合分析。

(四)现金比率

现金比率是指现金类资产对流动负债的比率,它能反映企业直接偿付流动负债的能力。该指标的作用是表明在最坏情况下短期偿债能力如何。当企业面临支付工资日或大宗进货日等需要大量现金支付时,或者当企业陷入财务困境,其存货和应收账款被抵押或者流动不畅时,这一指标更能显示其重要作用。

该指标有如下两种表示方式。

(1) 现金类资产仅指货币资金,其计算公式为

$$现金比率 = \frac{货币资金}{流动负债}$$

【例 3.8】 星光公司有关资料及现金比率的计算如表 3.21 所示。

表 3.21　星光公司有关资料及现金比率的计算

	2018 年	2019 年
货币资金/元	115 022 653 811.67	125 400 715 267.64
流动负债/元	157 686 125 987.72	169 568 300 209.60
现金比率	0.73	0.74

从债权人的角度来看,将现金类资产与流动负债进行对比,计算现金比率具有十分重要的意义。它比流动比率、速动比率更真实、更准确地反映企业的短期偿债能力。特别是当债权人,发现企业的应收账款和存货的变现能力存在问题的情况下,该比率就更有实际意义。

(2) 现金类资产包括所有的货币资金和现金等价物(指易于变现的有价证券),其计算公式为

$$现金比率 = \frac{货币资金 + 现金等价物}{流动负债}$$

现金比率是最严格、最稳健的短期偿债能力衡量指标,它反映企业随时还债的能力。现金比率低,反映企业对目前一些要付的款项存在困难;现金比率高,表示企业可立即用于支付债务的现金类资产越多。但这一比率过高,表明企业通过负债方式所筹集的流动资金没有得到充分的利用,企业失去的投资获利的机会可能越大,所以并不鼓励企业保留更多的现金类资产。一般认为该比率应在20%以上。在这一水平上,企业的直接支付能力不会有太大的问题。

(五)影响变现能力的其他因素

1. 增强变现能力的因素

(1)可动用的银行贷款指标。银行已同意、企业尚未办理贷款手续的银行贷款限额,可以随时增加企业的现金,提高支付能力。它一般列示在财务报表附注中。

(2)准备很快变现的长期资产。由于某种原因,企业可能将一些长期资产出售转变为现金,这将增加企业资产的流动性。企业出售长期资产,应根据近期和长期利益的辩证关系,正确决定出售长期资产的问题。所以在分析该因素时,应结合具体情况以正确评估企业偿债能力。

(3)偿债能力的声誉。具有良好偿债能力声誉的企业,在短期偿债方面出现困难时,通常有能力筹得资金,提高偿债能力。这个增强变现能力的因素,取决于企业自身的信用声誉和当时的筹资环境。

2. 减弱变现能力的因素

(1)做记录的或有负债。或有负债是有可能发生的债务。对这些或有负债,按我国《企业会计准则》规定,并不作为负债登记入账,也不在财务报表中反映。只有已办理贴现的商业承兑汇票,作为附注列示在资产负债表的下端。其他的或有负债,包括售出产品可能发生的质量事故赔偿、尚未解决的税额争议可能出现的不利后果、诉讼案件和经济纠纷案可能败诉并需赔偿等等,都没有在财务报表中反映。这些或有负债一旦成为事实上的负债,将会加大企业的偿债负担。

(2)担保责任引起的负债。企业可能以自己的一些流动资产为他人提供担保,如为他人向金融机构借款提供担保,为他人购物提供担保或为他人履行有关经济责任提供担保等。这种担保有可能成为企业的负债,增加偿债负担。

二、长期偿债能力分析

长期偿债能力是指企业偿还长期债务的能力。企业的长期债务是指偿还期在1年或者超过1年的一个营业周期以上的负债,包括长期借款、应付债券、长期应付款等。

长期偿债能力分析对于债权人来说,可以判断债权的安全程度,即是否能按期收回本金及利息;对于企业经营者来说,有利于优化资本结构,降低财务风险;对于投资者来说,可以判断其投资的安全性及盈利性;对于政府及相关管理部门来说,可以了解企业经营的安全性;对于业务关联企业来说,可以了解企业是否具有长期的支付能力,借以判断企业信用状况和未来业务能力,并作出是否建立长期稳定的业务合作关系的决定。企业对一笔债务,一般总是同时负担着偿还债务本金和支付债务利息两种责任。分析一个企业长期偿债能力,主要是为了确定该企业偿还债务本金和支付债务利息的能力。

长期偿债能力分析,主要是通过财务报表中的有关数据来分析权益与资产之间的关系,分析不同权益之间的内在关系,进而计算出一系列的比率,从而对企业的长期偿债能力、资本结构是否健全合理等作出客观评价。反映企业长期偿债能力的财务指标主要有:资产负债率、产权比率、有形净值债务率、已获利息倍数。

(一)资产负债率

资产负债率是指企业负债总额与资产总额的比率。它表明企业资产总额中,债权人提供资金所占的比重,以及企业资产对债权人权益的保障程度。其计算公式如下:

$$资产负债率 = \frac{负债总额}{资产总额} \times 100\%$$

对于该指标,应从以下几个方面进行分析。

(1) 从债权人的立场看,此指标应越低越好。该比率越低,即负债总额占全部资产的比例越小,表明企业对债权人保障程度越高,债权人投入资本的安全性越大。因此,债权人总是希望债务比例越低越好,企业偿债有保证,贷款不会有太大的风险。

(2) 从所有者立场看,他们关心的主要是投资收益率的高低。在企业投资收益率高于借款利息率时,该比率越大越好。当企业经营前景欠佳,预期投资收益率可能小于借款利率,那么借入资金的一部分利息,要用所有者投入资本的利润来补偿,所有者权益因此会受到不良影响。所以,站在所有者的角度,在投资收益率高于借款利息率时,负债比例越大越好,否则反之。

(3) 从经营者的立场看,资产负债率越小,说明企业资金中来自于债权人的部分越小。反过来来自于自有资金的部分越多,则还本付息的压力就越小,财务状况越稳定,发生债务危机的可能性越小。该比率的高低在很大程度上取决于经营者对企业前景的信心和对风险所持的态度。通常,资产负债率大表明企业较有活力,而且对前景充满信心;反之,则表明企业比较保守,或对其前景信心不足。然而,资产负债率并非越高越好。当经济处于衰退期,负债比率高的企业有可能由于经济不景气,不能偿还到期债务而陷入困境。因此,企业财务前景乐观时,应适当加大资产负债率;若财务前景不佳,则应减少负债,以降低财务风险。企业应审时度势,权衡利害,把资产负债率控制在适当水平。

资产负债率是衡量企业负债水平及风险程度的重要标志。负债对于企业来说,一方面增加了企业的风险,借债越多,风险越大。另一方面,债务的成本低于权益资本的成本,增加债务可以改善获利能力。既然债务同时增加企业的利润和风险,企业管理者的任务就是在利润和风险之间取得平衡。一般地说,该指标50%比较合适,有利于风险与收益的平衡;如果该指标大于100%,表明企业已资不抵债,视为达到破产警戒线。但这并没有严格的标准。就是对同一个企业来说,处于不同时期,对资产负债率的要求也不一样。当企业处于成长期或成熟期时,企业的前景比较乐观,预期的现金流入也比较高。所以,企业应适当增大资产负债率,以充分利用财务杠杆的作用;当企业处于衰退期时,企业的前景不甚乐观,预期的现金流入也有日趋减少的势头。在这种情况下,企业应采取相对保守的财务政策,减少负债,降低资产负债率,以降低财务风险。所以具体标准需要根据企业的环境、经营状况和盈利能力等来评价。

【例 3.9】 星光公司有关资料及资产负债率的计算如表 3.22 所示。

表 3.22 星光公司有关资料及资产负债率的计算

	2018 年	2019 年
资产总额/元	251 116 490 470.98	282 972 157 415.28
负债总额/元	158 519 445 549.35	170 924 500 892.20
资产负债率/%	63.13	60.40

从表 3.22 可看出,星光公司 2018 年、2019 年年末的负债占全部资产的比重超过一半,而且其负债比率是在下降的,说明公司的长期偿债能力在增强。

(二) 产权比率

产权比率是指企业负债总额与所有者权益之间的比率,它反映投资者对债权人的保障程度。其计算公式如下:

$$产权比率 = \frac{负债总额}{所有者权益} \times 100\%$$

根据经验标准,产权比率可分为五类,如表 3.23 所示。

表 3.23　产权比率分类　　　　　　　　　　　　　　　%

类　别	理想型	健全型	资金周转不灵	危险	关门清算
产权比率	100	200	500	1 000	3 000

一般认为,该指标 1∶1 最理想。该项指标越低,表明企业的长期偿债能力越强,债权人承担的风险越小,债权人也就愿意向企业增加借款。反之亦然。产权比率高,是高风险、高报酬的财务结构;产权比率低,是低风险、低报酬的财务结构。当该指标过低时,表明企业不能充分发挥负债带来的财务杠杆作用。反之,当该指标过高时,表明企业过度运用财务杠杆,增加了企业财务风险。该指标必须与其他企业以及同行业平均水平对比才能评价指标的高低。

【例 3.10】　星光公司有关资料及产权比率的计算如表 3.24 所示。

表 3.24　星光公司有关资料及产权比率的计算

	2018 年	2019 年
负债总额/元	158 519 445 549.35	170 924 500 892.20
所有者权益/元	92 597 044 921.63	112 047 656 523.08
产权比率/%	171.19	152.55

从表 3.24 可看出,星光公司该比率 2019 年比 2018 年略有下降,说明每元所有者权益要负担的负债 2019 年年末较 2018 年年末有所降低,这表明企业偿债能力略有加强。

(三) 有形净值债务率

有形净值债务率是指企业负债总额与有形净值的百分比。有形净值是将商誉、商标、专利权以及非专利技术等无形资产从净资产中扣除，这主要是由于无形资产的计量缺乏可靠的基础，不可能作为偿还债务的资源。其计算公式为

$$有形净值债务率 = \frac{负债总额}{所有者权益 - 无形资产净值} \times 100\%$$

有形净值债务率实质上是产权比率的延伸，是评价企业长期偿债能力更为保守和稳健的一个财务比率。它将企业偿债安全性分析建立在更加切实可靠的物质保障基础之上，在企业陷入财务危机、面临破产等特殊情况下，使用该指标衡量企业的长期偿债能力更有实际意义。从长期偿债能力来讲，比率越低越好。

【例 3.11】 星光公司有关资料及有形净值债务率的计算如表 3.25 所示。

表 3.25 星光公司有关资料及有形净值债务率的计算

	2018 年	2019 年
负债总额/元	158 519 445 549.35	170 924 500 892.20
所有者权益/元	92 597 044 921.63	112 047 656 523.08
无形资产净值/元	5 204 500 167.30	5 305 541 098.92
有形净值/元	87 392 544 754.33	106 742 115 424.16
有形净值债务率/%	181.39	160.13

从表 3.25 可看出，2019 年年末与 2018 年年末相比，有形净值债务率降低了，说明公司的长期偿债能力在增强，债权人利益的受保障程度提高。

(四) 已获利息倍数

已获利息倍数又称为利息保障倍数，是指企业经营业务收益与利息费用的比率，用以衡量企业偿付借款利息的能力，其计算公式如下：

$$已获利息倍数 = \frac{息税前利润}{利息费用}$$

公式中的息税前利润是指利润表中未扣除利息费用和所得税之前的利润。它可以用利润总额加利息费用来测算。由于我国现行利润表利息费用没

有单列,而是混在财务费用之中,外部报表使用人只好用利润总额加财务费用来估计。

公式中的分母利息费用是指本期发生的全部应付利息。不仅包括利润表中财务费用项目下的利息费用,还应包括计入固定资产成本的资本化利息。

已获利息倍数反映了企业盈利与利息费用之间的特定关系。一般来说,该指标越高,说明企业支付利息费用的能力越强,企业对到期债务偿还的保障程度也就越高。从长期来看,该比率至少应大于1。如果已获利息倍数过小,企业将面临亏损,偿债的安全性和稳定性将面临下降的风险。对于已获利息倍数指标的衡量,没有绝对的标准。这需要与其他企业,特别是同行业平均水平进行比较,来分析决定本企业的指标水平。同时,从谨慎性的角度出发,最好比较本企业连续几年的该项指标,并选择最低指标年度的数据,作为标准。原因在于,企业在经营好的年度要偿债,在经营不好的年度也要偿还大约同量的债务。某一个年度利润很高,已获利息倍数也会很高,但不能年年如此。采用指标最低年度的数据,可保证最低的偿债能力。

【例 3.12】 星光公司有关资料及已获利息倍数的计算如表 3.26 所示。

表 3.26 星光公司有关资料及已获利息倍数的计算

	2018 年	2019 年
利润总额/元	31 273 507 724.25	29 352 707 228.70
利息费用/元	1 068 308 309.96	1 598 276 258.59
息税前利润/元	32 341 816 034.21	30 950 983 487.29
已获利息倍数/倍	30.27	19.37

计算结果表明,该公司 2019 年比 2018 年利息赚取倍数减少了 10.90。应当指出,已获利息倍数这个指标,只是从一个侧面来分析公司支付利息费用的保证程度。如果这个指标较高,也不一定意味着公司有足够的现金支付利息,而且利润表上所反映的本期利息费用,也不一定都需要在本期或近期内用现金支付。

此外,结合这一指标,企业可以测算长期负债与营运资金的比率。它是用企业的长期债务与营运资金相除计算的,其计算公式如下:

$$长期债务与营运资金比率 = \frac{长期负债}{流动资产 - 流动负债} \times 100\%$$

一般情况下,长期负债不应超过营运资金。长期负债会随时间延续不断转化为流动负债,并需动用流动资产来偿还。保持长期负债不超过营运资金,就不会因这种转化而造成流动资产小于流动负债,从而使长期债权人和短期债权人感到贷款有安全保障。

(五)影响长期偿债能力的其他因素

(1) 担保责任。担保项目的时间长短不一,有的涉及企业的长期负债,有的涉及企业的短期负债。在分析企业长期偿债能力时,应根据有关资料判断担保责任带来的潜在长期负债问题。

(2) 或有项目。或有项目是指在未来某个或几个事件发生或不发生的情况下,会带来收益或损失,但现在还无法肯定是否发生的项目。或有项目的特点是现存条件的最终结果不确定,对它的处理方法要取决于未来的发展。或有项目一旦发生,便会影响企业的财务状况,因此企业不得不对它们予以足够的重视。在评价企业长期偿债能力时,也要考虑它们的潜在影响。

三、营运能力分析

企业营运能力是指企业充分利用现有资源创造社会财富的能力,它可用来评价企业资产的使用效率和营运活力。

企业营运能力分析,主要是通过销售收入与企业各项资产的比例关系,分析各项资产的周转速度,了解各项资产对收入的贡献程度。一般来说,企业取得的销售收入越多,所需投入资产的价值也就越大。如企业投入资产价值大,收入少,利润低,则说明企业资产投入的构成不合理,经济资源没有得到有效配置,资产的使用效率不高,没有发挥应有的效用;如企业投入的资产能创造较高的收入,获取较多利润,则说明企业资产投资合理,各项资产之间的比例关系恰当,发挥了较好的效益。

对营运能力分析的作用主要表现在以下几个方面。

(1) 揭示企业资金管理的效率。周转率越高,表明企业资金流进、流出的速度越快,资金管理的效率越高。反之资金管理的效率就低。

(2) 揭示企业销售能力的强弱。存货周转率反映了企业销售的活跃情况。销售能力强的企业其产品销售必然活跃,存货周转必然也快。反之,存货过量(如盲目购入、产品积压等),则必然导致存货周转的迟缓。

(3) 揭示企业的信用状况。存货和应收账款的周转率高,说明售出商品货款回收迅速,既可节约资金,同时也说明了企业的信用状况良好。

(4) 揭示管理者的工作绩效。周转率指标反映了企业从货币资金状态投入生产开始,至回复到货币资金状态的生产经营活动全过程。管理者对企业的资产运用效率高,必然使周转速度加快,企业销售收入上升,利润增加,资金供应充足,财务状况良好。相反,如果一个企业销售收入下降,利润水平降低,表现在资产管理方面,必然是周转速度减慢。

反映企业营运能力的财务指标主要有:总资产周转率、流动资产周转率、应收账款周转率、存货周转率、固定资产周转率。

(一) 总资产周转率

企业在一定的生产经营规模条件下,完成既定的任务所需要的资产,在某种程度上取决于资产的周转速度。资产周转的快慢与企业生产经营过程、资产管理、财务状况等方面相关。因此分析资产周转速度,可促使企业加强内部管理和工作质量的提高,促进企业全面、健康地发展。

总资产周转率是指企业一定时期的营业收入与资产总额的比率,它说明企业的总资产在一定时期内(通常为1年)周转的次数。其计算公式如下:

$$总资产周转率 = \frac{营业收入}{总资产平均余额} \times 100\%$$

其中,总资产平均余额=(期初资产总额+期末资产总额)÷2

总资产周转率也可用周转天数表示,其计算公式为

$$总资产周转天数 = \frac{计算期天数}{总资产周转率} = \frac{计算期天数 \times 总资产平均余额}{营业收入}$$

其中,计算期天数取决于营业收入所涵盖的时期长短。最常用的计算期为1年,会计上统一每年按360天计算。

该项指标可用来分析企业全部资产的使用效率。如果企业总资产周转率较高,说明企业利用其全部资产进行经营的成果好,效率高,企业具有较强的销售能力;反之,如果总资产周转率较低,则说明企业利用其全部资产进行经营的成果差,效率低,最终会影响企业的获利能力。如果企业的总资产周转率长期处于较低的状态,企业就应该采取措施提高销售收入或处置资产,以提高总资产利用率。

【例 3.13】 星光公司有关资料及总资产周转率的计算如表 3.27 所示。

表 3.27　星光公司有关资料及资产周转率的计算

	2018 年	2019 年
营业收入/元	198 123 177 056.84	198 153 027 540.35
年初资产总额/元	214 987 907 124.70	251 116 490 470.98
年末资产总额/元	251 234 157 276.81	282 972 157 415.28
平均资产总额/元	233 111 032 200.76	267 044 323 943.13
总资产周转率/次	0.85	0.74
总资产周转天数/天	424	486

（二）流动资产周转率

流动资产周转率是指企业一定时期的营业收入与流动资产平均余额的比率，即企业流动资产在一定时期内（通常为 1 年）周转的次数。其计算公式如下：

$$流动资产周转率 = \frac{营业收入}{流动资产平均余额} \times 100\%$$

其中，流动资产平均余额 =（年初流动资产 + 年末流动资产）÷ 2。

流动资产周转率也可用周转天数表示，其计算公式为

$$流动资产周转天数 = \frac{计算期天数}{流动资产周转率} = \frac{计算期天数 \times 流动资产平均余额}{营业收入}$$

流动资产周转率反映流动资产的管理效率。该比率越高，意味着企业的流动资产周转速度越快，利用效果越好。在较快的周转速度下，就会相对节约流动资产，其意义相当于扩大流动资产投入，在某种程度上增强了企业的盈利能力。而延缓周转速度，则需要补充流动资产参加周转，形成资金浪费，降低企业盈利能力。

分析研究影响流动资产周转的因素，查明周转加速或缓慢的原因，以揭示资金周转落后的环节和呆滞的现象，寻求改进周转情况的途径，以达到促进资金的有效使用和节约的目的。

【例 3.14】 星光公司有关资料及流动资产周转率的计算如表 3.28 所示。

表 3.28 星光公司有关资料及资产周转率的计算

	2018 年	2019 年
营业收入/元	198 123 177 056.84	198 153 027 540.35
年初流动资产/元	171 554 189 887.78	199 525 333 430.22
年末流动资产/元	199 710 948 768.77	213 364 040 964.83
平均流动资产/元	185 632 569 328.28	206 444 687 197.53
流动资产周转率/次	1.07	0.96
流动资产周转天数/天	336	375

(三) 应收账款周转率

当企业采取较宽松的信用政策和收账政策时,其应收账款占用额就比较大,回收速度就比较慢,利用应收账款周转率和应收账款周转天数指标就可以反映出应收账款转化为现金的速度。

1. 应收账款周转率

应收账款周转率是指年度内应收账款转为现金的平均次数,它说明应收账款流动的速度。其计算公式如下:

$$应收账款周转率 = \frac{营业收入}{应收账款平均余额} \times 100\%$$

其中,公式中的营业收入数据来自利润表,是指扣除销售折扣和销售折让后的销售净额。应收账款平均余额是指未扣除坏账准备的应收账款金额,它是资产负债表中期初应收账款余额与期末应收账款余额的平均数。其计算公式如下:

$$应收账款平均余额 = (期初应收账款余额 + 期末应收账款余额) \div 2$$

有人认为,销售净额应扣除现金销售部分,即使用赊销净额来计算。从道理上看,这样可以保持比率计算分母和分子口径的一致性。但是,不仅财务报表的外部使用者无法取得这项数据,而且财务报表的内部使用者也未必容易取得该数据,因此,把现金销售视为收账时间为零的赊销,也是可以的。只要保持历史的一贯性,使用销售净额来计算该指标一般不影响其分析和利用价值。因此,在实务上多采用销售净额来计算应收账款周转率。

分析者应关注应收账款在年初或年末可能由于各种原因与平常相比会过高或过低。例如,在季节性较强企业中,大量销售集中在年末,或年末时销售大幅度下降,年末时大量地分期付款。因此,应收账款平均余额最好是用全年各月应收账款平均余额来计算。当然,外界信息使用者可能不易计算出此项指标。

一般认为,该指标越高越好。该指标越高,表明收款迅速,在应收账款上占用的资金就越少,坏账损失发生的可能性减少,企业经营越好;也表明了资产的流动性高,偿债能力强;可以节约收账费用。否则,资金过多地呆滞在应收账款上,影响企业正常的资金运转,降低资金使用效率。

2. 应收账款回收期

应收账款回收期表示应收账款周转一次所需要的天数,即企业自产品销售出去开始至应收账款收回为止所需的天数。

$$应收账款回收期 = \frac{计算期天数}{应收账款周转率} = \frac{计算期天数 \times 应收账款平均余额}{营业收入}$$

该指标越低,说明应收账款回收越快,企业资金被外单位占用的时间越短,管理工作的效率越高。

通过对应收账款回收速度的分析,可以考核企业销售收入的质量,现金的流量,以及潜在的亏损,促使企业尽快回收账款,加速资金周转,使坏账损失降到最低点。

【例 3.15】 星光公司有关资料及应收账款回收的计算如表 3.29 所示。

表 3.29 星光公司有关资料及应收账款周转率的计算

	2018 年	2019 年
营业收入/元	198 123 177 056.84	198 153 027 540.35
期初应收账款/元	5 814 491 641.18	7 642 434 078.24
期末应收账款/元	7 699 658 990.16	8 513 334 545.08
平均应收账款/元	6 757 075 315.67	8 077 884 311.66
应收账款周转率/次	29.32	24.53
应收账款周转天数/天	12	15

计算表明,星光公司的应收账款周转率较高,而且 2019 年的应收账款周转率比 2018 年降低了 4.79 次,应收账款的平均收取时间则增加了 3 天。说

明星光公司的应收账款的变现速度减慢,利用效率降低,发生坏账损失和坏账费用可能性增大。

要评价企业应收账款周转率的优劣,很难掌握一个具体的标准。一个企业的应收账款周转率是好是坏,要视企业的经营特点,并参照同行业情况进行评价。如果企业应收账款周转率高于同行业平均水平,通常说明企业与同行相比可以更少地被下游客户占用资金。如果企业的应收账款周转率不断提高,通常说明企业对下游客户的谈判能力不断增强。反之亦然。

(四) 存货周转率

企业可以通过存货周转率、存货周转天数、营业周期三个指标对存货进行流动性分析。即从不同的角度和环节上找出存货管理中的问题,使存货管理在保证生产经营连续性的同时,尽可能少占用经营资金,提高资金的使用效率,增强企业短期偿债能力,促进企业管理水平的提高。

1. 存货周转率

存货周转率有两种计算方式。一是以成本为基础的存货周转率,即存货周转率是一定时期主营业务成本与存货平均余额的比率,它主要用于流动性分析。二是以收入为基础的存货周转率,即存货周转率是企业一定时期的主营业务收入与存货平均余额的比率,它主要用于获利能力分析。其计算公式如下:

$$成本基础的存货周转率 = \frac{营业成本}{存货平均余额} \times 100\%$$

$$收入基础的存货周转率 = \frac{营业收入}{存货平均余额} \times 100\%$$

其中,存货平均余额=(期初存货+期末存货)÷2。

在计算存货平均余额时应注意:如果企业的营业具有较大的季节性,根据期初和期末存货简单平均容易造成假象(有可能期末、期初存货偏低或偏高)。解决的方法就是采用各月月末的数字进行平均。这对于企业内部分析研究者来说容易做到,而对于外部分析者则很难做到。

存货周转率是衡量和评价企业从购存货、投入生产到销售收回等各环节管理状况的综合性指标。该指标越高,说明存货占用水平越低,流动性越强,存货转换为现金或应收账款的速度越快,企业便会有良好的现金流量与较高的经营效率;反之,该指标越低,存货周转慢,存货储存过多,占用资金多。但是,存货周转率并不是越高越好,过高的存货周转率,可能导致其他费用,如保管费用的增加,还可能导致存货不足和发生缺货的现象,引起停工待料等问题。因此,分析一个企业存货周转率高低,应结合同行业的存货平均水平和企业过去的存货周转情况。

2. 存货周转天数

存货周转天数是指存货周转一次所需要的天数,即存货转换为货币资金或应收账款所需要的天数。

计算公式如下:

$$存货周转天数 = \frac{计算期天数}{存货周转率}$$

或

$$成本基础的存货周转天数 = \frac{计算期天数 \times 存货平均余额}{营业成本}$$

$$收入基础的存货周转天数 = \frac{计算期天数 \times 存货平均余额}{营业收入}$$

该指标越小,存货周转速度越快。

【例 3.16】 星光公司有关资料及存货流动性的计算如表 3.30 所示。

表 3.30 星光公司有关资料及存货周转率的计算

	2018 年	2019 年
营业成本/元	138 234 167 710.13	143 499 372 581.36
期初存货/元	16 568 347 179.12	20 011 518 230.53
期末存货/元	20 011 518 230.53	24 084 854 064.29
平均存货/元	18 289 932 704.83	22 048 186 147.41
存货周转率/次	7.56	6.51
存货周转天数/天	48.00	55.00

分析结果显示,该公司的存货周转率相对较高,即 2019 年年末的存货周转率比 2018 年年末降低了 1.05 次,存货周转天数则增加了 7 天。一般情况下,存货周转率越快,说明企业投入存货的资金从投入到完成销售的时间越短,资金的回收速度越快。在企业资金利润率较高的情况下,企业就越能获得

更高的利润。如若存货周转率慢,就反映出企业的产品可能适销不对路,有过多的呆滞存货影响资金的及时回笼。

在不同行业,由于企业的经营性质不同,用以判断存货周转率的好坏标准也有差异,要衡量存货的周转速度快慢,可以将企业实际周转率与行业标准加以比较,也可以与连续几个年度进行对比来衡量。

3. 营业周期

营业周期是指从取得存货开始到销售存货并收回现金为止的这段时间。计算公式如下:

$$营业周期 = 存货周转天数 + 应收账款周转天数$$

营业周期的长短取决于存货周转天数和应收账款周转天数。营业周期短,说明资金周转速度快;营业周期长,说明资金周转速度慢。

(五)固定资产周转率

固定资产周转率是指企业营业收入与固定资产平均净值之间的比率,它反映固定资产的周转情况。其计算公式如下:

$$固定资产周转率 = \frac{营业收入}{固定资产平均净值} \times 100\%$$

其中:

$$固定资产平均净值 = (期初固定资产净值 + 期末固定资产净值) \div 2$$

固定资产周转率也可用固定资产周转天数表示,其计算公式如下:

$$固定资产周转天数 = \frac{计算期天数}{固定资产周转率} = \frac{计算期天数 \times 固定资产平均净值}{营业收入}$$

【例 3.17】 星光公司有关资料及固定资产周转率的计算如表 3.31 所示。

表 3.31 星光公司有关资料及固定资产周转率的计算

	2018 年	2019 年
营业收入/元	198 123 177 056.84	198 153 027 540.35
年初固定资产/元	17 482 114 255.70	18 385 761 475.54
年末固定资产/元	18 385 761 475.54	19 121 930 757.04
平均固定资产/元	17 933 937 865.62	18 753 846 116.29
固定资产周转率/次	11.05	10.57
固定资产周转天数/天	33.00	34.00

固定资产周转率越高,表明企业固定资产周转速度越快,利用效率越高,即固定资产投资得当,结构分布合理,营运能力较强;反之,固定资产周转率低,表明固定资产周转速度慢,利用效率低,即拥有固定资产数量过多,没有充分利用,设备有闲置。企业在进行固定资产周转率分析时,应以企业历史最好水平和同行业平均水平作标准,进行对比分析,从中找出差距,努力提高固定资产周转速度。

经典案例

天合光能公司的应收账款质量分析

上交所网站2018年5月16日夜间披露,已受理天合光能股份有限公司科创板上市申请。天合光能成为科创板第110家受理企业。记者梳理发现,公司应收账款较高,2018年公司应收账款余额52.45亿元,占同期流动资产的比例为29.59%。此外,公司报告期内毛利率呈逐年下降趋势。2018年毛利率为15.29%,在110家已受理企业中排名倒数第三。2018年公司获政府补助1.27亿元,在110家已受理企业中排名第一。

美股退市转战科创板

天合光能的招股说明书显示,公司是一家全球领先的光伏智慧能源整体解决方案提供商,主要业务包括光伏产品、光伏系统、智慧能源三大板块。光伏产品包括单、多晶的硅基光伏组件的研发、生产和销售;光伏系统包括电站业务及系统产品业务;智慧能源包括光伏发电及运维服务、智能微网及多能系统的开发和销售,以及能源云平台运营等业务。

2016—2018年,天合光能公司营收分别为225.94亿元、261.59亿元、250.54亿元;净利润分别为4.79亿元、5.59亿元、5.42亿元;研发投入占营业收入的比例分别为5.46%、4.60%、3.86%;本次上市拟融资30亿元,主要用于补充流动资金、铜川光伏发电技术领跑基地宜君县天兴250MWP光伏发电项目、盐城天合国能光伏科技有限公司高效太阳能电池和组件技改项目等。天合光能公司上市标准选择的是标准(四),即:预计公司市值不低于人民币30亿元,且最近年营业收入不低于人民币3亿元。

天合光能公司2006年曾在美国交所上市,2017年3月13日,天合光能公司宣布正式私有化,并向美国纽交所提出终止交易的请求以及退牌请求,最终从美股退市。

应收账款占比较高且逐年增长

2016—2018 年,天合光能公司应收账款余额分别为 46.91 亿元、53.81 亿元和 52.45 亿元;同期公司流动资产分别为 267.92 亿元、254.70 亿元、177.28 亿元;应收账款占同期流动资产的比例分别为 17.51%、21.13%、29.59%。报告期内公司的坏账准备也相应较高,分别为 3.44 亿元、4.35 亿元、4.02 亿元。

应收账款余额及坏账计提情况

公司表示,2017—2018 年,光伏系统应收账款增加,主要因为光伏扶贫相关项目的回款周期相对较长所致。报告期内,公司坏账计提比例充分考虑了应收账款的坏账风险。公司不排除因经营规模扩大或者宏观经济环境、客户经营状况发生变化,应收账款过快增长导致应收账款周转率下降甚至发生坏账的风险。

公司的资产负债规模也较大,且资产负债率超过 50%。2016—2018 年,公司资产负债率分别为 75.35%、67.54%、57.83%。资产负债率较高可能加大公司财务风险,对盈利造成不利影响。

毛利率呈逐年下降趋势

值得注意的是,公司近 3 年的毛利率分别为 19.27%、18.38%、15.92%,呈逐年下降趋势。尤其是 2018 年 15.29% 的毛利率,在已受理的 110 家企业中排名倒数第三。公司表示,光伏组件产品是公司毛利的主要来源,占主营业务毛利总额的比例分别为 85.92%、74.89%、61.42%。光伏组件毛利率呈逐年下降趋势的主要原因:一是光伏产品的平均单价持续下降,近 3 年平均售价分别为 3.34 元/W、2.56 元/W、2.17 元/W;二是 2018 年受相关政策及公司生产线技改的影响,发行人组件出货量出现下降,当年的组件业务毛利下降较为明显。公司 2016—2018 年研发投入占比也呈逐年下降趋势,研发投入占营业收入的比例分别为 5.46%、4.60%、3.86%。2018 年,天合光能公司研发人员的薪酬为 12.26 万元,而公司董事长薪酬为 505.198 万元,在 110 家已受理企业董事长薪酬中排名第二。

政府补助排名第一

2018 年公司获得政府补助 1.27 亿元,在 110 家已受理企业中排名第一。公司表示,2016—2018 年,公司的营业外收入主要来自与企业日常活动无关的政府补助。2018 年,公司营业外收入增加,主要因为当年收到较多政府补助所致。

公司表示，光伏电站业务的盈利较大程度上依赖于电站建成后能否顺利并网发电，以及发电时点国家、政府对光伏发电上网电价的补贴政策。若项目建成后无法顺利并网发电或无法纳入享受补贴的范围，或并网发电前国家、地方政府下调对光伏发电上网电价的补贴，将对项目的运营、转让收益产生影响。

案例思考题

（1）天合光能公司的应收账款占比较高且逐年增长可能受到哪些因素的影响？如何进行质量分析？是否为企业带来财务风险？

（2）企业毛利率逐年下降可能受哪些因素的影响？

（3）天合光能公司的政府补助较高，其盈利性如何？应收账款质量对此有何影响？

关键术语

资产结构　资产规模　固流结构　货币资金　交易性金融资产　应收账款　其他应收款　存货　长期投资　固定资产　无形资产　负债结构　负债成本　流动负债　非流动负债　或有负债　短期偿债能力　长期偿债能力　营运能力

本章小结

资产负债表分析可以揭示财务报表数字与数字之间的关系，并指出它们的变动趋势，为财务报表使用者提供更趋全面的信息。

资产负债表分析是通过对资产、负债、所有者权益项目的总括分析、具体项目的分析以及相关指标等方面进行的。

资产负债表总括分析主要从结构、规模、结构优化、周转速度等方面来分析的。通过资产负债表的总括分析，可以大致了解企业所拥有的资产状况、企业所负担的债务、所有者权益等财务状况。从总体上考察企业的生产经营状况，就是要对一定时期生产经营状况的优劣作出总括评价，判断企业是处于高速发展、稳定成长或停滞徘徊状态，还是处于衰退、困难的境地，并且指明改进生产经营方向，促使企业的生产经营经常处于良性循环的最佳状况。

具体项目的分析：

对资产项目，着重分析货币资金、应收账款、存货、固定资产、无形资产等的质量，考察识别这些资产的流动性；

对负债项目，着重分析流动负债、长期负债的合理性，以及偿还的紧迫程度；

对所有者权益项目,着重分析企业自有资金的稳定性和增值性,揭示识别企业产权结构。

财务报表中有大量的数据,可以根据需要计算出很多有意义的指标。通过对指标的分析,可以揭示企业生产经营的全貌,据以评价企业的财务现状和发现企业经营中存在的问题,为投资者、债权人和企业管理者作出决策提供可靠的依据。这些指标涉及企业经营管理的各个方面,主要分为短期偿债能力、长期偿债能力、营运能力。

思考题

1. 资产流动性与短期偿债能力的关系如何?
2. 影响公司短期偿债能力的因素有哪些?这些因素对财务报表分析会产生什么影响?
3. 如果两个企业的流动比率都等于1.33,你认为它们的短期偿债能力相同吗?
4. 如何对存货进行质量分析?
5. 请你分析说明,当一个企业营运资金较多时是否说明企业的支付能力就一定强。
6. 如何认识资本结构对企业的重要性?
7. 分析说明资产负债率是否越低越好。
8. 坏账准备变动对应收款项的影响应如何分析?

练习题

一、单项选择题

1. 下列(　　)不会影响速动比率。
   A. 应收账款　　　　　　　B. 固定资产
   C. 短期借款　　　　　　　D. 应收票据
2. 一般认为,应付票据和应付账款的规模代表了企业利用商业信用推动其经营活动的能力,也可以在一定程度上反映出企业在行业中的(　　)。
   A. 经营规模　　　　　　　B. 采购能力
   C. 议价能力　　　　　　　D. 发展能力
3. 在企业面临财务危机时,衡量企业短期偿债能力的最稳健的指标是(　　)。
   A. 营运资金　　B. 现金比率　　C. 速动比率　　D. 流动比率
4. 某企业某年度年末流动负债为50万元,年初存货为40万元,全年主营业务成本为120万元,年末流动比率为2.5,速动比率为1.3,则本年度存货周转次数为(　　)次。
   A. 1.6　　　　　　　　　　B. 2.5

C. 2.4　　　　　　　　　　　　D. 1.56

5. 短期资产的资金来源由长期融资提供,这是一种最保险但(　　)的方法。

　　A. 资本成本最高　　　　　　　B. 资本成本最低

　　C. 创值最高　　　　　　　　　D. 创值一般

6. 有形净值率中的有形净值是指(　　)。

　　A. 有形资产总额　　　　　　　B. 所有者权益

　　C. 固定资产净值与流动资产之和　D. 所有者权益扣除无形资产

7. 某企业全部资本为 500 万元,企业获利 40 万元。其中借入资本 300 万元,利率 10%,此时,举债经营对投资者(　　)。

　　A. 有利　　　　　　　　　　　B. 不利

　　C. 无变化　　　　　　　　　　D. 无法确定

8. 计算已获利息倍数时,其利息费用(　　)。

　　A. 只包括经营利息费用,不包括资本化利息

　　B. 只包括资本化利息,不包括经营利息费用

　　C. 不包括经营利息费用,也不包括资本化利息

　　D. 既包括经营利息费用,也包括资本化利息

9. 某公司 2019 年的资产总额为 1 000 000 万元,其中 620 000 万元为固定资产。该公司流动负债 250 000 万元,非流动负债为 450 000 万元。那么,从固定资产规模与资产负债率角度来看,某公司最有可能所在的行业是(　　)。

　　A. 服务业　　　　　　　　　　B. 造船业

　　C. 信息技术产业　　　　　　　D. 文化教育

10. 以下(　　)最能解释公司应收账款周转率的下降。

　　A. 公司采取了新的客户信用监督评价体系,赊销政策更为严格,并不再为信用评级较差的客户提供赊销

　　B. 公司累积了大量的不可回收账款并且计提了大量坏账

　　C. 为了应对来自竞争对手的压力,公司放松了对应收账款的回收期限,由 15 天增加至 30 天

　　D. 以上均不是

二、多项选择题

1. 企业的不良资产区域主要存在于(　　)。

　　A. 其他应收款　　　　　　　　B. 周转缓慢的存货

　　C. 闲置的固定资产　　　　　　D. 长期待摊费用

2. 在计算速动比率时,要把存货从流动资产中剔除出去的主要原因有(　　)。

　　A. 存货估价存在成本与合理市价的差异　B. 存货有可能部分抵押给了债权人

C. 在流动资产中存货的变现速度最慢　　D. 在流动资产中存货所占比重最大

3. 影响公司变现能力的表外因素包括（　　）。

　　A. 未动用的银行贷款限额　　　　B. 未终结的诉讼案件
　　C. 或有负债　　　　　　　　　　D. 为他人担保项目

4. 某公司当年的经营利润很多，却还不能偿还到期债务。为查清其原因，应检查的财务比率包括（　　）。

　　A. 资产负债率　　　　　　　　　B. 流动比率
　　C. 存货周转率　　　　　　　　　D. 应收账款周转率

5. 分析企业货币资金规模的合理性，要结合企业以下因素一起分析（　　）。

　　A. 投资收益率　　　　　　　　　B. 资产规模与业务量
　　C. 筹资能力　　　　　　　　　　D. 运用货币资金能力

6. 进行负债结构分析时必须考虑的因素有（　　）。

　　A. 负债规模　　B. 负债成本　　C. 债务偿还期限　　D. 财务风险

7. 从理论上看，企业的全部资产都是有价值的，均能够变换为现金。然而，实际中有些资产是难以或不准备迅速变换为现金的，这样的资产有（　　）。

　　A. 厂房建筑物　　B. 机器设备　　C. 运输车辆　　D. 商誉

8. 下列经济业务会影响企业存货周转率的是（　　）

　　A. 收回应收账款　　B. 销售产成品　　C. 期末购买存货　　D. 偿还应付账款

9. 采取保守的固流结构政策可能出现的财务结果是（　　）。

　　A. 资产流动性提高　　B. 资产风险降低　　C. 资产风险提高　　D. 盈利水平下降

10. "长期待摊费用"项目，反映资产负债表日企业已经发生但尚未摊销的，摊销期限在 1 年以上（不含 1 年）的摊余价值，包括（　　）。

　　A. 固定资产改良支出　　　　　　B. 大修理支出
　　C. 企业的搬迁费支出　　　　　　D. 预付次年的企业财产保险费

三、判断题

1. 如果企业存货规模增加较大，同时企业应付票据与应付账款的规模增加也较大。那么，这种情况极有可能代表的是企业供应商的债务风险。

2. 资产负债率较低，说明企业的财务风险较小。

3. 如果本期总资产比上期有较大幅度增加，表明企业本期经营卓有成效。

4. 只要本期盈余公积增加，就可以断定企业本期经营是有成效的。

5. 在进行已获利息倍数指标的同行业比较分析时，应选择本企业该项指标连续几年的数据，并从稳健的角度出发，以其中指标最高的年度数据作为分析依据。

6. 如果企业的资金全部是权益资金，则企业既无财务风险也无经营风险。

7. 在流动负债的变动结构分析中，如果短期借款的比重趋于上升，则流动负债的结构风险趋于增大。

8. 流动资产周转速度越快,需要补充流动资产参加周转的数额就越多。

9. 企业的应收账款增长率超过销售收入增长率是正常现象。

10. 如果存货的账面价值低于可变现净值,采用历史成本法和成本与可变现净值孰低法确定的期末存货价值是一样的。

四、综合计算及案例分析题

1. 现有某企业应收账账龄分析表如表 3.32 所示。

表 3.32　某企业应收账款账龄分析表

	A 客户		B 客户		C 客户		合计	
	金额/元	比重/%	金额/元	比重/%	金额/元	比重/%	金额/元	比重/%
折扣期内	300 000	14.29					300 000	14.29
过折扣期但未到期			600 000	(1)			600 000	( )
过期 1～30 天	150 000	(2)					150 000	( )
过期 31～60 天			350 000	16.67			350 000	( )
过期 61～90 天					300 000	(6)	300 000	( )
过期 91～180 天			100 000	4.75			100 000	( )
过期 181 天以上					300 000	(7)	300 000	( )
合计	(3)	(4)	1 050 000	(5)	600 000	(8)	2 100 000	( )

要求:

(1) 请你根据已知数据完成上表。

(2) 请你说明企业该如何制定信用政策,分析 A、B、C 客户的信用状况和对其的相应信用政策。

2. 已知云飞公司资产总计、营业收入、净利润、经营活动产生的现金流量净额,如表 3.33 所示。

表 3.33　云飞公司财务报表有关项目数据简表　　单位:万元

	2019 年 12 月 31 日	2018 年 12 月 31 日
资产	205 516.06	187 602.06
营业收入	41 302.58	43 405.04
净利润	8 807.16	14 335.00
经营活动产生的现金流量	8670.60	10 688.71

要求：根据表3.33中的数据，运用资产负债表资产规模变动的合理性、效率性分析方法就云飞公司2019年12月31日较2018年12月31日资产规模变动的合理性与效率性进行分析判断。

3. 某公司2019年度财务报表的主要资料如表3.34和表3.35所示。

表3.34 资产负债表

2019年12月31日　　　　　　　　　　　　单位：千元

资　产	金　额	负债及所有者权益	金　额
现金（年初764）	310	应付账款	516
应收账款（年初1 156）	1 344	应付票据	336
存货（年初700）	966	其他流动负债	468
流动资产合计	2 620	流动负债合计	1 320
固定资产净额（年初1 170）	1 170	长期负债	1 026
		实收资本	1 444
总计（年初3 790）	3 790	总计	3 790

表3.35 利润表

2019年12月　　　　　　　　　　　　单位：千元

	金　额
销售收入	6 430
销售成本	5 570
毛利（销售收入－销售成本）	860
管理费用	580
利息费用	98
税前利润	182
所得税	72
净利润	110

要求：
(1) 计算填列表3.36所示的该公司财务比率（天数计算结果取整）。
(2) 与行业平均财务比率比较，说明该公司经营管理可能存在的问题。

表 3.36　公司财务比率

比率名称	本公司	行业平均数
流动比率		1.98
资产负债率/%		62
利息保障倍数		3.8
存货周转率		6
应收账款周转天数		35
固定资产周转率		13
总资产周转率		3
销售净利率/%		1.3
资产净利率/%		3.4

4. A 公司 2018 年年末、2019 年年末的资产负债表中有关数据如表 3.37 所示，要求编制该公司的"比较资产负债表"，并根据计算结果对资产和权益的变动情况进行分析。

表 3.37　比较资产负债表

	2018 年/万元	2019 年/万元	2019 年比 2018 年增减	
			差额/万元	百分比/%
流动资产				
速动资产	3 000	2 800		
存货	5 000	6 200		
流动资产合计	8 000	9 000		
固定资产净额	14 000	16 000		
资产合计	22 000	25 000		
负债：				
流动负债	4 000	4 600		
长期负债	2 000	2 500		
所有者权益：				
实收资本	13 000	13 000		

续表

	2018 年/万元	2019 年/万元	2019 年比 2018 年增减	
			差额/万元	百分比/%
公积金	1 800	2 700		
未分配利润	1 200	2 200		
所有者权益合计	16 000	17 900		
负债及所有者权益总计	22 000	25 000		

5. 表 3.38、表 3.39 和表 3.40 是 ABC 公司 2019 年 12 月 31 日的简易资产负债表和 2019 年度的简易利润表及现金流量表。

表 3.38　资产负债表　　　　　　　　单位：元

	2019 年	2018 年
资产		
现金	50 000	280 000
应收账款净额	920 000	700 000
存货	1 300 000	850 000
预付账款	40 000	60 000
固定资产	2 000 000	400 000
累计折旧	(200 000)	(100 000)
资产合计	4 110 000	2 190 000
负债和股东权益		
应付账款	490 000	440 000
应交税费	150 000	40 000
其他应付款	60 000	50 000
应付债券	1 650 000	200 000
普通股股本	1 060 000	960 000
留存收益	700 000	500 000
负债和股东权益合计	4 110 000	2 190 000

表 3.39 利润表

(2019 年度) 单位：元

项目	金额
销售收入	5 000 000
减：费用	
销售成本（包括折旧 40 000）	3 100 000
销售和管理费用（包括折旧 60 000）	800 000
利息费用（全部以现金支付）	110 000
费用合计	4 010 000
税前收益	990 000
所得税	300 000
净收益	690 000

注：2019 年支付现金股利 490 000 元。

表 3.40 现金流量表

(2019 年度) 单位：元

项目	金额
净利润	690 000
加：折旧费用	100 000
财务费用——利息费用	110 000
应付账款增加	50 000
应交税费增加	10 000
其他应付款增加	10 000
预付账款减少	20 000
减：应收账款增加	220 000
存货增加	450 000
经营活动产生的现金流量净额	320 000
投资活动的现金流量	
购置固定资产	−1 600 000
投资活动现金净流量	−1 600 000
筹资活动的现金流量	

续表

吸收权益性投资所收到的现金	100 000
发行债券所收到的现金	1 550 000
偿付利息所支付的现金	−110 000
分配股利所支付的现金	−490 000
筹资活动现金流量净额	1 050 000
本期现金净增加额	−230 000

ABC 公司总经理不能理解为什么公司在偿付当期债务方面存在困难。他注意到企业经营是不错的,因为销售收入不止翻了一番,而且公司 2019 年获得的利润为 690 000 元。

要求:

(1) 如何对总经理作出一个合理的解释?

(2) 计算下列偿债能力指标:流动比率、速动比率、现金比率、资产负债率、利息保障倍数、债务保障率等。

(3) 对 ABC 公司财务状况发表你的意见。

我们开办企业是为了赚钱，如果没有利润，再多的资产也是无济于事。因此，对企业的经济效益的分析显得尤为重要。企业的利润表恰好能够满足我们的要求，它记载了企业的收入和费用，揭示了企业的未来前景和是否有能力为投资者创造财富。

第四章　利润表分析

本章学习目标
1. 了解利润表的性质。
2. 重点掌握企业获利能力和发展能力的分析。
3. 掌握我国上市公司获利能力的分析方法。

第一节　利润表概述

一、利润表的性质

利润表又称损益表或收益表，是反映企业一定时期内经营成果的财务报表。它是一种动态的财务报表，是以"收入－费用＋利得－损失＝利润"为理论依据而编制的。利润表不仅反映了企业在一定时期内运用其资源进行经营所产生的经济成果，而且部分解释了资产负债表中所有者权益发生变化的原因。透过利润表，我们可以从总体上了解企业的收入、成本和费用的构成，以及净利润（或净亏损）的形成情况。借此可以分析评价企业的获利能力，考核企业管理层的经营业绩，以及预测企业净利润的持续性。

二、利润表的格式

（一）利润的形成

企业在一定期间内所实现的利润或亏损是依据当期营业收入与营业成本、费用配比而计算出来的。根据计算利润的方法不同，利润表的格式也不同。

一般来说，利润总额的计算方法有两种：一种是以企业一定时期的全部收入总和减去全部费用支出总和,即利润＝收入－费用;另一种是将企业的收入和费用进行分类,尽管可能相互配比,以计算不同业务所取得的利润。将各种利润加总得出利润总额,即利润＝营业利润＋投资净收益＋营业外收支净额。

（二）利润表的格式

由于计算利润的方法有两种,相应利润表的格式也有两种。按照第一种方法计算利润的利润表格式称为单步式利润表;按照第二种方法计算利润的利润表格式称为多步式利润表。

1. 单步式利润表

单步式利润表是将本期所有收入加在一起,然后再把所有支出加在一起,两者相减,以计算出企业当期的净损益。其基本格式如表 4.1 所示。

表 4.1　利润表（单步式）

编制单位：　　　　　　　　__年__月　　　　　　　　单位：元

	本 期 金 额	上 期 金 额
一、收入		
营业收入		
其他收益		
投资收益（损失以"－"号填列）		
净敞口套期收益（损失以"－"号填列）		
公允价值变动收益（损失以"－"号填列）		
资产处置收益（损失以"－"号填列）		
营业外收入		
收入合计		
二、支出		
营业成本		
税金及附加		
销售费用		
管理费用		

续表

	本期金额	上期金额
研发费用		
财务费用		
信用减值损失		
资产减值损失		
营业外支出		
所得税费用		
支出合计		
三、净利润		

由于只有一个相减的步骤，故其被称为单步式利润表。

单步式利润表的主要优点是：表式简单、易于理解，对一切收入和费用同等对待，避免了项目分类上的困难。但单步式利润表不能提供较为详细的分类利润信息，不利于前后期相应项目的比较，不便于对经营成果进行深入分析。

2. 多步式利润表

多步式利润表是按照企业利润形成的主要环节，按照营业利润、利润总额和净利润三个层次来分步计算，以详细地揭示企业利润的形成过程。我国现行会计准则要求企业采用多步式利润表。

表 4.2 是一个利润表实例。

表 4.2 利润表（多步式）

编制单位：星光公司　　　　2019 年 12 月　　　　　　　　　　单位：元

	2019 年度	2018 年度
一、营业总收入	**200 508 333 611.34**	**200 023 997 743.87**
其中：营业收入	198 153 027 540.35	198 123 177 056.84
利息收入	2 351 471 964.56	1 899 287 824.22
手续费及佣金收入	3 834 106.43	1 532 862.81
二、营业总成本	**170 723 573 765.20**	**169 327 655 069.32**

续表

	2019 年度	2018 年度
其中：营业成本	143 499 372 581.36	138 234 167 710.13
利息支出	110 579 966.36	45 341 946.69
手续费及佣金支出	603 394.43	657 689.31
税金及附加	1 542 983 748.63	1 741 892 704.57
销售费用	18 309 812 188.35	18 899 578 046.25
管理费用	3 795 645 600.08	4 365 850 083.19
研发费用	5 891 219 715.90	6 988 368 285.92
财务费用	−2 426 643 429.91	−948 201 396.74
加：其他收益	936 148 644.87	408 553 205.53
投资收益（损失以"−"号填列）	−226 634 780.62	106 768 935.01
其中：对联营企业和合营企业的投资收益	−20 983 248.83	560 513.87
公允价值变动收益（损失以"−"号填列）	228 264 067.88	46 257 424.83
信用减值损失（损失以"−"号填列）	−279 448 586.27	不适用
资产减值损失（损失以"−"号填列）	−842 893 299.94	−261 674 177.33
资产处置收益（损失以"−"号填列）	4 911 230.34	636 629.29
三、营业利润（亏损以"−"号填列）	**29 605 107 122.40**	**30 996 884 691.88**
加：营业外收入	345 706 663.13	317 857 733.42
减：营业外支出	598 106 556.83	41 234 701.05
四、利润总额（亏损总额以"−"号填列）	**29 352 707 228.70**	**31 273 507 724.25**
减：所得税费用	4 525 463 624.73	4 894 477 907.19
五、净利润（净亏损以"−"号填列）	**24 827 243 603.97**	**26 379 029 817.06**
其中：同一控制下企业合并中被合并方合并前净利润		184 503.98
（一）按经营持续性分类：		
1. 持续经营净利润（净亏损以"−"号填列）	24 827 761 617.47	26 379 101 213.82
2. 终止经营净利润（净亏损以"−"号填列）	−518 013.50	−71 396.76

续表

	2019 年度	2018 年度
（二）按所有权归属分类：		
1. 归属于母公司所有者的净利润（净亏损以"－"号填列）	24 696 641 368.84	26 202 787 681.42
2. 少数股东损益（净亏损以"－"号填列）	130 602 235.13	176 242 135.64
六、其他综合收益的税后净额	**6 880 143 079.03**	**－457 274 293.16**
（一）归属于母公司所有者的其他综合收益的税后净额	6 880 538 494.36	－459 105 380.38
1. 不能重分类进损益的其他综合收益	6 811 462 395.19	－16 491 946.00
（1）重新计量设定受益计划变动额	－8 029 478.00	－16 491 946.00
（2）权益法下不能转损益的其他综合收益	4 784 432 411.50	
（3）其他权益工具投资公允价值变动	2 035 059 461.69	不适用
（4）企业自身信用风险公允价值变动		不适用
2. 将重分类进损益的其他综合收益	69 076 099.17	－442 613 434.38
（1）权益法下可转损益的其他综合收益	4 536.91	187 494.29
（2）其他债权投资公允价值变动	9 498 573.66	不适用
（3）可供出售金融资产公允价值变动损益	不适用	－519 311 273.76
（4）金融资产重分类计入其他综合收益的金额		不适用
（5）持有至到期投资重分类为可供出售金融资产损益	不适用	
（6）其他债权投资信用减值准备		不适用
（7）现金流量套期储备（现金流量套期损益的有效部分）	10 465 879.70	－17 863 663.45
（8）外币财务报表折算差额	49 107 108.90	94 374 008.54
（9）其他		
（二）归属于少数股东的其他综合收益的税后净额	－395 415.33	1 831 087.22
七、综合收益总额	**31 707 386 683.00**	**25 921 755 523.90**

续表

	2019 年度	2018 年度
（一）归属于母公司所有者的综合收益总额	31 577 179 863.20	25 743 682 301.04
（二）归属于少数股东的综合收益总额	130 206 819.80	178 073 222.86
八、每股收益		
（一）基本每股收益	4.11	4.36
（二）稀释每股收益	4.11	4.36

多步式利润表对项目进行了详细分类，分步骤地反映了利润总额的形成情况，层次清楚，便于企业前后各期财务报表及不同企业间财务报表的对比，有利于分析企业的盈利水平，评估企业的管理绩效，并据以找出利润增加或减少的原因，使企业经营者能采取相应措施，提高企业经济效益。

三、利润表的结构

利润表一般由表首部分、基本部分和补充资料三部分组成。

1. 表首部分

表首部分主要填制报表名称、编制单位、计量单位、报表编号以及报表编制的期间。需要强调的是，利润表的编表日期，一般填写"某年某月份"，或"某个会计年度"，因为利润表是反映某一期间损益的动态报表。

2. 基本部分

基本部分是利润表的主体，列示其具体项目，主要反映收入、成本费用和利润各项目的具体内容及其相互关系，揭示了企业财务成果的形成过程。我国利润表栏目一般设有"本期金额"和"上期金额"两栏分别填列。

3. 补充资料

补充资料列示或反映一些在主体部分未能提供的重要信息或未能充分说明的信息，这部分资料通常在报表附注中列示。

我国企业会计准则规定的利润表基本部分的内容，由以下四个方面构成。

（1）营业利润。由营业收入减去营业成本、税金及附加、销售费用、管理费用、研发费用、财务费用、资产减值损失，再加上公允价值变动收益和投资收益，得出营业利润。

这部分利润能客观地反映企业经营的各种业务所形成的利润金额。企业的经营能力和盈利能力主要通过营业利润体现出来。

（2）利润总额。由营业利润加上营业外收入，减去营业外支出，得出利润总额，即企业的税前利润。

（3）净利润。由利润总额减去所得税后得出净利润，即企业的税后利润。这部分的计算，各行业的利润表都是统一的。企业的最终经营成果都是通过净利润反映的。

（4）综合收益总额。由净利润加上其他综合收益的税后净额。

其他综合收益是指企业根据会计准则规定未在当期损益中确认的各项利得和损失。现行会计准则在引入公允价值之后，把企业全部已确认但未实现的利得和损失也纳入利润表，从而能够更加全面地反映企业的经营成果。

第二节　利润表项目内容及其分析

一、收入类项目及其分析

收入是指企业在销售商品、提供劳务和让渡资产使用权等日常经营活动中产生的经营利益的总流入。在市场经济条件下，企业只有不断地增加收入、扩大利润，才能提高其偿债能力，筹集更多的资金，以扩大生产经营规模，提高其市场竞争力。因此，收入的大小直接关系到企业的生存和发展。所以，要经常对各种收入进行分析，了解收入的结构及其变化，判断其中存在的问题，为企业的经营决策服务。收入分析，可以从以下几个方面进行。

（一）收入结构分析

收入结构是指不同性质的收入与总收入的比重。对收入结构的分析，可从以下两个方面进行。

一是分析经常性收入比重。全部收入包括营业收入、投资收入和营业外收入，它有经常性业务收入和非经常性业务收入之分。不同性质的收入对企业盈利能力的质量有影响，所以分析收入结构时应注意收入的性质。经常性收入主要就是营业收入，其一般具有持续发展能力。而基于偶发事项或间断性的业务引起的非经常性收入，即使在性质上是营业性的，其也是不稳定的。因此，对企业来说，使再生的经常性收入始终保持一个较高的比例，无疑是必要的。借助这个结构分析，可以分析企业持续经营的能力大小。

二是有效收入比重。会计上的收入是依据权责发生制的原则来确认的。在市场经济条件下,按照这个原则确认收入,就有可能出现这样一种情况:收入已经确认或体现在财务报表上了,但货款未收到甚至出现坏账。这种收入,实际上就是无效收入。无效收入不仅不能为企业带来实际经济利益,而且给企业带来经济损失。因此,企业在收入结构分析时,应根据其经验以及相关的资料对无效收入作出合理估计。

收入类项目结构分析表如表 4.3 所示。

表 4.3 收入类项目结构分析表

	金额/元	比重/%
营业收入	200 508 333 611.34	99.25
其他收益	936 148 644.87	0.46
公允价值变动收益	228 264 067.88	0.11
营业外收入	345 706 663.13	0.17
收入合计	202 018 452 987.22	100.00

通过对收入结构的分析,可以了解与判断企业的经营方针、方向及效果,进而可分析预测企业的持续发展能力。如果一个企业的营业收入结构不合理或不断变坏,其发展潜力和前景显然是值得关注的。

(二)增减变动分析

收入类项目增减变动分析表如表 4.4 所示。

表 4.4 收入类项目增减变动分析表

	上年数		本年数		差异	
	金额/元	比重/%	金额/元	比重/%	金额/元	比重/%
营业收入	200 023 997 743.87	99.61	200 508 333 611.34	99.25	484 335 867.47	−0.36
其他收益	408 553 205.43	0.2	936 148 644.87	0.46	527 595 439.34	0.26
公允价值变动收益	46 257 424.83	0.02	228 264 067.88	0.11	182 006 643.05	0.09
营业外收入	317 857 733.42	0.15	345 706 663.13	0.17	27 848 929.71	0.02
收入合计	200 796 666 107.65	100.00	202 018 452 987.22	100.00	1 221 786 879.57	0

从表 4.4 中,可以看到,企业营业收入占到了总收入的 99.25%,但是本年比上年下降了 0.36%,说明企业的经营业绩出现了下滑。其他各项收益本年比上年均略有上浮。我们需要进一步研究业绩下滑的原因。

(三) 具体项目分析

1. 营业收入的分析

企业的营业收入是企业收入最重要的来源,它稳定性较好,数额也应最大。它直接体现了企业的市场占有情况,也表明了企业经营和竞争能力的强弱。从这个意义上来说,企业产品或劳务的市场占有状况又直接影响甚至决定该企业的生存和发展能力。所以我们在进行收入分析时,应重点分析营业收入情况。对营业收入情况的分析,可以从营业收入的构成及其变动以及营业收入的增长情况几个方面进行。

(1) 营业收入品种构成及变动情况。在从事多种经营的条件下,企业不同品种商品或劳务的收入构成对信息使用者有着十分重要的意义,信息使用者可以通过对体现企业主要业绩的商品或劳务的比重进行分析,来判断企业的未来发展。

营业收入品种构成及变动情况表如表 4.5 所示。

表 4.5 营业收入品种构成及变动情况表

产品名称	上年数		本年数		差异	
	金额/万元	比重/%	金额/万元	比重/%	金额/万元	比重/%
合计						

通过对企业营业收入构成分析,可了解企业业务构成变动情况。许多企业会生产其所在行业的多种产品,其主要产品的构成可能连续多年基本保持不变,也可能会随着企业经营发生改变。企业要增加业务收入,重点应放在扩大企业主要经营的品种的销售上。如果再将连续几年的业务收入构成表进行对比,还可进一步明确哪一种产品的比重发生变化?原因是什么?对企业总体收入有何影响等等。然后根据这种分析,结合市场变化,及时调整产品结构,扩大销售,以占有更多的市场份额。

(2) 营业收入增长情况。营业收入增长情况如表 4.6 所示。

表 4.6 营业收入增长情况表

年度	营业收入/万元	定基增长速度/%	环比增长速度/%
2017			
2018			
2019			

通过编制企业的营业收入增长情况表,可分析企业营业收入连续几年的变动趋势,来判断企业的未来发展。

(3) 营业收入的地区构成分析。通过对企业营业收入的地区构成分析,可了解企业的销售市场布局、顾客分布及变动情况等。从消费者的心理与行为表现来看,不同地区有不同的习俗和消费习惯,消费者对不同品牌的产品具有不同的偏好。不同地区的市场潜力则在很大程度上影响企业的未来发展。

对于收入集中于某一较小地区的企业,需要警惕地域风险及收入天花板效应。如果该地区经济、社会发生较大变动,则会对该企业的收入产生重大影响,同时由于局限于某一地区,收入的潜在规模往往有限。

对于正在进行跨区域发展的企业,需要结合该企业的管理能力以及其他地区的竞争状况,判断其进入其他地区的难易程度。企业如果可以将其在某地区的成功模式复制到其他地区,那就将成为企业未来发展的重要推动力。

2. 投资收益分析

(1) 投资收益的确认和计量过程分析。企业的投资收益是指企业投资活动带来的收益。从投资收益的确认和计量过程来看,债权投资收益将对应企业的货币资金、交易性金融资产、债权投资等项目;股权投资收益将对应企业的货币资金、交易性金融资产、长期股权投资等项目。在投资收益对应企业的货币资金、交易性金融资产的条件下,投资收益的确认不会导致企业现金流转的困难;在投资收益对应企业长期投资的条件下,而企业还要将此部分投资收益用于利润分配的条件下,这种利润分配将导致企业现金流转的困难。也就是说,对应长期投资增加的投资收益,其质量较差。

(2) 投资收益的构成分析。投资收益明细表如表 4.7 所示。

表 4.7 投资收益明细表

单位：万元

	上年数	本年数	差异数
一、投资收入			
1. 债券投资收益			
2. 其他股权投资收益（成本法）			
3. 在按权益法核算的被投资公司的净损益中所占的份额			
4. 股权投资转让损益			
投资收入合计			
二、投资损失			
1. 债券投资损失			
2. 股票投资损失			
3. 其他投资损失			
投资损失合计			
投资净收入			

从投资明细表可以看到企业对外进行股票、债券等各种投资所取得的利润、利息、股利等投资收入减去投资损失后的余额，了解企业投资效益的状况；企业可总结经验，争取能取得更多的投资收益。

(3) 投资收益比重分析。对多数企业来说，对外投资的主要目的就是为了获取利润。对于大部分非金融企业而言，投资业务和企业的主营业务往往关系不大，投资收益反映的是投资业务的回报水平。这种情况下往往将投资收益作为非核心损益看待，对应的金融资产或长期股权投资作为非核心资产看待。但有些企业由于所处行业的经营模式导致其可能持有较多与主业关系密切的长期股权投资。如中国大型汽车制造企业和大型港口企业，大多持有大量本行业的联营及合营企业的股权，由此产生的投资收益通常会作为企业的核心损益来分析。分析该类投资收益时需注意产生该投资收益对应的营业收入未考虑在利润表内。还有些企业，虽然在公司名称上还留存着其原始经营业务的痕迹，但实际上主要精力和资产已经转为以投资性资产（往往与原有的经营业务无关)为主,原有业务长期处于亏损及萎缩的状态。分析时,投资收益及对应的投资性资产反而成为了应关注的重点。

3. 公允价值变动收益分析

公允价值变动收益是指企业资产或负债在持有期间因公允价值变动所形成的收益。它反映企业交易性金融资产、债务重组、非货币交换,以及采用公允价值模式计量的投资性房地产等公允价值变动形成的应计入当期损益的利得(或损失),即公允价值与账面价值之间的差额。分析时需要注意。

(1) 因公允价值可能发生正向变动,也可能发生负向变动,即公允价值既可能升高也可能降低,因此其对企业利润可能有益,也可能有损。

(2) 公允价值是指在公平交易中,熟悉情况的交易双方自愿进行资产交换或者债务清偿的金额。在企业所用公允价值计量的资产或负债中,如果没有处置,就应该把其科目的余额在利润表中反映;如果处置,应该把公允价值变动损益科目余额冲销掉,同时把它转为投资收益科目,因此,此科目是计入当期损益的。

(3) 公允价值变动损益属于企业的非经常性损益项目。通过列报其信息,利润表全面反映了企业的收益情况,将传统的历史成本模式下受实现原则限制而不能确认的相关信息,如物价变动或投资行为导致企业资产或盈利能力实质上的变化等,反映成为收益的一个组成部分。这体现了全面收益观,极大地增加了企业资产和负债的真实性和动态性,提高了会计信息的质量,并有利于财务信息使用者的决策。

4. 营业外收入

营业外收入是指企业发生的与其生产经营活动无直接关系的各项收入,包括与企业日常活动无关的政府补助、盘盈利得、捐赠利得(企业接受股东或股东的子公司直接或间接的捐赠,经济实质属于股东对企业的资本性投入的除外)等。这部分的收入数额较大并不是坏事,它使企业净利润增加,因而也增加了企业利润分配的能力。但是,营业外收入的稳定性是较差的,企业不能根据这部分收益来预测将来的净收益水平。其次,如果营业外收入对利润总额的比例过大,说明企业的盈利结构出了问题,至少是增加了不稳定的因素。营业外收入不同于营业收入,其主要区别如下。

(1) 营业收入是持续的,由主要或核心营业活动产生的,如产品销售收入等。营业外收入是与企业的营业活动没有直接关系的收入,通常由非正常的、非主要的营业活动产生,且多半不能为管理者所控制或左右,如罚款收入等,数额一般较小,如果数额较大,则需要具体分析。

(2)营业收入是总额概念,必须与费用相配比。营业外收入是净额概念,它或者已经将对立因素抵销(如出售资产净收益是售价与账面价值抵销后的净额),或者本来就只有一个金额,如诉讼获胜后的赔偿收入。营业外收入与营业外支出不存在配比关系。

5. 其他收益项目分析

在我国,上市公司自2017年年度报告开始,将原属于企业营业外收入的部分政府补贴收入归入其他收益项目并升格为营业内,作为营业利润的重要支柱进行披露。计入其他收益的政府补助是指那些与企业日常经营活动相关,但不宜确认收入或冲减成本费用的政府补助。分析时需注意以下几点。

(1)企业业务与政府政策的关联度。显然,能够获得政府补贴的企业,一般来说从事的是政府支持的业务。这意味着,企业的业务和发展方向是受到政府鼓励、支持或者扶植的。这种政策环境有利于企业在特定时期快速发展。

(2)企业对政策的研究能力。企业能够获得政府补贴,部分是因为企业处于政府支持的产业或者从事政府支持的业务。但企业还要对支付的补贴政策进行动态、及时的研究。能够持续不断获得政府补贴的企业,一般是在政府补贴政策方面研究能力较强的企业。

(3)企业主营业务的市场竞争力。政府之所以向企业发放补贴,一般是希望通过补贴来支持、鼓励或者扶持企业的发展。因此,正常的补贴逻辑应该是,享受补贴的企业主营业务的市场竞争力由于各种原因表现得较弱,或者企业遇到暂时的经营性困难。这意味着,享受补贴的企业往往是当期市场竞争力较弱的企业。

当然,既然是政策,一般不会是一家企业独自享受。因此有可能出现这样的情形:竞争力强的企业由于也符合补贴政策,因而也享受了相关的补贴。

(4)政府政策的阶段性。需要注意的是,由于政府对经济政策的动态调整以及企业发展的动态变化,支付的补贴政策经常变化。因此,完全靠政府持续的补贴生存的企业不会有持续的竞争力。

二、费用类项目及其分析

费用是企业在销售商品、提供劳务等日常活动中所发生的经济利益流出。它是由以下三种原因引起的:一是生产和销售商品;二是加工和提供劳务;三是提供他人使用本企业资产的损失等。其经济利益流出的形式也有三种:一是资产减少;二是负债增加;三是二者兼有。对于费用的分析可以从以下几个方面进行。

(一) 费用的确认和计量分析

1. 费用的确认

费用的确认指一项耗费在何时才能被确认为费用。按照规定,费用应当按权责发生制的原则在确认有关收入的期间予以确认。所谓权责发生制是指在收入和费用实际发生时进行确认,不必等到实际收到现金或者支付现金时才确认。凡在当期取得的收入或者应当负担的费用,不论款项是否已经收付,都应当作为当期的收入或费用;凡是不属于当期的收入或费用,即使款项已经在当期收到或已经当期支付,都不能作为当期的收入或费用。

具体可按以下情况确认本期的费用。

(1) 按其与营业收入的因果关系确认费用。凡是与本期收入有直接关系的耗费应确认为本期的费用。也就是说,凡是为取得本期营业收入而发生的耗费应确认为本期的费用。

(2) 按合理的分摊方式确认费用。如果某种耗费所能带来的经济利益将在若干个会计期间内发生,那么这种耗费应当按合理的分摊方式在不同的会计期间内进行分摊,分别确认为不同会计期间的费用。例如,固定资产将在其有效使用年限内为企业带来经济利益,因而其价值的耗费应按一定的分摊方法(即折旧方法)在不同会计期间进行分摊,确认为不同期间的费用。同样,商标权、专利权、专用技术等无形资产也属于这种情况。

2. 费用的计量

企业应按实际成本来计量其费用。这里所称的实际成本,是指费用所耗费的商品或劳务的实际价值。大多数费用应按其实际发生额进行计量,固定资产的折旧、无形资产的摊销等按其实际分摊数进行计量。

(二) 费用结构分析

在分析时,应特别注意分析:

(1) 费用确认时间是否合法;

(2) 费用确认方法是否合理。

支出结构是指不同性质的支出占总支出的比重。其计算公式如下:

$$支出结构 = \frac{某项支出}{支出总额} \times 100\%$$

支出类项目结构分析表如表 4.8 所示。

表 4.8　支出类项目结构分析表

	金额/元	比重/%
营业成本	143 499 372 581.36	80.12
利息支出	110 579 966.36	0.06
税金及附加	1 542 983 748.63	0.86
销售费用	18 309 812 188.35	10.22
管理费用	3 795 645 600.08	2.12
研发费用	5 891 219 715.90	3.29
资产减值损失	842 893 299.94	0.47
营业外支出	598 106 556.83	0.33
所得税费用	4 525 463 624.73	2.53
支出合计	179 116 077 282.18	100.00

根据支出类项目结构分析表，可以计算出各项支出项目占全部支出的比重，可以观察出支出类项目结构的变化情况，与其他同类企业有多大差异，这些变化及其差异是否合理。

（三）增减变动分析

支出类项目增减变动分析表如表 4.9 所示。

表 4.9　支出类项目增减变动分析表

	上年数		本年数		差异	
	金额/元	比重/%	金额/元	比重/%	金额/元	比重/%
营业成本	138 234 167 710.13	78.78	143 499 372 581.36	80.12	5 265 204 871.23	1.34
利息支出	45 341 946.69	0.03	110 579 966.36	0.06	65 238 019.67	0.03
税金及附加	1 741 892 704.57	0.99	1 542 983 748.63	0.86	−198 908 955.94	−0.13
销售费用	18 899 578 046.25	10.77	18 309 812 188.35	10.22	−589 765 857.90	−0.55
管理费用	4 365 850 083.19	2.49	3 795 645 600.08	2.12	−570 204 483.11	−0.37
研发费用	6 988 368 285.92	3.98	5 891 219 715.90	3.29	−1 097 148 570.02	−0.69

续表

	上年数		本年数		差异	
	金额/元	比重/%	金额/元	比重/%	金额/元	比重/%
资产减值损失	261 674 177.33	0.15	842 893 299.94	0.47	581 219 122.61	0.32
营业外支出	41 234 701.05	0.02	598 106 556.83	0.33	556 871 855.78	0.31
所得税费用	4 894 477 907.19	2.79	4 525 463 624.73	2.53	−369 014 282.46	−0.26
支出合计	175 472 585 562.32	100.00	179 116 077 282.18	100.00	3 643 491 719.86	

通过编制支出类项目增减变动分析表,将本年实际支出与上年实际支出进行比较,用来了解支出的增减变动情况,研究影响支出变动的因素和原因,以及应负责任的单位和个人,并提出积极建议,以采取有效的措施,进一步挖掘增产节约、降低支出的潜力。

(四)营业成本分析

营业成本是指企业已销售产品和提供劳务的实际成本,与营业收入十分相关,是利润表中非常重要的项目。对企业来说,营业成本的高低直接关系到企业利润的多少。因为营业成本是营业收入最重要的、往往也是最大的扣除项目。在营业收入、税金和附加不变的条件下,营业利润直接取决于营业成本的高低。营业成本提高则营业利润、利润总额下降。反之,营业成本下降,则营业利润、利润总额提高。工业企业营业成本的多少主要取决于已销产品的单位成本,而已销售产品的单位成本又取决于产品的单位生产成本。

在进行财务报表分析时,需要对营业成本进行重点的分析和研究,其目的就是为了降低营业成本,以增加利润。而要降低营业成本,关键在于降低产品的生产成本。首先我们先对产品生产成本进行分析。

1. 产品生产成本总额分析

成本管理的目的是为了降低成本,因而生产成本分析的内容主要是分析成本升降情况,包括与计划相比的升降情况和上年度相比的升降情况。

(1) 与上年相比的成本升降情况。成本升降情况可以从绝对数和相对数的角度进行分析。所谓从绝对数的角度进行分析是指计算成本升降额,用公式表示为

$$成本升降额 = 本年成本额 - 上年成本额$$

所谓从相对数的角度进行分析是指计算成本升降率。用公式表示为

$$成本升降率 = 成本升降额 \div 上年成本额 \times 100\%$$

需要注意的是,我们无论是计算成本降低额还是计算成本降低率,都是指由于单位成本变化而发生的成本降低,而不是由于产量变动而发生的成本变化。因此在计算上年成本时,都使用本年产量按上年平均单位成本计算的指标值,而非上年实际发生成本额。

(2) 与计划相比成本升降情况。为了加强对成本的控制和管理,企业一般都编制成本计划,其中都对各产品,特别是主要产品规定有相应的成本降低任务。在进行成本分析时,应将本年度成本与上年度成本进行对比,分析全部产品和主要产品成本实际升降额和升降率。此外,还应进一步将实际成本完成情况与计划成本进行对比检查,分析主要产品成本降低计划任务的完成情况,以便加强对主要产品成本的管理。

2. 产品单位生产成本分析

进行成本分析的目的是为了降低成本,而降低成本关键在于产品单位成本。因此,在对生产成本和主营业务成本进行总体分析的基础上,应对企业产品,特别是主要产品的单位成本进行分析。产品单位成本的分析,一般是先分析各种产品实际单位成本比计划、比上年的升降情况,然后进一步按成本项目分析其成本变动情况,查明单位成本变动的原因。

3. 成本项目分析

产品的生产成本是由直接材料、直接人工和制造费用三部分组成,相应地产品的单位成本也由这三个项目组成。在分析单位成本升降的基础上,应进一步分析单位成本组成项目的增减变动,从而查明单位成本变动的原因,了解成本管理中存在的问题,进一步挖掘潜力,从而为进一步降低成本提供依据。

(1) 直接材料项目分析。材料费用的多少,取决于材料消耗量和材料单价。由于生产一种产品需要使用不同材料,因而单位产品成本材料费用应是各种材料消耗费用之和。用公式表示为

$$单位成本中直接材料费用 = \sum(单位产品材料消耗量 \times 材料单价)$$

由于材料单价变动是企业外部因素,非企业所能左右。总的来讲,企业要控制直接材料费用关键在于降低材料单耗。

(2) 直接人工费用项目分析。单位产品成本中,直接人工费用和企业的工资形式是相联系的。工资形式可分为计时工资和计件工资两种。实行计件工资制,单位产品的直接工资费用是相对固定的;实行计时工资制,某一时期

的工资费用是固定的,但单位产品的直接工资费用是不固定的,取决于企业的劳动生产率。劳动生产率越高,单位时间内生产的产品越多,每一产品分摊的工资费用就越少,反之则越多。据此,可以将影响直接工资费用的主要因素归结为单位产品的工时消耗和小时平均工资。单位产品工时消耗说明生产单位产品所需的工时数,它取决于劳动生产率水平的高低;小时平均工资反映每一工时所支付的工资费用,它取决于平均工资水平的高低。用公式表示为

$$单位产品直接工资费用＝单位产品工时消耗×小时平均工资$$

由于小时平均工资一般只会上涨,不会下降。因此要降低单位产品直接工资费用,关键在于提高劳动生产率,降低单位产品工时消耗。

(3) 制造费用项目分析。制造费用是企业内部各个生产单位(如：工厂、车间)为组织和管理生产所发生的各项间接费用,如机物料消耗、水电费、折旧费、修理费等。企业发生的制造费用,应按照适当的分配方法,分摊计入每一产品的生产成本。对单位产品制造费用的分析,可从以下两个方面进行。

① 制造费用总量分析。分析企业当年实际发生的制造费用总额及其内部各项目费用额与上年实际数、本年计划数相比所发生的增减变动及其原因,发现制造费用管理中存在的问题,寻找进一步控制和降低费用的潜力和途径,为进一步控制和降低制造费用服务。

制造费用项目中,有些为变动费用,如机物料消耗、低值易耗品摊销等,随着产量的增减而发生相应的增减。对于这部分费用,应当和产品产量的增减相联系进行分析,看其是否和产品产量的变动保持一定的比例关系,有无异常的变动情况。如产量下降而变动费用上升,变动费用增长速度远远快于产品产量增长速度等,从中发现存在的问题。有些费用,如工资、福利费、折旧费、办公费等属于固定费用,一般不随产品产量增减而发生相应的增减。对于这部分费用,应当将其和上年实际、本年计划等进行对比,观察其增减变动,在此基础上进一步分析增减变动的原因,采用相应的对策,以进一步控制和降低制造费用。

② 单位产品制造费用分析。在对制造费用总量分析的基础上,进一步分析单位产品制造费用的增减变动情况。单位产品制造费用的增减,一是取决于制造费用总量的增减变动;二是取决于制造费用的分配方法。制造费用的分配可以采用不同的方法,如按生产工时比例、生产工人人数、生产工人工资等。在制造费用总额既定条件下,采用不同的分配方法,各产品分配到的制造费用额是不同的。即使各产品分配到相同的制造费用,由于产品产量的不同

也会使单位产品的制造费用发生增减变动。

总之,企业应当根据本企业的生产经营特点和管理要求,确定适合本企业的成本核算对象、成本项目和成本计算方法。成本核算对象、成本项目以及成本计算方法一经确定,不得随意变更。如需变更,应当根据管理权限,以股东大会或董事会,或经理(厂长)会议或类似机构批准,并在财务报表附注中予以说明。

此外,还应分析成本计算方法对主营业务成本的影响及影响程度。在会计上,计算主营业务成本有多种方法可供选择,如先进先出法、后进先出法、加权平均法、个别计价法等,不同的计价方法对主营业务成本的影响是不同的。

(五)期间费用分析

期间费用是企业当期发生的费用中的重要组成部分,是指本期发生的、不能直接或间接归入某种产品成本的、直接计入损益的各项费用。它容易确定其发生的期间,而难以判别其所应归属的产品,因而在发生的当期便从当期的损益中扣除。期间费用包括销售费用、财务费用和管理费用。对企业来说,期间费用直接影响到当期利润的大小。在其他条件既定时,期间费用越大,则利润越少;期间费用越小,则利润越多。因此,对企业的管理者来说,控制和减少期间费用是提高企业经济效益的最直接、有效的途径。对期间费用的分析,可从以下几个方面进行。

1. 期间费用计划执行情况的分析

期间费用计划执行情况的分析,就是将本期实际与计划指标进行对比,了解费用的动态发展趋势,找出差距,肯定成绩。分析时可从费用额的变动情况、费用率的升降情况两方面进行。

(1) 费用额变动情况分析。费用额是费用支出的绝对金额,它是决定其他考核指标的基础。通过对费用额的变动情况的分析,可以检查费用计划的执行情况,考核费用开支的规模和变动趋势,以及费用定额和开支标准的遵守情况,为进一步查明费用开支的节约或浪费原因提供资料。

计算公式为

$$费用变动额 = 费用实际发生数 - 费用计划发生数$$

(2) 费用率的升降情况。费用率是指在一定时期内,费用额占营业收入的百分比,它表明每百元营业收入花费了多少费用。其计算公式如下:

$$费用率 = \frac{费用额}{营业收入} \times 100\%$$

费用率的高低，在一定程度上能够衡量出费用开支的经济效益。费用率越低，说明节约成绩越大，经济效益越高，费用管理水平越好；反之，费用管理情况则越差。

2. 期间费用变动情况分析

期间费用变动情况的分析，就是将不同时期的费用指标排列起来，进行比较，并通过费用升降变化来了解费用的变化趋势。分析时，可以根据几年来的费用数字资料进行对比，分析各年度费用变动的情况，掌握费用变化的趋势。

3. 期间费用项目的分析

（1）销售费用分析。从销售费用的基本构成及功能来看，有的与企业的业务活动规模有关（如：运输费、装卸费、整理费、包装费、保险费、销售佣金、差旅费、展览费、委托代销手续费、检验费等），有的与企业从事销售活动人员的待遇有关（如营销人员的工资和福利费），也有的与企业的未来发展、开拓市场、扩大企业品牌知名度等有关。从企业管理层对上述各项费用的有效控制来看，尽管管理层可以对诸如广告费、营销人员的工资和福利费等采取控制或降低其规模等措施，但是，这种控制或降低，或者对企业的长期发展不利，或者影响有关人员的积极性。因此，在财务报表分析时应将企业销售费用的增减变动和销售量的变动结合起来，分析这种变动的合理性、有效性。一般认为，在企业业务发展的条件下，企业的销售费用不应当降低。片面追求在一定时期的费用降低，有可能对企业的长期发展不利。

不过，有一个评判标准是可以借鉴的，即销售费用的增减变动与营业收入的增减变动，长期来看应该是方向相同、速度相近。当营业收入的增速超过了销售费用的增速时，销售费用显现出了其必要性和一定的规模效应。

（2）管理费用分析。与销售费用一样，尽管管理层可以对管理费用诸如业务招待费、技术开发费、董事会会费、职工教育经费、涉外费、租赁费、咨询费、审计费、诉讼费、修理费、管理人员工资和福利费等采取控制或降低其规模等措施，但是，这种控制或降低，或者对公司的长期发展不利，或者影响有关人员的积极性。另一方面，折旧费、摊销费等是企业以前各个会计期间已经支出的费用，不存在控制其支出规模的问题。对这类费用的处理更多地受企业会计政策的影响。因此，一般认为，在企业业务发展的前提下，企业的管理费用变动也不会太大。单一追求在一定时期的费用降低，有可能对企业的长期发展不利。

对于管理费用的分析我们应结合企业的总资产规模和销售水平来进行。

销售的增长会使相应的应收账款和存货规模扩大。资产规模的扩大会增加企业的管理要求,比如设备的增加、人员扩充等等,从而增加管理费用。

(3) 财务费用分析。财务费用是企业为筹集生产经营所需资金等而发生的费用,包括:利息支出(减利息收入)、汇兑损失(减汇兑收益)以及相关的手续费等。其中,经营期间发生的利息支出构成了企业财务费用的主体。企业贷款利息水平的高低,主要取决于三个因素:贷款规模、贷款利息率和贷款期限。

① 贷款规模。概括地说,如果因贷款规模的原因导致计入利润表的财务费用下降,则企业会因此而改善盈利能力。但是,我们还应该看到,企业可能因贷款规模的降低而限制了其发展。

② 贷款利息率和贷款期限。从企业融资的角度来看,贷款利息率的具体水平主要取决于以下几个因素:一定时期资本市场的供求关系、贷款规模、贷款的担保条件以及贷款企业的信誉等。在利率的选择上,可以采用固定利率、变动利率或浮动利率利率等。可见,贷款利率中,既有企业不可控制的因素,也有其可以选择的因素。在不考虑贷款规模和贷款期限的条件下,企业的利息费用将随着利率水平而波动。从总体上说,贷款期限对企业财务费用的影响,主要体现在利率因素上。

应该说,企业的利率水平主要受一定时期资本市场的利率水平的影响。我们不应对企业因贷款利率的宏观下调而导致的财务费用降低给予过高的评价。

总之,财务费用由企业筹资活动而发生的,因此在进行财务费用分析时,应当将财务费用的增减变动和企业的筹资活动联系起来,分析财务费用的增减变动的合理性和有效性,发现其中存在的问题,查明原因,采取对策,以期控制和降低费用,提高企业利润水平。

(六) 研发费用分析

研发费用是指企业与研究与开发相关、直接作为费用计入利润表的相关资源消耗,包括研发人员人工费用、研发过程中直接投入的各项费用、与研发有关的固定资产折旧费、无形资产摊销费以及新产品设计费等。

国家将研发费用作为一项单独的费用在利润表上列示,是从 2018 年开始的。在此之前,研发费用是与管理费用一起并称为管理费用来列示的。

从当期效益的角度来看,研发费用将直接减少企业当期的核心利润、营业利润、利润总额和净利润。

但是,从企业持续发展的战略来看,当企业需要通过研发来维持技术能力以保持竞争力时,研发费用就有了战略含义。因此,研发费用的规模及其运用的有效性在很大程度上与企业未来的竞争力乃至生存状况有关。

由于企业所处的竞争环境以及企业自身经营特点的复杂性,一般难以根据研发费用的规模来判断企业的未来竞争力。但是,研发费用的恰当性分析可以结合企业的营业收入规模、企业所处行业的技术进步特征、同行业主要竞争对手的研发投入状况,以及企业营业收入和毛利率的持续变化等方面来进行。

(七) 资产减值损失与信用减值损失项目分析

资产减值损失是指企业计提各种资产减值准备所形成的损失。上市公司自 2018 年年度报告开始,将原资产减值损失分为资产减值损失和信用减值损失分别披露。金融资产减值准备所形成的预期信用损失计入信用减值损失项目。

按照现行会计准则的要求,企业应遵循谨慎性原则,于每个会计期末对其资产进行减值测试。对于出现减值迹象(即公允价值低于以历史成本为基础的账面价值)的资产要计提减值准备,并相应确认资产减值损失。对资产减值损失与信用减值损失这两个项目分析时,应关注以下两个方面。

(1) 在谨慎性原则下,需要选择账面价值与公允价值中较低的一个作为资产价值的披露标准。即只要资产按照其账面价值进行披露而不计提任何减值准备,就表明该资产的质量良好,实现了保值增值。而只有在资产由于某种原因发生贬值时,才需要通过计提资产减值准备,将其账面价值降低到公允价值。因此,资产减值损失与信用减值损失反映了企业各相应项目的贬值程度,在一定程度上揭示出这些资产的保值质量以及企业对这些资产的管理质量。涉及的资产主要包括各类债权、存货、固定资产、无形资产以及长期股权投资等。

(2) 在对各项资产进行减值测试时,关键环节是要恰当地确定各项资产的公允价值。而公允价值的确定从某种程度上说不可避免主观上的估计和判断,因此,资产减值损失的确认问题实质上属于会计估计问题。既然是估计,就存在人为因素,即存在企业利用主观估计因素蓄意操纵利润的可能。因此,资产减值损失计提恰当与否将直接影响企业利润的真实性与利润质量。

(八) 营业外支出项目分析

营业外支出项目是反映企业发生的除营业利润以外的支出,主要包括公益性捐赠支出、非常损失、盘亏损失、非流动资产毁损报废损失等。营业外支出相当于意外的损失或非常损失,其实是企业发生的与其日常经营活动无直接关系的各项支出。非流动资产毁损报废损失通常包括因自然灾害发生毁损、已丧失使用功能等原因而报废清理产生的损失。企业在不同交易中形成的非流动资产毁损报废利得和损失不得相互抵销,而应分别在营业外收入项目和营业外支出项目进行反映。

(九) 所得税费用项目分析

所得税费用项目反映企业根据所得税准则确认的、由当期负担的并应从当期利润总额中扣除的所得税费用额。计入利润表中的所得税费用是指企业在会计期间内发生的会计利润总额,按照企业所得税法规定的比率,计算缴纳所得税款,经调整后形成的费用。所得税费用是当期会计上应该确认的费用,由于税法和会计处理不同,它一般不等于当期应缴纳的所得税税额,而是当期应交所得税和递延所得税之和(其中:递延所得税分为递延所得税收益和递延所得税费用),因此,利润表中的所得税费用应由两部分构成:一是按照税法规定计算的当期应交所得税;二是按照资产负债表债务法计算的递延所得税费用,但不包括直接计入所有者权益的交易或事项及企业合并的所得税影响。具体计算公式是

当期应交所得税＝当期应纳所得税税额×适用税率

递延所得税＝递延所得税负债发生额－递延所得税资产发生额

所得税费用＝当期应交所得税＋递延所得税

因为企业所得税可能存在暂时性差异,当期所得税费用不一定等于当期应交所得税税额。如果企业只有永久性差异,则当期所得税费用等于当期应交所得税。

三、利润质量分析

(一) 利润质量的概念与特征

企业作为以盈利为目的的经济组织,利用各种经济资源赚取利润的能力,即盈利能力。通常它是决定企业生存和发展的一项最根本的能力。企业的盈利能力是采购能力、生产能力、营销能力、创新能力、费用管控能力及规避风险

能力等一系列能力的最终体现,也是企业各环节经营后果的综合体现。当然企业在经营活动和管理过程中存在的大多数问题也会通过盈利能力反映出来。

利润质量就是指利润中所反映出的企业盈利能力信息。利润质量,首先包括利润质和利润量两个部分,利润质即利润的性质,从定性的角度来分析企业的利润的性质,是表里如一还是虚有其表。利润量即利润的金额,从定量的角度来分析企业利润的金额,是富甲一方还是家徒四壁。其次,从盈利能力分析,从利润中不仅要看到企业的短期盈利水平,还要考察长期的盈利能力。当前利润水平的高低是对企业过去和现在盈利能力的反映,更重要的是盈利能力是否能够保持或者提升,这关系企业未来的发展。

高质量的利润需要具备以下五个特征:持续性、获利性、获现性、稳定性、成长性。

1. 持续性是前提

持续性要求利润的来源稳定持续,能体现企业的经营特点。以经营为主要业务的企业,其经营利润应当占主导地位,投资收益和营业外收支差额对利润总额的贡献较小。投资者在选择经营型企业时会更倾向这样利润能够持续获得的目标。企业利润的主要组成应当是经营利润,而不是依靠偶发性的项目来保证企业的盈利。此外,利润的形成是资产运作的结果,企业拥有优质的资产并且运转状况良好,对经营业务的发展起到推动作用。

因此,营业利润持续地为企业发展作主要贡献,并匹配着合理的资产结构作为企业运转基础,利润的持续性是评价利润质量高低的前提。

2. 获利性是基础

投资者进行利润质量分析就是想要了解企业的获利能力,因此盈利水平的高低是利润质量分析的基础。在考察企业利润质量时,首先判断企业是否有基本的盈利能力,主要包括主营业务盈利能力强和资产运转状况良好两个方面。因此,评价企业利润质量的获利程度,一方面是评价在利润实现的绝对额上,实现盈利与否,盈利规模如何?这能够体现企业产品的获利性强,竞争实力强大;另一方面获利不仅仅是分析产品的表现,资产的表现也非常重要。资产是企业经营的可利用资源;在掌握有限资源时创造更多的利益,表明企业拥有高质量的经营资产,能够为利润质量的创造提供支撑。

所以,考察企业经营业务的获利能力,结合企业资产创造价值的情况,利润的获利高低是评价利润质量的基础。

3. 获现性是支撑

现金流通常被比喻为企业的血液,只有现金流正常运转,企业才能够得以存续下去。因此,有现金支撑的利润,是企业可以真实掌控的高质量利润。利润属于利润表项目,编制基础是权责发生制。利润体现了经营业务应当实现的利益流入,并且该利益流入是以现金及现金等价物的形式增加。伴随着现金流入的利益增加,才更能体现交易的真实完成,即没有产生现金净流入的交易,其利润质量是"虚"的。此外,现金的流入、流出是以收付实现制为基础,想要虚构交易利润还同步实现现金的"真实反映"难度较高,因此利润的获现性可以较为真实、准确地揭示企业利润质量。

4. 稳定性是保障

稳定性指的是在应对行业风险时,企业是否做好了充足的准备承担、转移、转化、补偿和控制。利润的稳定性作为利润质量研究的新角度,考察了企业面对财务风险和经营风险的应对能力。利润产生波动是企业应对风险结果的表现形式之一,企业的经营管理能力越强,利润的走势越稳定,利润质量越高。在面对各种风险时,企业没有足够的实力去应对控制,使得自己的生产经营受到影响,利润波动剧烈,不稳定的利润说明了企业不稳定的实力,如果企业对于自己发展所需要增加的利润无法控制稳定的话,未来发展的不确定性会增加。这样一个未来发展情况不明朗的企业,对于投资者来说并不是一个很好的投资对象。

5. 成长性是必然

利润是企业价值实现的结果,利润的持续增长综合体现了利润质量的高水平。较高质量利润的特性包括盈利的成长性,这一特性既可以判断利润质量,又可以帮助管理者及早发现企业成长问题。另外成长性体现了企业的综合实力,从成长性中也能看到企业的变化过程。所以高质量的利润,应当是体现企业未来盈利具有不断增长的潜力。作为投资者,对利润质量的分析不仅是为了了解企业当前的情况,更希望是通过利润质量的分析得出企业未来成长空间的判断。利润数额的不断增长体现企业拥有提升自身的经济价值的实力。

根据以上五个特征的描述,可以看出获利性反映的是利润量,持续性、获现性、稳定性、成长性反映的则是利润质。此外,利润质中持续性、获现性所体现的是企业短期的盈利能力,利润来源稳定并伴有现金支持。利润质中的稳定性、成长性更侧重于企业长期盈利能力,即企业抗风险能力强,并且利润增长具有很好的潜力。

（二）利润质量恶化的主要表现

为了及时有效地发现并避免企业的利润质量恶化，除检查财务报表的各项比率外，我们还可以检查是否存在可能影响盈利质量的各种明显信号。以下种种利润质量恶化的表现，我们可以从财务报表中的数据变化中分析出来，也可以从财务报表的附注及其他非数据信息中分析获得。

利润质量恶化的主要表现信号有下列 11 种。

① 企业扩张过快。这时企业将面临资金分散、管理难度加大、管理成本提高及对管理者个人素质要求较高的问题。

② 企业非正常压缩管理成本。在实务中，经常会发生一些企业的利润表中收入项目增加、费用项目降低的情况。此时，分析者可以查找企业在财务报表中"调"出利润的痕迹。

③ 企业变更会计政策和会计估计。在企业面临不良的经营状况时，会计政策和会计估计恰恰有利于企业报表利润的改善。此时，会计政策和会计估计的变更被认为是企业利润恶化的一种信号。

④ 应收账款规模的不正常增加。应收账款应该与企业营业收入保持一定的对应关系，但同时也与企业的信用政策有关。应收账款的不正常增加，有可能是企业为了增加营业收入而放宽信用政策的结果。过宽的信用政策，可以刺激销售，增加应收账款，但也使企业面临未来大量发生坏账的风险。

⑤ 企业存货周转过于缓慢。存货周转过于缓慢，表明企业在产品质量、价格、存货控制或营销策略等方面存在一些问题。

⑥ 应付账款规模的不正常增加。如果企业的购货和销售状况没有发生很大的变化，企业供应商也没放宽信用政策，则企业应付账款规模的不正常增加，可能表明企业支付能力、资产质量和利润质量恶化。

⑦ 企业无形资产余额的不正常增加。企业自创无形资产所发生的研究和开发支出，一般应计入发生当期的利润表，冲减利润。如果企业无形资产不正常增加则企业可能为了减少研究和开发支出对利润表的影响而将费用资本化。

⑧ 企业的业绩过度依赖非营业项目。在企业主要利润增长潜力挖尽的情况下，企业为了维持一定的利润水平，有可能通过营业外收入实现的利润来弥补核心利润、投资收益的不足。例如，通过对固定资产的出售来增加利润。

这类活动在短期内使企业维持表面繁荣的同时,会使企业的长期发展战略受到冲击。

⑨ 企业计提的各种准备过低。在企业期望利润高估的会计期间,企业往往选择计提较低的准备和折旧,这就等于把应当由现在或以前负担的费用、损失人为地推移到未来期间,会导致企业后劲不足。

⑩ 注册会计师变更或审计报告出现异常。审计报告内容异常的多,含有异常的措辞,提及重要的不确定性,公布日期比正常日期晚等。投资者所依赖的财务报表都有出自于注册会计师的审计,所以,注册会计师进行公允的审计就成为保护投资者的一面盾牌。

⑪ 企业有足够的可供分配的利润,但不进行现金股利分配。此时,不论企业如何解释,我们首先应当考虑企业是否没有现金支付能力,或者企业的管理层对未来的前景是否没有信心。

第三节 利润表相关财务指标分析

一、盈利能力指标分析

一个企业为了继续生存和发展,应该取得一定的利润。判断企业能获取多大利润的能力,这就是盈利能力的分析,企业的盈利能力分析主要通过以下指标分析来进行。

(一) 收入盈利能力分析

反映收入盈利能力的指标主要包括:销售毛利率、主营业务利润率、营业利润率、销售利润率、销售净利率。

1. 销售毛利率

销售毛利率是指销售毛利额占销售收入的比率,其中毛利是销售收入与销售成本的差。其计算公式如下:

$$销售毛利率 = \frac{销售毛利}{销售收入} \times 100\% = \frac{销售收入-销售成本}{销售收入} \times 100\%$$

销售毛利率表示每 1 元销售收入扣除销售成本后,有多少钱可以用于各项期间费用和形成盈利。销售毛利率是企业销售净利率的最初基础,没有足够大的毛利率便不能盈利。

【例 4.1】 星光公司有关资料及销售毛利率的计算如表 4.10 所示。

表 4.10　星光公司有关资料及销售毛利率的计算

	2018 年	2019 年
营业收入/元	198 123 177 056.84	198 153 027 540.35
营业成本/元	138 234 167 710.13	143 499 372 581.36
销售毛利/元	59 889 009 346.71	54 653 654 958.99
销售毛利率/%	30.23	27.58

计算表明，星光公司 2019 年的销售毛利率比 2018 年下降了 2.65%，表明企业的获利能力在减弱。

销售毛利率指标有明显的行业特点。一般来说，营业周期短、固定费用低的行业毛利率水平比较低，如商业零售行业；营业周期长、固定费用高的行业则要求有较高的毛利率，以弥补巨大的固定成本，如工业企业。因此，在分析企业的毛利率时，必须与企业的目标毛利率、同行业平均水平及优秀企业的毛利率加以比较，以正确评价本企业的盈利能力，并分析差距及其产生的原因，寻找提高盈利能力的途径。

2. 营业利润率

营业利润率是企业的营业利润与营业收入的比率，反映企业每百元营业收入所实现的营业利润额，说明企业在增加收入、提高效益方面的管理绩效。计算公式为

$$营业利润率 = \frac{营业利润}{营业收入} \times 100\%$$

营业利润率反映企业营业收入扣除成本费用后的盈利能力，该比率对企业盈利能力的考察更趋全面。原因在于期间费用中大部分是维持企业一定时期生产经营能力所必须发生的费用，只有将这部分费用从企业的当期收入中扣除后，所剩余的部分才能构成企业稳定可靠的盈利能力。该比率越高，表明企业盈利能力越强。反之，则说明企业的盈利能力越弱。

【例 4.2】　星光公司有关资料及营业利润率的计算如表 4.11 所示。

表 4.11　星光公司有关资料及营业利润率的计算

	2018 年	2019 年
营业利润/元	30 996 884 691.88	29 605 107 122.40
营业收入/元	198 123 177 056.84	198 153 027 540.35
营业利润率/%	15.65	14.94

计算表明,星光公司 2019 年营业利润率比上年减少了 0.7%,这意味着该公司的营业盈利水平略有降低。

如果将连续几年的营业利润率加以分析,就能了解企业营业利润率变动的趋势,从而对公司的盈利能力的变动趋势作出评价。当然,在具体评价一个企业的营业利润率高低时,应将该企业的营业利润率和其他企业水平或同行业平均水平进行对比,这样才能有一个正确的评价。

3. 销售利润率

销售利润率是指企业一定期间内利润总额同营业收入的比率,它表明每百元的营业收入能带来的利润。其计算公式如下:

$$销售利润率 = \frac{利润总额}{营业收入} \times 100\%$$

该指标越高,说明企业销售获利能力越强,企业经营的效益越好,对投资者和债权人越有利。在采取该指标考核企业盈利能力时,不能简单地将不同企业的销售利润率指标的高低作为评价标准,而应结合企业的特点,和以前年度的指标以及行业平均指标等,从而对企业生产经营效率作出比较公正的评价。

【例 4.3】 星光公司有关资料及销售利润率的计算如表 4.12 所示。

表 4.12 星光公司有关资料及销售利润率的计算

	2018 年	2019 年
利润总额/元	31 273 507 724.25	29 352 707 228.70
营业收入/元	198 123 177 056.84	198 153 027 540.35
销售利润率/%	15.78	14.81

在利润中,不仅包括公司的营业业务,还包括投资收益、营业外收支的影响,更包含了公司除所得税以外所有的收支因素,比营业利润率更好地揭示出企业在一定时期总的获利水平。但是,由于在利润总额中包含了不稳定和不持久的非营业收支因素,销售利润率难以揭示获利的持久性和稳定性。

4. 销售净利率

销售净利率是指企业净利润与营业收入的比率,它反映每百元营业收入中所赚取的净利润的数额。其计算公式如下:

$$销售净利率 = \frac{净利润}{营业收入} \times 100\%$$

该指标表示企业营业收入的收益水平。从销售净利率的公式中可以看出,企业的净利润与销售净利率呈正比关系,而营业收入额与销售净利率呈反比关系。企业在增加销售收入额的同时,必须相应地获得更多的净利润,才能使销售净利率保持不变或有所提高。通过分析销售净利率的升降变动,可以促使企业在扩大销售的同时,注意改进经营管理,提高盈利水平。

【例 4.4】 星光公司有关资料及销售净利率的计算如表 4.13 所示。

表 4.13 星光公司有关资料及销售净利率的计算

	2018 年	2019 年
净利润/元	26 379 029 817.06	24 827 243 603.97
营业收入/元	198 123 177 056.84	198 153 027 540.35
销售净利率/%	13.31	12.53

(二) 成本费用盈利能力分析

反映成本费用盈利能力的指标主要包括:成本费用利润率、成本利润率。

1. 成本费用利润率

成本费用利润率是指企业的净利润与成本费用总额的比率,它反映企业成本费用与净利润之间的关系,从总耗费的角度考核获利情况的指标。其计算公式为

$$成本费用利润率 = \frac{净利润}{成本费用总额} \times 100\%$$

$$成本费用总额 = 营业成本 + 税金及附加 + 销售费用 + 管理费用 + 财务费用$$

该指标越高越好。因为成本费用利润率越高,则意味着同样的成本费用能取得更多的利润,或者说取得同样的利润只需花费更少的成本费用,表明企业的盈利能力越强。

【例 4.5】 星光公司有关资料及成本费用利润率的计算如表 4.14 所示。

表 4.14 星光公司有关资料及成本费用利润率的计算

	2018 年	2019 年
净利润/元	26 379 029 817.06	24 827 243 603.97
营业成本/元	138 234 167 710.13	143 499 372 581.36

续表

	2018 年	2019 年
利息支出/元	45 341 946.69	110 579 966.36
税金及附加/元	1 741 892 704.57	1 542 983 748.63
销售费用/元	18 899 578 046.25	18 309 812 188.35
管理费用/元	4 365 850 083.19	3 795 645 600.08
研发费用/元	6 988 368 285.92	5 891 219 715.90
资产减值损失/元	261 674 177.33	842 893 299.94
营业外支出/元	41 234 701.05	598 106 556.83
所得税费用/元	4 894 477 907.19	4 525 463 624.73
成本费用合计/元	175 472 585 562.32	179 116 077 282.18
成本费用利润率/%	15.03	13.86

计算结果表明，该公司 2019 年的成本费用利润率比 2018 年减少了 1.17%，说明企业耗费一定成本费用所取得的收益有所降低。

成本费用利润率指标是所得与所费的直接比较，它能直接反映企业增收节支、增产节约的效益。通过分析该指标可以促使企业努力降低成本费用水平，增强盈利能力。

2. 成本利润率

企业为了选择经营品种，有时需要评测每一品种的经营效益，因而在企业的管理工作中，还有使用成本利润率指标测算盈利能力的做法。

成本利润率是指企业净利润与营业成本的比率。计算公式为

$$成本利润率 = \frac{净利润}{营业成本} \times 100\%$$

【例 4.6】 星光公司有关资料及成本利润率的计算如表 4.15 所示。

表 4.15 星光公司有关资料及成本利润率的计算

	2018 年	2019 年
净利润/元	26 379 029 817.06	24 827 243 603.97
营业成本/元	138 234 167 710.13	143 499 372 581.36
成本利润率/%	19.08	17.30

(三) 资产盈利能力分析

反映资产盈利能力的指标主要包括：资产净利率、净资产收益率。

1. 资产净利率

资产净利率是指企业净利润与平均资产总额的比率，它反映了企业资产利用的综合效果。计算公式为

$$资产净利率 = \frac{净利润}{平均资产总额} \times 100\%$$

$$平均资产总额 = (期初资产总额 + 期末资产总额) \div 2$$

该指标越高，表明资产利用的效益越好，利用资产创造的利润越多，整个企业盈利能力越强，经营管理水平越高。企业经营管理水平高，通常表现为资产运用得当，费用控制严格，利润水平高。否则是经营管理水平低下的表现。通过资产净利率的分析，能够考察各部门、各生产环节、经营环节的工作效率和质量，有利于分清内部各有关部门的责任，从而调动各方面生产经营和提高经济效益的积极性。

【例 4.7】 星光公司有关资料及资产净利率的计算如表 4.16 所示。

表 4.16 星光公司有关资料及资产净利率的计算

	2018 年	2019 年
净利润/元	26 379 029 817.06	24 827 243 603.97
期初资产总额/元	214 987 907 124.70	251 234 157 276.81
期末资产总额/元	251 234 157 276.81	282 972 157 415.28
平均资产总额/元	233 111 032 200.76	267 103 157 346.05
资产净利率/%	11.32	9.30

资产净利率是一个综合指标，企业的资产是由投资人投入或举债形成的，净利的多少与企业资产的多少、资产的结构、经营管理水平有着密切的关系。如果仅仅测算企业某一年的资产净利率，往往很难对该企业的盈利能力作出全面评价。因此，应用该指标与本企业前期、与计划、与同行业平均水平和本行业内优秀企业进行对比，则可进一步提高分析质量。

影响资产净利率高低的因素主要有：产品的价格、单位成本的高低、产品的产量和销售的数量、资金占用量的大小等。

2. 净资产收益率

净资产收益率是指企业净利润与平均净资产的比率,它反映所有者权益所获报酬的水平。其计算公式如下:

$$净资产收益率 = \frac{净利润}{平均净资产} \times 100\%$$

$$平均净资产 = (年初净资产 + 年末净资产) \div 2$$

$$净资产 = 所有者权益 = 资产总额 - 负债总额$$

$$= 实收资本 + 资本公积 + 盈余公积 + 未分配利润$$

净资产收益率是最具综合性的评价指标。该指标不受行业的限制,不受公司规模的限制,适用范围较广。从投资者的角度来考核其投资报酬,反映资本的增值能力及投资者投资报酬的实现程度,因而它是最被投资者所关注的指标,净资产收益率指标还影响着企业的筹资方式、筹资规模,进而影响企业的未来发展战略。该指标值越大,说明企业的获利能力越强。该指标可以与社会平均利润率、行业平均利润率或者资金成本相比较。

【例 4.8】 星光公司有关资料及净资产收益率的计算如表 4.17 所示。

表 4.17 星光公司有关资料及净资产收益率的计算

	2018 年	2019 年
净利润/元	26 379 029 817.06	24 827 243 603.97
期初所有者权益/元	66 854 705 559.51	92 714 711 727.46
期末所有者权益/元	92 714 711 727.46	112 047 656 523.08
平均净资产/元	79 784 708 643.49	102 381 184 125.27
净资产收益率/%	33.06	24.25

计算表明,该公司 2019 年的净资产收益率比上年减少了 8.81%,说明公司获利能力减弱。该指标是企业获利能力的重要标志,关系到投资者对公司现状和前景的判断。净资产收益率是否令人满意,要看同行业的平均状况、经济景气状况、投资者承受的风险程度和预期的收益率等因素。

(四)资本盈利能力指标分析

资本金利润率是指企业净利润与平均资本金的比率,它是用于衡量投资者投入企业资本金的盈利能力。计算公式为

$$资本金利润率 = \frac{净利润}{平均资本金} \times 100\%$$

$$平均资本金 = (期初实收资本 + 期末实收资本) \div 2$$

资本金利润率指标是站在投资者立场来衡量企业盈利能力的,它直接反映了投资者投资的效益好坏,是投资者考核其投入企业的资本保值增值程度的基本方式。该指标越大,说明投资人投入资本的获利能力越强,对投资者越具吸引力。反之,则收益水平不高,获利能力不强。

【例 4.9】 星光公司有关资料及资本金利润率的计算如表 4.18 所示。

表 4.18 星光公司有关资料及资本金利润率的计算

	2018 年	2019 年
净利润/元	26 379 029 817.06	24 827 243 603.97
期初实收资本/元	6 015 730 878.00	6 015 730 878.00
期末实收资本/元	6 015 730 878.00	6 015 730 878.00
平均资本金/元	6 015 730 878.00	6 015 730 878.00
资本金利润率/%	438.50	412.70

二、增长能力分析

反映增长能力的指标主要有:销售增长率、主营业务利润增长率、营业利润增长率、净利润增长率。

(一)销售增长率

销售增长率是指企业报告期的营业收入增加额与基期营业收入额的比率,它反映了企业在销售方面的成长能力。其计算公式如下:

$$销售增长率 = \frac{报告期营业收入增长额}{基期营业收入总额} \times 100\%$$

$$= \frac{报告期营业收入 - 基期营业收入}{基期营业收入总额} \times 100\%$$

该指标越高,说明企业产品销售增长越快,销售情况越好,企业盈利增长趋势也就越好,企业生存和发展的能力提高也就越快;反之,该指标越低,则说明企业产品销售增长得越慢,销售情况越差,企业盈利的增长后劲不足,企业的盈利趋势不容乐观。这是总的营业收入增长所反映出来的情况。

从个别产品或劳务的销售增长率指标上,还可以观察企业产品或经营结构情况,进而也可以观察企业的成长性。产品寿命周期理论认为,任何一种产品的寿命周期均可以划分为四个阶段。即:第一阶段为试销期,产品开发成功投入正常生产,该阶段上销售规模较小,且增长还不太快;第二阶段为成长期,产品市场空间被打开,大规模的放量生产和销售,该阶段上产品销售较快扩展和增长;第三阶段为成熟期,销售较为稳定,增长不会太快;第四阶段为衰退期,产品销售开始萎缩。根据这个原理,借助产品销售增长率指标,大致可以看出企业生产经营的产品所处的寿命周期阶段,据此也可以判断企业的成长性。

【例 4.10】 星光公司有关资料及销售增长率的计算如表 4.19 所示。

表 4.19 星光公司有关资料及销售增长率的计算

	2018 年	2019 年
报告期营业收入/元	198 123 177 056.84	198 153 027 540.35
基期营业收入/元	148 286 450 009.18	198 123 177 056.84
报告期营业收入增长额/元	49 836 727 047.66	29 850 483.51
销售增长率/%	33.61	0.02

要全面、正确地分析和判断一个企业销售收入的增长趋势和增长水平,必须将一个企业不同时期的销售增长率加以比较和分析。原因在于,销售增长率仅仅指某个年度的销售情况而言,某个年度的销售增长率可能会受到一些偶然的和非正常的因素影响,而无法反映出企业实际的销售增长能力。

(二)营业利润增长率

营业利润增长率是指企业报告期的营业利润变动额与基期营业利润额的比率。计算公式如下:

$$营业利润增长率 = \frac{报告期营业利润 - 基期营业利润}{基期营业利润} \times 100\%$$

该指标越高,说明企业的生产规模扩张迅速,生产销售增长的可能性越大;当该指标处于一种停滞的发展状态时,企业的销售规模往往会受到生产能力的限制,而难以保证盈利能力的增长速度。

【例 4.11】 星光公司有关资料及营业利润增长率的计算如表 4.20 所示。

表 4.20　星光公司有关资料及营业利润增长率的计算

	2018 年	2019 年
报告期营业利润/元	30 996 884 691.88	29 605 107 122.40
基期营业利润/元	26 125 705 743.33	30 996 884 691.88
报告期营业利润增长额/元	4 871 178 948.55	−1 391 777 569.48
营业利润增长率/%	18.65	−4.49

分析营业利润增长率,应结合企业销售增长率来分析。如果企业的营业利润增长率高于企业的销售增长率,则说明企业的产品正处于成长期,经营业务不断拓展,企业的盈利能力不断增强。反之,如果企业的营业利润增长率低于销售增长率,则说明企业营业成本、营业税金及附加等成本上升超过了营业收入的增长,说明企业的营业业务盈利能力并不强,企业发展潜力值得怀疑。

(三)净利润增长率

净利润增长率是指企业报告期的净利润变动额与基期净利润额的比率。计算公式如下:

$$净利润增长率 = \frac{报告期净利润总额 - 基期净利润总额}{基期净利润总额} \times 100\%$$

该指标越高,说明企业收益增长越多,表明企业经营业绩突出,市场竞争能力越强。该指标越低,说明企业收益增长越少,表明企业经营业绩不佳,市场竞争能力越弱。

分析企业净利润的增长率,还需结合企业的销售增长率一起来分析。如果企业的净利润增长率高于销售增长率,表明企业产品获利能力在不断提高,企业正处于高速成长阶段,具有良好的增长能力。如果企业的净利润增长率低于销售增长率特别是低于营业利润增长率,反映企业的成本费用的上升超过了销售的增长,反映出企业的增长能力并不好。

全面分析企业的净利润增长率,仅仅计算和分析企业某一年度的净利润增长率是不够的,它无法反映出企业净利润增长的真实趋势。正确分析企业净利润增长趋势的方法是将企业连续多年的净利润增长率指标进行对比分析。如果企业的净利润连续三年上升,说明企业的净利润增长能力比较稳定,具有良好的增长趋势。如果企业的净利润增长率连续三年大幅度下降,或者两年无增长,则说明企业的盈利能力不稳定,不具备良好的增长势头。

【例 4.12】 星光公司有关资料及净利润增长率的计算如表 4.21 所示。

表 4.21　星光公司有关资料及净利润增长率的计算

	2018 年	2019 年
报告期净利润总额/元	26 379 029 817.06	24 827 243 603.97
基期净利润总额/元	22 507 506 840.41	26 379 029 817.06
报告期净利润增长额/元	3 871 522 976.65	−1 551 786 213.09
净利润增长率/%	17.20	−5.88

上述增长率指标从不同的侧面显示了企业的增长能力。在实际分析时，应该把这四种指标相互联系起来，才能正确评价企业的增长能力。一般来说，如果一个企业的销售增长率、主营业务利润增长率、营业利润增长率、净利润增长率能够持续保持同步增长，且不低于同行业平均水平，则基本可以认为这个企业具有良好的增长能力。

三、上市公司盈利能力分析

反映上市公司盈利能力的指标主要有：每股收益、市盈率、每股股利、股票获利率、股利支付率、股利保障倍数、留存盈利比率、每股净资产、市净率等。

（一）每股收益

每股收益是指本年净收益与年末普通股份总数的比值，它反映了普通股的获利水平。其计算公式为

$$每股收益 = \frac{净利润}{年末普通股股份总数}$$

每股收益是评价上市公司盈利能力最基本和核心的指标，该指标具有引导投资、增加市场评价功能、简化财务指标体系的作用。具体说明如下。

(1) 每股收益指标具有联结资产负债表和利润表的功能。作为两张财务报表之间的"桥梁"，每股收益这一指标能反映两张报表的综合数值，即每股收益是企业多种因素综合作用所形成结果的表现形式。这就使企业的财务评价通过分析这一指标而变得简单易行。

(2) 每股收益指标反映企业的盈利能力，决定了股东的收益水平。每股收益值越高，企业的盈利能力就越强，股东的投资效益就越好，每一股份所得

的利润也越多。反之,则越差。

(3) 每股收益还是确定企业股票价格的主要参考指标。在其他因素不变的情况下,每股收益越高,该种股票的市价上升空间则越大。反之,企业股票的市价也就越低。

【例 4.13】 星光公司相关资料及每股收益计算如表 4.22 所示。

表 4.22 星光公司有关资料及每股收益的计算

	2018 年	2019 年
净利润/元	26 379 029 817.06	24 827 243 603.97
年末普通股总数/股	5 970 717 628.00	5 969 931 253.00
每股收益/元	4.42	4.16

计算结果表明,星光公司每股收益减少了 0.26 元,说明每一股可得的利润减少,股东的投资回报减小。

每股收益分为基本每股收益和稀释每股收益两部分。

1. 基本每股收益

基本每股收益是指每一普通股股份所实现的净利润,它等于当期净利润除以发行在外普通股的加权平均数,即

$$基本每股收益 = \frac{净利润}{发行在外普通股加权平均数}$$

基本每股收益旨在分析公司在一定期间内为每一个普通股所赚取的净利润水平。在该比率计算中,分子是公司在一定期间(年度或半年度等)内实现的净利润;而分母使用的公司发行在外的普通股股数是一个时点指标,它会因新股发行等而增加、因股票回购而减少,即在一定期间内的不同时点,发行在外的普通股股数可能是有变化的,因此应该取其加权平均值。根据我国企业会计准则第 34 号每股收益的规定,发行在外普通股加权平均数的计算公式如下:

发行在外普通股加权平均数=期初发行在外普通股股数+当期新发行普通股股数×已发行时间÷报告期时间-当期回购普通股股数×已回购时间÷报告期时间

这个计算公式中的时间权数,是指特定股份发行在外的天数占当期总天数的比例,或者发行在外的月份数占当期总月份数的比例。其中,按月计算的

发行在外时间,是指普通股发行的次月至报告期末的月份数,而回购时间是指普通股回购的次月至报告期末的月份数。

【例 4.14】 假设云飞公司 2019 年度实现净利润 500 万元,2019 年年初发行在外普通股为 1 000 万股。又假设云飞公司于 2019 年 3 月 20 日新发行普通股 200 万股,于 2019 年 9 月 16 日回购普通股 50 万股,那么云飞公司 2019 年发行在外普通股的加权平均数即为

$$1\ 000+200\times 9\div 12-50\times 3\div 12=1\ 137.50(万股)$$

云飞公司 2019 年度基本每股收益为

$$500\div 1\ 137.5=0.44(元/股)$$

此外,派发股票股利、资本公积转增资本或拆股,也会导致流通在外普通股股数增加,而并股则会导致流通在外普通股股数的减少。与新发行普通股或股票回购不同,派发股票股利、资本公积转增资本、拆股或并股只是简单地导致公司发行在外普通股的增加或减少,而没有相应地增加或减少公司普通股资本。因此,在公司因股票股利、资本公积转增资本、拆股或并股而导致普通股股数增加或减少前后的每股收益就不具有可比性。为此,就应当按调整后的股数重新计算当期及以往各列报期间的每股收益。只有这样,才能使股票股利、资本公积转增资本、拆股或并股发生年度的每股收益与以往各列报期间的每股收益具有可比性。

【例 4.15】 续上例,假设云飞公司于 2019 年 10 月 20 日发生 2∶1 的拆股,那么 2019 年年末发行在外普通股股数就比原先增加了 1 倍,即由 1 150 万股变成 2 300 万股(1 150×2)。在计算云飞公司 2019 年基本每股收益时,也应该对以往所有时点的股数进行相应的追溯调整(即都乘以 2)。这样,云飞公司 2019 年度发行在外普通股的加权平均数即为

$$1\ 000\times 2+200\times 2\times 9\div 12-50\times 2\times 3\div 12=2\ 275(万股)$$

云飞公司 2019 年度基本每股收益为

$$500\div 2\ 275=0.22(元/股)$$

在追溯调整计算以前年度基本每股收益时,计算发行在外普通股的加权平均数时所使用的各个时点的股数,也应作同样的调整(即都乘以 2)。假设上例中云飞公司 2018 年年初发行在外普通股为 1 000 万股,2018 年度股数未发生增减变化,又假设公司 2018 年度净利润为 400 万元,那么,云飞公司 2018 年度的基本每股收益即为 0.4 元。但是,在云飞公司于 2019 年 12 月 31 日发生 2∶1 拆股的情况下,为了使 2018 年(以及以往各列报年度)的基本每

股收益与2019年(拆股后)的基本每股收益具有可比性,就应该对2018年(以及以往各列报年度)的基本每股收益进行追溯调整。云飞公司追调整后的2018年基本每股收益为

$$400÷(1\,000×2)=0.2(元/股)$$

2. 稀释每股收益

以上讨论的基本每股收益,也称简单资本结构情形下的每股收益。所谓简单资本结构,是指除普通股和优先股之外,不存在其他稀释性潜在普通股。与简单资本结构相对的,便是复杂资本结构。所谓复杂资本结构,是指除普通股和优先股之外,还存在其他稀释性潜在普通股,包括具有稀释性的可转换公司债券、认股权证和股份期权等。这些稀释性潜在普通股,虽然目前还不是真正的普通股,但潜在地会成为普通股。一旦它们成普通股,就会导致普通股每股收益的稀释。可见,稀释性潜在普通股,并不是指所有的可转换公司债券、认股权证和股份期权,而是指假设当期转换为普通股会减少每股收益的潜在普通股。也就是说,假设这些潜在普通股当期转换为普通股,但如果不会减少每股收益,它们就不能算作稀释性潜在普通股,从而在计算稀释每股收益时不予考虑。因此,所谓稀释每股收益,就是当存在稀释性潜在普通股时,应假设稀释性潜在普通股已在期初或发行日转换为已发行普通股,分别对归属于普通股股东的当期净利润以及发在外普通股的加权平均数进行调整,并计算每股收益。

在计算稀释每股收益时,应当根据下列事项对归属于普通股股东的当期净利润进行调整:

① 当期已确认为费用的稀释性潜在普通股的利息;

② 稀释性潜在普通股转换时将产生的收益或费用。在做这些调整时,应当考虑相关的所得税影响。

在计算稀释每股收益时,当期发行在外普通股的加权平均数,应当为计算基本每股益时普通股的加权平均数与假定稀释性潜在普通股转换为已发行普通股而增加的普通股的加权平均数之和。其中,在计算稀释性潜在普通股转换为已发行普通股而增加的普通股加权平均数时,以前期间发行的稀释性潜在普通股应当假设在当期期初转换,当期发行的稀释性潜在普通股应当假设在发行日转换。

对于具有稀释性的可转换公司债券,计算稀释每股收益时,分子的调整项目为可转换公司债券当期已确认为费用的利息等的税后影响额。分母的调整

项目为假定可转换公司债券当期期初或发行日转换为普通股股数的加权平均数。对于具有稀释性的认股权证和股份期权,计算稀释每股收益时,作为分子的净利润金额不变。分母应考虑可以转换的普通股股数的加权平均数,与按照当期普通股平均市场价格能够发行的普通股股数的加权平均数的差额。

下面举例说明稀释每股收益的计算。

【例 4.16】 假设宏大公司 2018 年归属于普通股股东的净利润为 8 000 万元,年初发行在外普通股为 4 000 万股,潜在普通股包括:

① 期权 600 万股,行权价格为 40 元/股,行权前股的市场价格为 60 元/股;

② 利率为 4% 的可转换公司债券面值 4 000 万元,每元面值的可转换公司债券可转换 10 股普通股,公司所得税税率为 25%,行权前该普通股的市场价格为 60 元/股。

在本例中,期权若转换为普通股,则对利润无影响,但会导致无资本增加的新增股份 200[600×(60−40)÷60]万股,故新增股份的每股收益为 0。可转换公司债券若为普通股,将使公司净利润增加 120 万元[4 000×4%×(1−25%)]。同时将使普通股股数增加 400 万股[(4 000÷100)×10]。故新增股份的每股收益为 0.30(120÷400)元

在不考虑所有这些稀释性潜在普通股时,宏大公司 2018 年的每股收益为
$$8\ 000 \div 4\ 000 = 2.00(元/股)$$

在考虑期权这一稀释性潜在普通股的潜在影响之后,宏大公司 2018 年的稀释每股收益为
$$8\ 000 \div (4\ 000 + 200) = 1.90(元/股)$$

进一步考虑可转换公司债券这一稀释性潜在普通股的潜在影响之后,宏大公司 2018 年的稀释每股收益为
$$(8\ 000 + 120) \div (4\ 000 + 200 + 400) = 1.77(元/股)$$

最后需要说明的是,当存在多项稀释性潜在普通股时,应当按照其稀释程度从大到小的顺序计入稀释每股收益。即产生最小新增股份每股收益的稀释性潜在普通股排在最前面,依次类推,直至稀释每股收益达到最小值。在上例中,期权转股只增加股份,不增加净利润,新增股份的每股收益为 0。可转换公司债券转股,增加净利润 120 万元,同时增加股份 400 万股,新增股份的每股收益为 0.30 元。显然,本例中期权转股比可转换公司债券转股对公司每股

收益的稀释程度更大。因此,在计算稀释每股收益时,应先考虑期权的稀释性影响,然后再考虑可转换公司债券的稀释性影响。

每股收益是衡量上市公司盈利能力最重要的财务指标,它反映普通股获利的水平。在分析时,可以进行公司间的比较,以评价该公司相对的盈利能力。可以进行不同时期的比较,了解该公司盈利能力的变化趋势;可以进行经营实绩和盈利预测的比较,掌握该公司的管理能力。

使用每股收益分析盈利性要注意的问题如下。

① 每股收益不反映股票所含有的风险。例如:假设 A 公司原来经营日用品的产销,最近转向房地产投资,公司的经营风险增大了许多,但每股收益可能不变或提高,并没有反映风险增加的不利变化。

② 股票是一个份额概念,不同股票的每一股在经济上不等量,它们所含有的净资产和市价不同,即换取每股收益的投入量不相同,限制了每股收益的公司间比较。

③ 每股收益多,不一定意味着多分红,还要看公司股利分配政策。

为了克服每股收益指标的局限性,可以延伸分析市盈率、每股股利、股利支付率、股利保障率和留存盈利比率等财务比率。

(二) 市盈率

市盈率是指普通股的每股市价与每股收益之间的比率,它反映了投资人对每 1 元净利润所愿支付的价格,可以用来估计股票的投资报酬和风险。其计算公式如下:

$$市盈率 = \frac{每股市价}{每股收益}$$

【例 4.17】 星光公司 2019 年的每股收益为 4.16 元,每股市价为 65.58 元,则:

$$市盈率 = 65.58 \div 4.16 = 15.76$$

一般来说,该指标越低,表明该股票的投资价值风险越小,取得同样的盈利额所需投资额越小,相对来说投资价值也越大。但也不能一概而论,有时市盈率越低,表明该公司前景欠佳,投资者都对其没有太大的信心,因而不愿意承担较大的风险,因而股票价格居低不上。市盈率高,表明投资者普遍持乐观态度,对公司前景充满了信心,愿意为其承担较大的风险,以期获取较多的未来收益。但也不能绝对化,特别是当股票市场本身不健全、交易失常或有操纵市场的情况下,股票市场价格可能与它的每股收益严重脱节。在这种情况下,如果盲目根据市盈率判断公司前景十分美好而购进股票,那就要冒很大的风险,一旦假象消失,市场恢复正常,就可能遭受严重损失。

使用市盈率指标时应注意以下问题:该指标不能用于不同行业公司的比较,充满扩展机会的新兴行业市盈率普遍较高,而成熟工业的市盈率普遍较低,这并不说明后者的股票没有投资价值。在每股收益很小或亏损时,市价不会降至零,很高的市盈率往往不说明任何问题。因为市盈率高低受净利润的影响,而净利润受可选择的会计政策的影响,从而使得公司间比较受到限制;同时市盈率高低还受市价的影响,且市价变动的影响因素很多,包括投机炒作等,因此观察市盈率的长期趋势有着十分重要的意义。

企业界通常是在市盈率较低时,以收购股票的方式实现对其他公司的兼并,然后进行改造,待到市盈率升高时,再以出售股票的方式卖出公司,从中获利。

由于一般的期望报酬率为5%～10%,所以正常的市盈率为10～20。

通常,投资者要结合其他有关信息,才能运用市盈率指标判断股票的价值。

(三) 每股股利

每股股利是指股利总额与期末普通股股份总数之间的比率,它反映的是每一普通股所能获得的实际股息,同时也反映出企业普通股的获利能力和投资价值。其计算公式为

$$每股股利 = \frac{股利总额}{年末普通股股份总数}$$

公式中的股利总额是指用于分配普通股现金股利的总额。

对于股票投资者,特别是短期投资者来说每股股利总是越高越好,因为每股股利越高,投资者实际取得的收益也会增加。对于长期投资者来说,在具体评价一个公司的每股股利时,还应结合每股收益、利润留存率等指标进行综合分析。如果每股收益、利润留存率低,而每股股利较高,则说明公司将大部分利润用于发放股利,则对公司的长远发展不利;如果每股收益、利润留存率较高,而每股股利也较高,则说明公司当年经营状况好,获利能力较大,发展前景看好。

【例 4.18】 星光公司相关资料及每股股利计算如表 4.23 所示。

表 4.23　星光公司有关资料及每股股利的计算

	2018 年	2019 年
股利总额/元	9 023 596 317.00	7 218 877 053.60
年末普通股总数/股	5 970 717 628.00	5 969 931 253.00
每股股利/元	1.51	1.21

从计算结果可知,星光公司 2019 年度现金红利减少了 0.3 元/股,说明该公司当年经营业绩较去年有所下降。

（四）股票获利率

股票获利率是指每股股利与股票市价的比率,亦称市价股利比率。其计算公式为

$$股票获利率=\frac{普通股每股股利}{普通股每股市价}\times 100\%$$

【例 4.19】　星光公司 2019 年每股股利为 1.21 元,每股市价为 65.58 元,则：

$$股票获利率=1.21\div 65.58\times 100\%=1.85\%$$

股票获利率反映股利和股价的比例关系。股票持有人取得收益的来源有两个：一是取得股利；二是取得股价上涨的收益。只有股票持有人认为股价将上升,才会接受较低的股票获利率。如果预期股价不能上升,股票获利率就成了衡量股票投资价值的主要依据。

使用该指标的限制因素,在于公司采用非常稳健的股利政策,留存大量的净利润用以扩充。在这种情况下,股票获利率仅仅是股票投资价值非常保守的估计,分析股价的未来趋势成为评价股票的投资价值的主要依据。

股票获利率主要应用于非上市公司的少数股权。在这种情况下,股东难以出售其股票,也没有能力影响股利分配政策。他们持有股票的主要动机在于获得稳定的股利收益。

（五）股利支付率

股利支付率是指普通股每股分派的股利与每股收益之间的比率,它反映公司的股利分配政策和支付股利的能力。其计算公式为

$$股利支付率=\frac{每股股利}{每股收益}\times 100\%$$

这一比率主要用以衡量公司当期每股盈利中,有多大的比例或者企业的税后可供分配利润中有多大的比例以股利形式支付给普通股股东,说明企业实行的股利政策。

【例 4.20】 星光公司相关资料及股利支付率计算如表 4.24 所示。

表 4.24　星光公司有关资料及股利支付率的计算

	2018 年	2019 年
每股股利/元	1.51	1.21
每股收益/元	4.42	4.16
股利支付率/%	34.16	29.09

由于各行业、各企业的实际情况不同,对股利支付率也没有一个特定标准作出判断。一般来说,对于发展中的企业,为了保证扩大经营的资金需要,一般应采用高积累政策,将较好的利润用于自我积累,因而其股利支付率通常比较低。相反,在企业较为稳定发展阶段,其收入稳定,举债容易,因而股利支付率也通常较高。

从股票投资者的角度来看,有些股东热衷于股票增值并通过买卖股票获利,愿意将更多的利润用于企业的再投资,以期未来获得更高的股息收入。而有些股东则愿意当期多得股利,减少风险,常以股利支付率的高低作为投资决策的主要因素。

不同的投资者,应当根据其投资的目的和期限的不同,对企业的股利支付率进行评价,为自己的投资决策提供依据。

(六) 股利保障倍数

股利支付率的倒数,称为股利保障倍数,倍数越大,支付股利的能力越强。其计算公式为

$$股利保障倍数 = \frac{普通股每股收益}{普通股每股股利} \times 100\%$$

股利保障倍数是一种安全性指标,可以看出净利润减少到什么程度公司仍能按目前水平支付股利。

【例 4.21】 星光公司相关资料及股利保障倍数计算如表 4.25 所示。

表 4.25　星光公司有关资料及股利保障倍数的计算

	2018 年	2019 年
每股收益/元	4.42	4.16
每股股利/元	1.51	1.21
股利保障倍数	2.93	3.44

（七）留存盈利比率

留存盈利是指净利润减去全部股利的余额。留存盈利与净利润的比率，称为留存盈利比率。

$$留存盈利比率 = \frac{净利润 - 全部股利}{净利润} \times 100\%$$

留存盈利比率的高低，反映企业的理财方针。如果企业认为有必要从内部积累资金，以便扩大经营规模，经董事会同意可以采用较高的留存盈利比率。如果企业不需要资金或者可以用其他方式筹资，为满足股东取得现金股利的要求可降低留存盈利的比率。显然，提高留存盈利比率必然降低股利支付率。

【例 4.22】　星光公司相关资料及留存盈利比率计算如表 4.26 所示。

表 4.26　星光公司有关资料及留存盈利比率的计算

	2018 年	2019 年
净利润/元	26 379 029 817.06	24 827 243 603.97
股利总额/元	9 023 596 317.00	7 218 877 053.60
留存盈利/元	17 355 433 500.06	17 608 366 550.37
留存盈利比率/%	65.79	70.92

（八）每股净资产

每股净资产是指期末净资产与年末普通股总数的比值，也称为每股账面价值或每股权益。其计算公式如下：

$$每股净资产 = \frac{年末股东权益}{年末普通股总数}$$

这里的年末股东权益是指扣除优先股权益后的余额。

【例 4.23】 星光公司相关资料及每股净资产计算如表 4.27 所示。

表 4.27 星光公司有关资料及每股净资产的计算

	2018 年	2019 年
年末股东权益/元	91 327 095 069.10	110 153 573 282.67
年末普通股总数/股	5 970 717 628.00	5 969 931 253.00
每股净资产/元	15.30	18.45

该指标反映发行在外的每股普通股所代表的净资产成本即账面权益。在投资分析时,只能有限地使用这个指标。因其是用历史成本计量的,既不反映净资产的变现价值,也不反映净资产的产出能力。例如,某公司的资产只有一块前几年购买的土地,并且没有负债,公司的净资产是土地的原始成本。现在土地的价格比过去翻了几番,引起股票价格上升,而其账面价值不变。这个账面价值,既不说明土地现在可以卖多少钱,也不说明公司使用该土地能获得什么利益。

每股净资产,在理论上提供了股票的最低价值。如果公司的股票价格低于净资产的成本,成本又接近变现价值,说明公司已无存在价值,清算是股东最好的选择。正因为如此,新建公司不允许股票折价发行。国有企业改组为股份制企业时,一般以评估确认后的净资产折为国有股的股本。如果不全部折股,则折股方案与募股方案和预计发行价格一并考虑,折股比率(国有股股本/发行前国有净资产)不低于 65%,股票发行溢价倍率(股票发行价/股票面值)应不低于折股倍数(发行前净资产/国有股股本)。

(九) 市净率

把每股净资产和每股市价联系起来,可以说明市场对公司资产质量的评价。反映每股市价和每股净资产关系的比率,称为**市净率**。计算公式为

$$市净率 = \frac{每股市价}{每股净资产}$$

【例 4.24】 星光公司 2019 年每股市价为 65.58 元,每股净资产为 18.45 元,则:

$$市净率 = 65.58 \div 18.45 = 3.55$$

市净率可用于投资分析。每股净资产是股票的账面价值,它是用成本计量的。每股市价是这些资产的现在价值,它是证券市场上交易的结果。投资

者认为,市价高于账面价值时企业资产的质量好,有发展潜力。反之则资产质量差,没有发展前景。优质股票的市价都超出每股净资产许多,一般说来市净率达到 3 可以树立较好的公司形象。市价低于每股净资产的股票,就像售价低于成本的商品一样,属于"处理品"。当然,"处理品"也不是没有购买价值的,问题在于该公司今后是否有转机,或者经过资产重组能否提高获利能力。

经典案例

万福生科公司资金"体外循环"伪造收入

2012 年 8 月,万福生科公司发布上市后的第一份半年报提到:今年上半年,公司实现的净利润由于受到原材料价格的上涨、计提的资产减值损失等因素影响,同比有所下降。但公司在 2011 年年度报告中披露公司 2012 年经营目标为:力争公司 2012 年销售收入达到 63 000 万~65 000 万元,净利润达到 7 200 万~7 400 万元。

当时湖南证监局的检查组正在万福生科进行例行审计,检查组很快发现了半年报的预付账款存在重大异常,预付账款余额 1.46 亿元,而上年同期只有 0.2 亿元。财务人员的解释并没有打消检查组的疑虑,他们继续调阅银行流水进行深挖。

银行资金流水显示,大量的设备供应款根本就没有打给供应商企业,而是打给万福生科自己控制的账户。然后万福生科再利用关联方虚构销售,资金体外转了一圈,又变脸成了企业销售款,回款转入企业账户。检查组发现银行回单涉嫌造假的重大违法事实之后,湖南证监局立即对其立案调查。案情上报之后得到中国证监会高度重视,中国证监会稽查总队宣布对其立案调查。

财务总监无奈交出私人控制的 56 张个人银行卡。稽查大队又在现场截获存有 2012 年上半年真实收入数据的 U 盘,最终发现该公司伪造银行回单 14 亿元、虚构收入 9 亿元。

案例思考题

(1) 万福生科的伪造收入与现行的关于收入确认的会计准则有哪些出入?

(2) 通过分析万福生科伪造收入的操作行为,你能得到什么结论?

关键术语

收入结构　营业收入　费用结构　营业成本　期间费用　利润质量　营业利润
利润总额　净利润　盈利能力　指标分析　增长能力分析　上市公司盈利能力分析

本章小结

利润表是反映企业在一定时期内经营成果的财务报表。它概括反映了企业在一定时期所取得的各种收入、支出的各项费用,以及获取的利润及利润构成情况。利润表分析是由收入项目分析、费用项目分析、利润项目分析、利润质量分析和指标分析四部分组成。通过对利润表的分析,可以了解企业的经营情况和经营成果,了解企业的经济效益好坏及盈利能力,预测企业收益的发展趋势,也有助于评价企业管理者的管理绩效。

在市场经济条件下,收入的大小直接关系到企业的生存和发展。企业只有不断地增加收入、扩大利润,才能提高其偿债能力,扩大生产经营规模,提高其市场竞争力。因此,对收入的分析,是从收入的确认、计量、结构、增减变动等方面进行的,同时,对在收入中占有较大比重的项目进行了重点分析,如营业收入、投资收益等。

费用是企业在生产经营过程中发生的各种耗费。对费用项目的分析主要是从费用的结构、增减变动等方面进行,并对营业成本和期间费用等项目进行了重点分析。

利润项目分析主要是从营业利润、利润总额和净利润三个方面进行了分析。

指标分析主要包括三个方面:

(1) 盈利能力分析主要是通过收入盈利能力、成本费用盈利能力、资产盈利能力、资本盈利能力4个方面10个指标进行分析。

(2) 增长能力分析主要是通过销售增长率、主营业务利润增长率、营业利润增长率、净利润增长率4个指标进行分析。

(3) 上市公司盈利能力分析主要是通过每股收益、市盈率、每股股利、股票获利率、股利支付率、股利保障倍数、留存盈利比率、每股净资产、市净率等指标进行分析。

思考题

1. 企业利润表的基本内容和具体结构如何?
2. 怎样看待公允价值变动损益和资产减值准备对企业利润的影响?
3. 简述利润表与资产负债表的异同。
4. 对股东来讲,是否是股利支付率越高越好。

5. 分析市盈率指标时应注意哪些问题？
6. 如何对营业利润进行分析评价？
7. 销售毛利率、息税前利润率、销售利润率和销售净利率有何区别？
8. 简述利润质量恶化的主要表现信号。

练习题

一、单项选择题

1. 某公司年初流通在外普通股 50 000 股，4 月 1 日以股票股利方式发行 10 000 股，9 月 1 日增资发行 20 000 股。当年实现净利润 300 000 元，则当年每股收益为（　　）。
   A. 3.75 元　　　　B. 4.5 元　　　　C. 4.67 元　　　　D. 5 元
2. 在企业利润的来源中，未来可持续性最强的是（　　）。
   A. 营业利润　　　　　　　　　B. 投资收益
   C. 营业外收支　　　　　　　　D. 资产减值变动损益
3. 营业毛利率指标具有明显的行业特征，一般来说，毛利率较低的行业是（　　）。
   A. 轻工业　　　B. 重工业　　　C. 商品零售业　　　D. 服务业
4. 市净率指标的计算不涉及的参数是（　　）。
   A. 年末普通股数　B. 年末普通股权益　C. 年末普通股股本　D. 每股市价
5. 在计算利息保障倍数指标时，其中的利息费用（　　）。
   A. 仅指计入固定资产成本的资本化利息　B. 仅指本期计入财务费用中的利息费用
   C. A、B 都包括　　　　　　　　　　　D. 可由企业自行决定多少
6. 编制共同比结构利润表，作为总体的项目是（　　）。
   A. 营业收入　　B. 营业利润　　C. 利润总额　　D. 净利润
7. 每股净资产，在理论上提供了股票的（　　）价值。
   A. 最高　　　　B. 最低　　　　C. 平均　　　　D. 以上都不对
8. 以下属于利润表中非经常性项目的是（　　）。
   A. 营业收入　　B. 营业成本　　C. 信用减值损失　　D. 资产处置收益
9. 当销售净利润率一定时，总资产报酬率的高低取决于（　　）。
   A. 营业收入的多少　　　　　　B. 营业利润的高低
   C. 投资收益的大小　　　　　　D. 资产周转速度的快慢
10. 利润表多步式下，项目按（　　）。
    A. 流动性强弱排列　　　　　　B. 变现能力大小排列
    C. 业务的主次排列　　　　　　D. 都不是

二、多项选择题

1. 下列经济业务会影响股份公司每股净资产指标的有（　　）。
   A. 以固定资产的账面净值对外进行投资　B. 发行普通股股票
   C. 用银行存款偿还债务　　　　　　　　D. 用资本公积金转增股本
2. 利润质量高的企业，具有以下特点（　　）。
   A. 实行持续、稳健的会计政策
   B. 对企业财务状况和利润的计量是谨慎的
   C. 利润主要是由主营业务创造的
   D. 会计上反映的收入能迅速转化为现金
3. 成本费用利润率公式中的成本费用，主要包括（　　）等。
   A. 营业成本　　　B. 税金及附加　　　C. 管理费用　　　D. 销售费用
4. 普通股每股账面价值的作用在于（　　）。
   A. 提供股票的最低理论价格　　　　B. 帮助判断股票市价合理性
   C. 间接表明企业获利能力大小　　　D. 帮助确定认股权证的购股价格
5. 站在股东角度，对投资回报水平十分关注，其常用的财务比率有（　　）。
   A. 股东权益报酬率　B. 总资产利润率　C. 每股收益　　　D. 每股股利
6. 导致企业毛利率低的原因有（　　）。
   A. 产品的生命周期已经进入衰退期
   B. 企业所生产的产品品牌、质量、成本和价格等在市场上没有竞争力
   C. 企业故意调低毛利率
   D. 企业经营管理不善，期间费用未能严格控制
7. 影响产品销售利润的基本因素有（　　）。
   A. 销售量　　　　B. 单价　　　　C. 期间费用　　　D. 销售品种构成
8. 下列项目属于期间费用的有（　　）。
   A. 销售费用　　　B. 制造费用　　C. 管理费用　　　D. 财务费用
9. 利润表综合分析应包括的内容有（　　）。
   A. 收入分析　　　　　　　　　　B. 利润额的增减变动分析
   C. 利润结构变动分析　　　　　　D. 营业利润分析
10. 财务费用项目分析的内容包括（　　）。
    A. 利息支出　　　B. 利息收入　　C. 汇兑收益　　　D. 汇兑损失

三、判断题

1. 为购建或生产满足资本化条件的资产（如固定资产）发生的应予以资本化的借款费

用,列支在财务费用内。

2. 影响每股股利多少的因素,除了获利大小外,还取决于企业的股利发放方针。

3. 股利支付率的高低水平没有具体的衡量标准,而且企业与企业之间也没有什么可比性。

4. 每股市价是股票的账面价值,它是用成本计量的。每股净资产是这些资产的现在价值,它是证券市场上交易的结果。

5. 一般来说,市盈率指标越低,表明该股票的投资价值风险越大。

6. 每股收益越高,意味着股东可以从公司分得越高的股利。

7. 息税前利润是指没有扣除利息和所得税前的利润,即等于利润总额与利息支出之和。

8. 企业所得税是企业的一项费用,该项目可以由当期利润总额乘以税率得到。

9. 对于一个健康企业来说,主营业务收入占总收入的比重应该最大。

10. 会计政策和会计估计的变更被认为是企业利润质量恶化的一种信号。

四、综合计算及案例分析题

1. 现有某公司的利润表如表 4.28 所示。

表 4.28　利润表

	2019 年	2018 年	增　　减	
			金额/元	比重/%
一、营业收入/元	1 600 000	1 470 000		
减:营业成本	820 000	730 000		
税金及附加	64 000	58 800		
销售费用	67 000	61 200		
管理费用	130 000	95 000		
财务费用	60 000	30 000		
资产减值损失				
加:公允价值变动收益(损失以"-"号填列)				
投资收益(损失以"-"号填列)	15 400	2 400		
其中:对联营企业和合营企业的投资收益				

续表

	2019 年	2018 年	增减 金额/元	增减 比重/%
二、营业利润/元	474 400	497 400		
加：营业外收入		2 400		
减：营业外支出	8 000	6 400		
其中：非流动资产处置损失				
三、利润总额/元	466 400	493 400		
减：所得税费用	139 920	148 020		
四、净利润/元	326 480	345 380		

要求：

(1) 请你根据已知数据计算出各项目的增减金额及比重。

(2) 请你根据计算数据分析营业利润增长低于营业收入增长，以及营业利润下降的原因，并分析说明公司的发展状况及其原因。

2. 某公司有关资料如表 4.29 所示，试完成表 4.29 的相关计算，并分析该公司的盈利能力。

表 4.29 某公司有关资料

	2018 年	2019 年
净利润/万元	10 433.80	11 609.70
年末股东权益/万元	125 070.00	141 240.00
股利总额/万元	9 900.00	8 580.00
年末普通股总数/万股	33 000.00	33 000.00
每股市价/元	11.00	12.00
每股收益/元		
每股股利/元		
市盈率		
股利支付率		

续表

	2018 年	2019 年
股利保障倍数		
留存盈利比率		
每股净资产		
市净率		

3. 资料：某公司 2016—2019 年连续四年的营业收入和净利润的资料如表 4.30 所示。

表 4.30 某公司 2016—2019 年连续四年的营业收入和净利润

单位：万元

	2016 年	2017 年	2018 年	2019 年
营业收入	4 000	4 200	5 000	6 000
净利润	300	320	540	660

要求：

(1) 以 2016 年为基年，对该公司 4 年的经营趋势作出分析。

(2) 说明基年选择应注意的问题。

4. 资料：云飞公司 2018 年度、2019 年度利润表的资料如表 4.31 所示。

表 4.31 云飞母公司利润表

单位：千元

	2018 年度	2019 年度
一、营业收入	1 466 810	2 359 677
减：营业成本	786 596	1 254 089
税金及附加	25 626	50 407
销售费用	124 116	164 710
管理费用	74 922	123 558
财务费用	112 273	144 816
资产减值损失	23 048	35 318
加：公允价值变动收益		
投资收益	−1 681	−670

续表

	2018 年度	2019 年度
其中：对联营企业和合营企业的投资收益	−91	−319
二、营业利润	318 547	586 108
加：营业外收入	6 176	13 653
减：营业外支出	1 001	39
其中：非流动资产处置损失	1	
三、利润总额	323 722	599 723
减：所得税费用	35 080	66 123
四、净利润	288 642	533 600

要求：

(1) 编制云飞母公司利润横向分析表，并对利润表增减变动情况进行分析评价。

(2) 编制云飞母公司利润纵向分析表，并对利润表结构变动情况进行分析评价。

(3) 从财务角度评价该公司利润结构是否合理，以及该公司的盈利能力是否具有可持续性。

现金是企业的血液,而经营性现金是唯一属于企业自身健康发展的血液。筹资性现金流固然可以输入企业维持生命,但毕竟不具备健康的造血机能,一旦机能失调,企业只能面临清算。富得只有利润,没有现金的富翁,绝不是真正的富翁。

第五章 现金流量表分析

本章学习目标
1. 了解现金流量表的概念。
2. 掌握现金流量的分类与结构。
3. 掌握现金流量表项目内容及其分析。
4. 掌握有关现金流量的主要财务比率的计算和使用。
5. 掌握现金流量的趋势分析和结构分析的方法。

第一节 现金流量表的概念

一、现金流量表的概念

现金流量表是以现金为基础编制的,用以反映企业在一定会计期间现金和现金等价物(以下简称现金)流入和流出的财务报表。

现金流量表的现金是个广义的概念,它不仅包括库存现金,还包括可以随时用于支付的存款以及现金等价物。现金具体包括以下四个方面内容。

(一)库存现金

库存现金是指企业持有可随时用于支付的现金,即与会计核算中现金账户所包括的内容一致。

(二)银行存款

银行存款是指企业存在银行或其他金融机构,随时可以用于支付的存款,即与会计核算中银行存款账户所包括的内容基本一致,区别在于,如果存在银行或其他金融机构的款项中不能随时用于支付的存款,如不能随时支取的定期存款，不应作为现金流量表中的现金，但提前通知银行或其他金融机构便可支取的定期存款，则包括在现金流量表中的现金概念中。

（三）其他货币资金

其他货币资金是指企业存在银行有特定用途的资金，如外埠存款、银行汇票存款、银行本票存款、信用卡存款、信用证保证金等。

（四）现金等价物

现金等价物是指企业持有的期限短、流动性强、易于转换为已知金额的现金、价值变动风险很小的投资。通常情况下，企业购买的在3个月内到期的短期债券投资可以归入现金等价物。但权益性投资变现的金额通常不确定，因而不属于现金等价物。企业应根据具体情况，确定现金等价物的范围，一经确定不得随意变更。如果发生改变，应当作为会计政策变更处理。

现金流量是指企业现金和现金等价物的流入和流出。从银行提取现金、用现金购买短期的国库券等现金和现金等价物之间的转换不属于现金流量。

二、现金流量表与资产负债表、利润表的关系

现金流量表与资产负债表和利润表并不是相互脱离，彼此独立的，它们之间有着内在的勾稽关系。根据资产负债表的平衡式分析，影响现金净流量的因素如下：

资产＝负债＋所有者权益

现金＋非现金流动资产＋非流动资产＝流动负债＋非流动负债＋所有者权益

现金＝流动负债＋非流动负债＋所有者权益－非现金流动资产－非流动资产

其中：

所有者权益＝实收资本（或股本）＋资本公积＋盈余公积＋留存收益

留存收益＝净利润＋年初未分配利润－提取的公积金－应付利润（股利）

以上分析表明，影响企业净现金流量的因素与资产负债表和利润表有关，非现金资产类项目变化与净现金流量的变化呈反方向。负债与所有者权益类项目变化与净现金流量呈同方向变化。在其他因素不变的条件下，所有者权益的变化主要与留存收益有关，而后者主要取决于公司经营活动创造的净利润以及公司的股利政策。

企业在一定时期创造的净现金流量是经营活动、投资活动和筹资活动净现金流量的总和。根据现金流量表和资产负债表的关系(见图5.1),现金流量表分析的对象为:

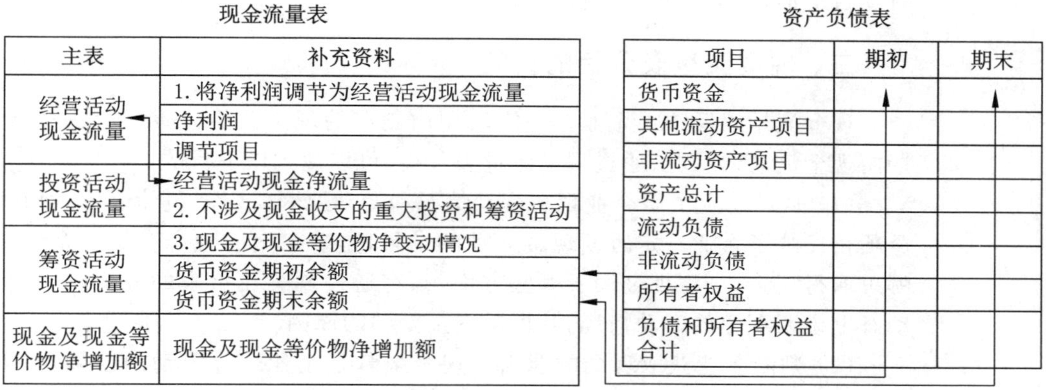

图 5.1 现金流量表与资产负债表的关系

分析对象＝期末现金及现金等价物－期初现金及现金等价物

比较资产负债表期末货币资金(包括现金等价物)与期初货币资金的差额,其目的在于分析公司一定时期净现金流量变动的原因。

图5.2描述了现金流量表与利润表的关系,以及从净利润到经营活动净现金流量的调整过程。在净利润的基础上,加上非经营活动损失(筹资和投资活动的损益),如处置固定资产、无形资产、其他长期资产损失、固定资产报废

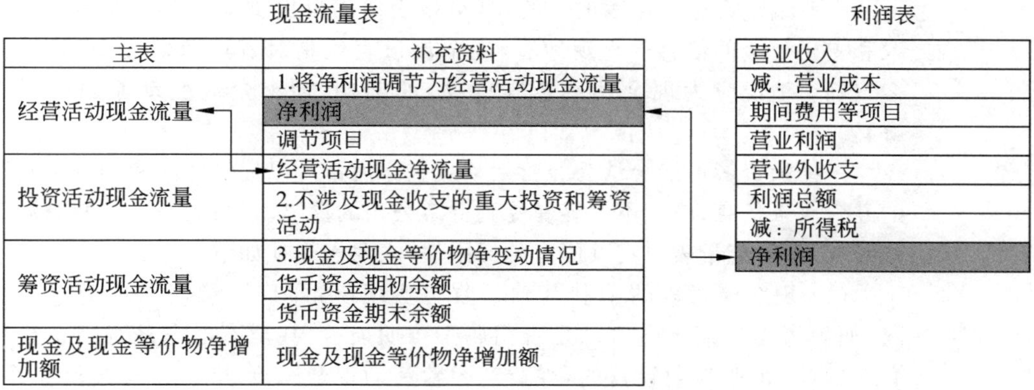

图 5.2 现金流量表与利润表的关系

损失、财务费用、投资损失（减收益）；加上不支付现金的费用，如计提的减值准备、计提固定资产折旧、无形资产推销、长期待摊费用摊销、费用减少和预提费用增加；加上非现金流动资产减少，减去非现金流动资产增加；加上经营性应付项目增加，减去经营性应付项目的减少等。

三、现金流量表分析的目的

现金流量表反映了企业在一定时期内创造的现金数额，揭示了在一定时期内现金流动的状况，通过现金流量表分析，可以达到以下目的。

（1）从动态上了解企业现金变动情况和变动原因。资产负债表中货币资金项目反映了企业一定时期现金变动的结果，是静态上的现金存量。企业从哪里取得现金，又将现金用于哪些方面，只有通过现金流量表的分析，才能从动态上说明现金的变动情况，并揭示现金变动的原因。

（2）判断企业获取现金的能力。现金余款是企业现金流动的结果，并不表明现金流量的大小。通过对现金流量表进行现金流量分析，能够对企业产生现金的能力作出判断。

（3）评价企业盈利的质量。利润是基于权责发生制计算的，用于反映当期的财务成果。利润不代表真正实现的收益，账面上的利润满足不了企业的资金需要。因此，盈利企业仍然有可能发生财务危机，高质量盈利必须有相应的现金流入作保证，这就是为什么人们更重视现金流量的原因之一。

四、现金流量表的局限性

企业编制现金流量表的目的，是给报表使用者提供某一会计期间企业赚取和支出现金的信息。直观地看，现金流量表就是对资产负债表中"货币资金"（确切地说应为现金及现金等价物）的期初、期末余额变动原因的详细解释。

一些投资者可能会认为经营活动现金净流量可以提供比净利润更加真实的经营成果信息，应该不太容易受到上市公司的操纵。但是，受其编制来源等的影响，现金流量表也有其固有的局限性，主要表现在如下两个方面。

（1）现金流量表的编制基础是收付实现制，即只记录当期现金收支情况，而不考虑这期现金流动是否归属于当期损益，甚至不考虑是否归企业所有。因此，企业当期经营的业绩与"经营活动现金净流量"并没有必然联系。而权责发生制下，企业的利润表可以正确反映当期赊销、赊购等应该确认的收入、结转的成本，从而确认其当期实际赚了多少钱——虽然可能有一部分钱没有收回来，但是我们取得了在将来某个时候收回现金的权利。因此，我们绝对不能抛开利润表，简单地把经营活动现金净流量等同于企业的经营业绩。

（2）现金流量表只是一种时点间的报表，是一种针对某两时点间关于企业现金及现金等价物余额变化项目的信息表。特定时点的现金及现金等价物余额是很容易被操纵的。

目前国内不少上市公司，就有采用临时协议还款的方式，在年末收取现金，年初又将现金拨还债务人的"作秀"行为。这样，企业年末现金余额表面上很多，应收款项也大幅冲减，从而使资产负债表和现金流量表都非常好看，而其真实的现金持有状况却并不令人满意。

正是由于三张报表都有各自的特点以及局限性，所以只有将三张报表的有关数据综合比较分析，才能更好地揭开企业财务状况的"本来面貌"，更为客观地评价企业的盈利能力、偿债能力和支付能力等。

第二节　现金流量表的分类与结构

一、影响现金流量的因素

企业的资金在不断周而复始的循环中，不同阶段的现金流量也在不断发生变动，现金流量表初步反映了这些变动的结果。但从分析的角度，我们更需要知道是什么导致了企业经营活动、投资活动和筹资活动现金流的变化。结合企业财务活动的特点，我们将影响企业现金流量变化的具体因素进行总结，如表 5.1 所示。

表 5.1　现金流量表影响因素归集表

类　　型	经营活动现金流量	投资活动现金流量	筹资活动现金流量
现金流量发生重大变化的原因	宏观经济环境 行业特点 生命周期 经营战略 企业自身的其他原因	成长期企业规模扩张 衰退期企业战略收缩或不良资产 战略调整下长期资产处置 投资收益的实现	融资环境的变化 企业自身融资能力 企业自身理财能力 企业的利润分配政策

根据表 5.1，我们将影响企业现金流量变化的五个主要因素概述如下。

(1) 宏观经济环境。任何行业、任何企业都会受到国家宏观经济环境的影响。国家针对不同经济背景制定的不同的货币政策、金融政策、财政政策、税收政策，最终都会具体影响各行各业中的企业，进而影响其现金流量的变化。例如，在宽松的经济环境下，企业经营活动的现金流量由于资本成本的降低、税收成本的降低等原因，必然表现出更加容易实现的特点。在金融政策比较宽松和国家鼓励投资的环境下，企业投资活动现金流量可能更多地表现为投资扩张。而筹资成本的降低和资金获取的容易性，可能促使企业更加愿意到银行借款或通过发行股票筹集资金。

(2) 行业特点。由于行业特点和商业惯例，不同行业的现金流量的模式也不尽相同。例如房地产行业，由于1998年房改后我国商品房存量不足、商品房价值逐渐走高、消费者需要银行贷款等原因，房地产企业基本都采用期房销售的模式，此种销售模式到目前为止都没有发生彻底变化。在此前提下，房地产行业的销售基本以预收账款的方式实现。再例如百货行业，由于价值适中、消费者习惯货比三家等原因，商业零售企业基本采用现销的模式。显然，经营活动的现金流量模式因不同的行业呈现不同的特点。同样，筹资活动的现金流量模式也具有明显的行业特征。房地产企业的资产负债率相对其他行业的要高很多，其原因是房地产行业经营周期长、产品价值大的特点，更易于银行贷款。在筹资活动现金流量中，基于资金不断周转的需要，房地产行业也有着借新款还旧款的倾向。

(3) 生命周期。如同自然人一样，一个行业、一个企业、一种产品都有其生命周期。行业、企业或者产品的生命周期既可能是重合的，也可能是独立的。企业处于不同的生命周期阶段，其经营活动的现金流量会表现出不同的特点。不仅如此，不同的生命周期阶段也会影响企业的投资活动和筹资活动的现金流量。

(4) 经营战略。生产相同系列产品的企业可能采用不同的经营战略。如从竞争战略的角度，有的企业采用成本领先战略，有的企业采用差异化战略，还有的企业采用目标集聚战略。不同的经营战略最终都会体现在企业经营活动、投资活动、筹资活动现金流量的变动上。

(5) 企业自身的其他原因。例如，企业具体的营销策略、信用政策，是否存在关联交易，甚至企业编制现金流量表的差错都会导致现金流量的变动。

二、现金流量的分类

现金流量是指某一期间内企业现金流入和流出的数量,可以分为三类,即经营活动产生的现金流量、投资活动产生的现金流量和筹资活动产生的现金流量。

(一)经营活动产生的现金流量

经营活动是指企业投资活动和筹资活动以外的所有交易和事项,包括销售商品或提供劳务、购买商品或接受劳务、收到返还的税费、支付工资、支付广告费用、交纳各项税款等。经营活动产生的现金流量是企业通过运用所拥有的资产自身创造的现金流量,主要是与企业净利润有关的现金流量。但企业一定期间内实现的利润并不一定都构成经营活动产生的现金流量。如处置固定资产的净收益或净损失虽然构成净利润的一部分,但它不属于经营活动产生的现金流量,也不是实际发生的现金流入或流出量。通过分析现金流量表中反映的经营活动产生的现金流入和流出,可以说明企业经营活动对现金流入和流出净额的影响程度,判断企业在不动用对外筹资的情况下,是否足以维持生产经营、偿还债务、支付股利和对外投资等。

各类企业由于所处行业特点不同,他们在对经营活动的认定上存在一定差异。在编制现金流量表时,应根据企业的实际情况,对现金流量进行合理的归类。

(二)投资活动产生的现金流量

投资活动是指企业长期资产的购建以及不包括在现金等价物范围内的投资的购建和处置活动。现金流量表中的"投资"既包括对外投资,又包括长期资产的购建与处置。投资活动包括取得或收回投资、购建和处置固定资产、无形资产和其他长期资产等。投资活动产生的现金流量中不包括作为现金等价物的投资,作为现金等价物的投资属于现金自身的增减变动,如购买还有1个月到期的债券等,属于现金内部各项目的转换,不会影响现金流量净额的变动。通过现金流量表中反映的投资活动产生的现金流量,可以分析企业通过投资获取现金流量的能力,以及投资产生的现金流量对企业现金流量净额的影响程度。

(三)筹资活动产生的现金流量

筹资活动是指导致企业资本及债务规模和构成发生变化的活动。筹资活动包括发行股票或接受投入资本、分派现金股利、取得和偿还公司债券等。通过现金流量表中筹资活动产生的现金流量，可以分析企业筹资的能力，以及筹资产生的现金流量对企业现金流量净额的影响程度。

企业在进行现金流量分类时，对于现金流量表中未特别指明的现金流量，应按照现金流量表的分类方法和重要性原则，判断某项交易或事项所产生的现金流量应当归属的类别或项目，对于重要的现金流入或流出项目应当单独反映。对于一些特殊的、不经常发生的项目，如自然灾害损失、保险赔款等，应根据其性质，分别归并到经营活动、投资活动或筹资活动项目中。

（四）现金流量的分类问题

财务报表使用者通常认为，较之权责发生制下的净利润，经营活动产生的现金流量比较客观，主观判断成分较少，不容易被操纵，这一想法是基于这样的理由，即公司管理层可以利用公认会计原则赋予的弹性空间，根据需要虚增利润或隐匿利润，而现金流量需要经过银行账户的进出，具有很高的可验证性，操纵难度很大，操纵成本高昂。

现金流量的计量和报告弹性虽然小于净利润，但实践表明，现金流量在分类问题上也存在着令人惊奇的弹性。譬如，企业将应收票据向银行贴现所得到的现金流量，是划分为经营活动产生的现金流量，还是划分为筹资活动产生的现金流量？实践中，这两种划分都有。2004年5月，财政部发布《关于执行〈企业会计制度〉和相关会计准则有关问题解答（四）》之前，大部分企业将应收票据获得的现金流量划分为经营活动产生的现金流量。"问题解答（四）"认为应收票据贴现的实质是，以应收票据为质押，向商业银行贷款，因而要求将应收票据贴现的相关现金流量列示为筹资活动产生的现金流量。尽管如此，仍有一些上市公司置"问题解答（四）"于不顾，将应收票据贴现的现金流量划分为经营活动产生的现金流量。

既然企业总的现金流量可以划分为经营活动、投资活动和筹资活动产生的现金流量，那么，如何分配这三部分的现金流量有时就让公司管理层煞费苦心。投资者和债权人更加看重的是经营活动产生的现金流量，并以此评估企业的盈利能力和还本付息能力。通过把投资活动和筹资活动产生的现金流量伪装成经营活动产生的现金流量，不仅可提高现金流量在投资者和债权人心目中的重要性，而且还可起到掩饰经营业绩不佳的功效。

三、现金流量的计算方法

分析现金流量时,计算经营活动现金流量的方法有两种,一种是直接法,另一种是间接法。这两种方法通常也称为编制现金流量表的方法。所以,现金流量表的具体格式又有两种:直接法下的现金流量表格式,间接法下的现金流量表格式。我国《企业会计准则——现金流量表》规定采用直接法编制,但同时要求在附注中披露用间接法来计算经营活动的现金流量,所以两者必须同时使用。现将这两种方法简单介绍如下。

1. 直接法

所谓直接法,是指通过现金收入和支出的主要类别反映来自企业经营活动的现金流量,其特点是根据经营活动现金流量的各个组成项目,分别列示有关现金来源和运用,各项目现金流量之和即为经营活动的现金流量净额。在实务中,直接法一般是以利润表中的营业收入为起算点,调整与经营活动有关的项目的增减变动,从而计算出经营活动的现金流量。例如,某企业本期发生销售成本 20 万元,其中 15 万元已通过银行付清,5 万元暂欠,当期实现销售收入 40 万元,其中 38 万元款项已收存银行,2 万元赊销,计提折旧 10 万元。假设企业无其他业务活动。

根据这些资料可以判断,该企业当期实现的利润总额为 $(40-20-10)=10$(万元),但企业实际可动用的资金并不是 10 万元,而是当期经营活动实现的现金流量净额,用直接法推算,则可知道该企业经营活动收入现金 38 万元,付出现金 15 万元,经过对比,其经营活动现金流量为 $(38-15)=23$(万元)。本例中,企业可运用的资金为 23 万元,而利润只有 10 万元,金额相差较大。因此,在确定企业经营活动现金流量时,大家可以直接找出企业经营活动的现金收入和现金支出的金额,两者对比的差额即为经营活动现金流量的净额。这种方法即为直接法。

2. 间接法

所谓间接法,是指以本期净利润为起算点,调整不涉及现金的收入、费用、营业外收支以及应收应付项目等的增减变动,从而计算出经营活动的现金流量。

在会计核算中,各种收入和费用的确认是按权责发生制认定的,即以"应收应付"作为收入、费用归属期认定的基本标准。这样的话,就会有一些项目会影响到当期利润,但不引起企业实际发生现金流入和流出,比如前例中企业实现的销售收入40万元当中有2万元是通过赊销取得的。这笔应收款项按权责发生制也应列入本期收入,从而增加该企业的当期利润。但由于这2万元并没有实际收到,也就不会引起企业实际发生这笔现金流入。

间接法的原理就是通过这些项目的调整,把企业的净利润调节为经营活动现金流量。

对企业而言,常见的调整项目具体包括:计提的资产减值准备、固定资产折旧、无形资产摊销和长期待摊费用摊销、处置固定资产、无形资产及其他长期资产的损益、固定资产报废损失、公允价值变动损益、财务费用、投资损失、递延所得税资产减少、递延所得税负债增加、存货的减少、经营性应收应付项目等。

根据前例,使用间接法推算其经营活动现金流量,则应该为净利润10万元加上不用付现的折旧10万元和暂欠的销售成本5万元,减去增加利润但未收到现金的销售收入2万元,结果也是23万元的经营活动现金流量净额,与直接法数据完全一致。

相对于间接法来看,直接法显示了经营活动现金流量的各项流入流出内容,更能体现现金流量表的目的,有助于预测企业未来的经营活动现金流量,更能揭示企业从经营活动中产生的现金来偿付债务的能力,进行再投资的能力和支付利润的能力,而间接法也有助于分析影响现金流量的原因和企业净利润的质量。因而,我国的现金流量表要求企业在报表主体部分使用直接法,并在附注中按间接法将净利润调节为经营活动现金流量。

四、现金流量表的内容和结构

我国企业的现金流量表包括正表和补充资料两部分(基本格式如表5.2所示)。表5.2是星光公司2019年1—12月的1张现金流量表的实例.

(一)现金流量表正表

正表是现金流量表的主体,企业一定会计期间现金流量的信息主要由正表提供。正表采用报告式的结构,按照现金流量的性质,依次分类反映经营活动产生的现金流量、投资活动产生的现金流量和筹资活动产生的现金流量,最后汇总反映企业现金及现金等价物净增加额。在有外币现金流量及境外子公司的现金流量折算为人民币的企业,正表中还应单设"汇率变动对现金的影响"项目,以反映企业外币现金流量及境外子公司的现金流量折算为人民币时,所采用的现金流量发生日的汇率或平均汇率折算的人民币金额与"现金及现金等价物增加额"中外币现金净增加额按期末汇率折算的人民币金额之间的差额。

现金流量表补充资料包括三部分内容:①将净利润调节为经营活动的现金流量(即按间接法编制的经营活动现金流量);②不涉及现金收支的投资和筹资活动;③现金及现金等价物净增加情况。

表 5.2 现金流量表

编制单位:星光公司 2019 年度 1—12 月 单位:元

	2019 年度	2018 年度
一、经营活动产生的现金流量		
销售商品、提供劳务收到的现金	166 387 697 953.52	135 029 126 382.98
客户存款和同业存放款项净增加额	31 898 181.64	48 934 991.36
向其他金融机构拆入资金净增加额	1 000 000 000.00	
收取利息、手续费及佣金的现金	1 051 389 792.25	1 208 127 832.48
回购业务资金净增加额	2 074 500 000.00	
收到的税费返还	1 854 373 548.43	2 356 588 272.30
收到其他与经营活动有关的现金	2 796 063 838.34	7 566 986 223.85
经营活动现金流入小计	**175 195 923 314.18**	**146 209 763 702.97**
购买商品、接受劳务支付的现金	94 214 771 389.83	78 045 526 788.80
客户贷款及垫款净增加额	7 529 473 836.40	2 343 375 955.55
存放中央银行和同业款项净增加额	−31 341 719.47	104 458 700.38
支付利息、手续费及佣金的现金	103 327 387.96	31 566 054.63
支付给职工以及为职工支付的现金	8 831 213 736.01	8 575 412 582.19
支付的各项税费	15 128 311 796.96	15 141 797 894.72
支付其他与经营活动有关的现金	21 526 452 792.90	15 026 834 183.72
经营活动现金流出小计	**147 302 209 220.59**	**119 268 972 159.99**
经营活动产生的现金流量净额	**27 893 714 093.59**	**26 940 791 542.98**
二、投资活动产生的现金流量		

续表

	2019 年度	2018 年度
收回投资收到的现金	3 130 974 036.48	6 710 785 947.97
取得投资收益收到的现金	426 919 989.41	579 489 614.76
处置固定资产、无形资产和其他长期资产收回的现金净额	9 614 513.94	6 302 072.99
收到其他与投资活动有关的现金	4 878 025 331.18	2 652 398 105.48
投资活动现金流入小计	**8 445 533 871.01**	**9 948 975 741.20**
购建固定资产、无形资产和其他长期资产支付的现金	4 713 187 965.97	3 837 549 166.56
投资支付的现金	7 192 756 039.01	15 477 712 506.03
取得子公司及其他营业单位支付的现金净额	774 183 781.48	1 029 686 312.94
支付其他与投资活动有关的现金	7 040 454 685.32	11 449 793 031.34
投资活动现金流出小计	**19 720 582 471.78**	**31 794 741 016.87**
投资活动产生的现金流量净额	−11 275 048 600.77	−21 845 765 275.67
三、筹资活动产生的现金流量		
吸收投资收到的现金	326 850 000.00	
其中:子公司吸收少数股东投资收到的现金	326 850 000.00	
取得借款收到的现金	21 268 257 923.68	27 633 970 524.35
发行债券收到的现金		
收到其他与筹资活动有关的现金		5 110 000.00
筹资活动现金流入小计	**21 595 107 923.68**	**27 639 080 524.35**
偿还债务支付的现金	27 657 703 656.20	24 227 160 995.94
分配股利、利润或偿付利息支付的现金	13 159 380 388.41	862 910 396.59
支付其他与筹资活动有关的现金		35 162 649.65
筹资活动现金流出小计	**40 817 084 044.61**	**25 125 234 042.18**
筹资活动产生的现金流量净额	−19 221 976 120.93	2 513 846 482.17

续表

	2019 年度	2018 年度
四、汇率变动对现金的影响	203 761 625.26	-196 368 149.08
五、现金及现金等价物净增加额	-2 399 549 002.85	7 412 504 600.40
加：期初现金及现金等价物余额	28 772 120 824.34	21 359 616 223.94
六、期末现金及现金等价物余额	26 372 571 821.49	28 772 120 824.34

补充资料

单位：元

	本期金额	上期金额
1. 将净利润调节为经营活动现金流量：		
净利润	24 827 243 603.97	26 379 029 817.06
加：资产减值准备	1 122 341 886.21	261 674 177.33
固定资产折旧、油气资产折耗、生产性生物资产折旧	2 977 103 353.04	2 859 799 547.55
无形资产摊销	215 796 437.95	249 550 269.72
长期待摊费用摊销	1 519 448.66	979 454.55
处置固定资产、无形资产和其他长期资产的损失（收益以"-"填列）	-4 911 230.34	-636 629.29
固定资产报废损失（收益以"-"填列）	14 205 159.72	23 701 564.64
公允价值变动损益（收益以"-"填列）	-228 264 067.88	-46 257 424.83
财务费用（收益以"-"填列）	-4 096 866 714.43	-1 112 658 684.94
投资损失（收益以"-"填列）	226 634 780.62	-106 768 935.01
递延所得税资产的减少（增加以"-"填列）	-1 267 872 732.83	-472 601 783.52
递延所得税负债的增加（减少以"-"填列）	77 753 780.32	115 790 793.93
递延收益的摊销	-57 756 542.31	-41 447 880.48
存货的减少（增加以"-"填列）	-4 049 893 387.15	-3 003 461 176.91
经营性应收项目的减少（增加以"-"填列）	-3 656 032 331.71	-10 631 225 706.46
经营性应付项目的增加（减少以"-"填列）	19 142 521 381.95	6 728 841 135.00

续表

	本期金额	上期金额
其他	−7 349 808 732.20	5 736 483 004.64
经营活动产生的现金流量净额	27 893 714 093.59	26 940 791 542.98
2. 不涉及现金收支的重大投资和筹资活动		
债务转为资本		
1年内到期的可转换公司债券		
融资租入固定资产		
3. 现金及现金等价物净变动情况：		
现金的期末余额	26 372 571 821.49	28 772 120 824.34
减：现金的期初余额	28 772 120 824.34	21 359 616 223.94
加：现金等价物的期末余额		
减：现金等价物的期初余额		
现金及现金等价物净增加额	−2 399 549 002.85	7 412 504 600.40

注：2019年受限的货币资金为99 028 143 446.15元，2018年受限的货币资金为86 250 532 987.33元。

第三节 现金流量表项目内容及其分析

对财务报表阅读者而言，虽然不需要掌握现金流量表编制的具体方法和技巧，但对报表中各项目的具体内容应该了解和掌握。现在我们以前面表5.2为例来分别说明现金流量表的各个项目是如何影响企业的现金流量的。

一、经营活动产生的现金流量

1. 经营活动流入现金项目

（1）销售商品、提供劳务收到的现金是指企业主营业务和其他业务的现金收入。一般包括：收回当期的销售货款和劳务收入款，收回前期的销售货款和劳务收入款，以及转让应收票据所取得的现金收入等。发生销售退回而支付的现金应从销售商品或提供劳务收入款中扣除。企业销售材料和代购代销业务收入收到的现金，也在本项目反映。通常可以采用以下公式：

销售商品、提供劳务收到的现金＝当期销售商品、提供劳务收到的现金＋当期收到前期的应收账款和应收票据＋当期预收的账款－当期销售退回而支付的现金＋当期收回前期核销的坏账损失

该项目是企业经营活动现金流入的主要来源，通常具有数额大、所占比重大、持续性较强的特点。在现金流量表分析中属于重点分析项目。

（2）收到的税费返还是指企业收到返还的各种税费，包括收到返还的增值税、消费税、关税、所得税和教育费附加返还款等。该项目具有数额较小、比重较小、受国家政策影响大、企业能动性小、对经营活动的现金流入整体较小，且持续性较差的特点。

（3）收到的其他与经营活动有关的现金是指企业除了上述各项目以外所收到的其他与经营活动有关的现金，如流动资产损失中由个人赔偿的现金、经营租金、与经营活动有关的罚款收入等特殊项目，如果金额相对不大，可以包括在该项目中，如果金额相对较大，则应当单列项目反映。该项目由于偶发性强，所以具有稳定性差、数额不大、不具有持续性、对经营活动的现金流入影响小的特点。注意：企业实际收到的政府补助，无论是与资产相关还是与收益相关，均在此项目中反映。

2. 经营活动流出现金项目

（1）购买商品、接受劳务支付的现金是指企业主营业务、其他业务的现金流出。一般包括当期购买材料、商品、接受劳务支付的现金（包括增值税进项税额），当期支付的前期购买商品的应付款，以及购买商品而预付的现金，扣除本期发生的购货退回而收到的现金等。通常可采用以下公式：

购买商品、接受劳务支付的现金＝当期购买商品、接受劳务支付的现金＋当期支付前期的应付账款和应付票据＋当期预付的账款－当期因购货退回收到的现金

该项目是企业经营活动现金流出的主要项目，通常具有数额大、所占比重大、持续性强的特点，是现金流量分析的重点分析项目之一。

（2）支付给职工以及为职工支付的现金是指企业以现金方式支付给职工的工资和为职工支付的其他现金。支付给职工的工资包括工资、奖金以及各种补贴等，还包括为职工支付的其他费用，如企业为职工交纳的养老金、失业等社会保险基金、企业为职工交纳的商业保险金等。企业代扣代缴的职工个人所得税，也在本项目反映。支付给从事工程项目职工的工资、奖金等，应当列入投资活动。该项目具有数额波动小的特点。

(3) 支付的各项税费是指企业按国家有关规定于当期实际支付的增值税、所得税等各种税款。包括当期发生并实际支出的税金和当期支付以前各期发生的税金以及预付的税金，包括所得税、增值税、消费税、印花税、房产税、土地增值税、车船使用税、教育费附加、矿产资源补偿费等，但不包括耕地占用税。

企业支付的各项税费应当与其生产经营规模相适应。报表阅读者应将"支付的各项税费"项目与利润表中的"税金及附加"和"所得税费用"项目的数额进行比较，从而对企业的相关税费支付状况作出判断。

(4) 支付的其他与经营活动有关的现金是指企业除上述各项目外所支付的其他与经营活动有关的现金，如经营租赁支付的租金、支付的罚款、差旅费、业务招待费、保险费，以及支付给离退休人员的统筹退休金和未参加统筹退休人员的各种费用。该项目具有数额小、稳定性差的特点。如果该项目中金额较大的，应单独列示。

3. 经营活动产生的现金流量净额

"经营活动产生的现金流量净额"项目，是经营活动现金流入减去经营活动现金流出后的净额。其结果有以下三种。

(1) 经营活动产生的现金流量净额小于零，表明企业的现金收入小于付现成本，意味着企业在销售过程中实现的现金收入不足以弥补企业在生产产品过程中因购买原材料、人工等发生的付现成本。该种状态通常出现在创业初期和成长初期的企业中。

(2) 经营活动产生的净额等于零，表明企业的现金收入恰好等于付现成本，意味着企业在销售过程中的现金收入恰好弥补了企业的付现成本。该种状态是临界状态，通常出现在成长初期向高速成长过渡的阶段。

(3) 经营活动产生的现金流量净额大于零，表明企业的现金收入在弥补了付现成本后仍有剩余，该种状态通常出现在处于成长期、成熟期的企业中。

二、投资活动产生的现金流量

1. 投资活动流入现金项目

(1) 收回投资所收到的现金是指企业出售、转让或到期收回除现金等价物以外的长期股权投资、债权投资、其他债权投资和其他权益工具投资等而收到的现金。收回债务工具实现的投资收益、处置子公司及其他营业单位收到的现金净额不包括在本项目内。该项目具有数额小、稳定性差的特点。

（2）取得投资收益所收到的现金是指企业因对外投资而分得的股利、利息或利润，不包括股票股利。该项目表明企业进入投资回收期，是相对于偶然的投资收益而言的。该投资收益来源与股权性投资和子公司、联营企业或合营企业的利润分成，具有较强的持续性。

（3）处置固定资产、无形资产和其他长期资产所收到的现金净额是指企业出售固定资产、无形资产和其他长期资产所取得的现金扣除为出售这些资产而支付的有关费用后的净额。处置固定资产、无形资产和其他长期资产而收到的现金，与处置活动支付的现金，两者在时间上比较接近，且由于金额不大，可以净额反映。如果该项目数额较大，则我们应该结合现金流量表中的其他项目判断企业可能重要的战略变化。

（4）处置子公司及其他营业单位收到的现金净额是指企业处置子公司及其他营业单位所取得的现金，减去相关处置费用以及子公司及其他营业单位持有的现金和现金等价物后的净额。该项目通常无余额。如果有余额，则表示企业当期处置了部分子公司或其他营业单位。这种对子公司或营业单位的处置行为往往表明企业的战略结构发生了改变，或者企业资金紧张的原因，只能靠变卖子公司或营业单位的收入偿债。

（5）收到的其他与投资活动有关的现金是指企业除了上述各项目以外，所收到的其他与投资活动有关的现金流入。比如，企业收回购买股票和债券时支付的已宣告但尚未领取的现金股利或已到付息期但尚未领取的债券利息等。若其他与投资活动有关的现金流入金额较大，应单列项目反映。

2. 投资活动流出现金项目

（1）购建固定资产、无形资产和其他长期资产所支付的现金是指企业为购建固定资产、购买无形资产而支付的款项，包括：购买机器设备所支付的现金及增值税款、建造工程支付的现金、支付在建工程人员的工资等现金支出；企业购入或自创取得各种无形资产的实际现金支出。不包括为建造固定资产而发生的借款利息资本化的部分，以及融资租入固定资产支付的租赁费，企业支付的借款利息和融资租入固定资产支付的租赁费，在筹资活动产生的现金流量中反映。显然，该项目是企业生产能力提高的体现，其购买的生产设备揭示了企业未来的经营战略。该项目与投资活动的现金流入中"处置固定资产、无形资产和其他长期资产收回的现金净额"项目是对应项目，分析时将两者进行比较。如果流入大于流出，说明企业正在缩小生产经营规模或者退出某个行业，反之则在扩大规模。

(2) 投资所支付的现金是指企业对外长期投资所支付的现金,包括长期股权投资、债权投资、其他债权投资和其他权益工具投资及支付其佣金与手续费等的现金。如果企业购买的债券的价款中含有债券利息,或是以债券溢价或折价购入的债券,均按实际支付的金额反映。需要注意:①该项目与投资活动产生的现金流入量中的"收回投资收到的现金"项目相对应,将两者对比,可以考察企业参与资本运作的能力和实施股权、债权的投资能力等。如果收回投资现金超出投资支付的现金,说明企业对外投资规模缩小,企业可能存在资金紧张或者发现其他需要资金的项目的情况;反之则说明企业可能有充足的现金,无法在主营业务上获得利润,不得不寻找其他投资途径。对经营主导型企业而言,从金额上看,无论是投资出去还是收回投资,其金额都不宜过大。②该项目与投资活动产生的现金流入量中的"取得投资收益收到的现金"项目相关联,将两者对比,可以解析投资支付现金的投资收益情况。③如果将"收回投资收到的现金"项目和"取得投资收益收到的现金"项目与该项目结合比较,可解析该项目的补偿机制和补偿情况。

(3) 取得子公司及其他营业单位支付的现金净额是指企业在投资子公司及其他营业单位时所支付的现金,包括因投资而产生的佣金、手续费等。该项目与投资活动现金流入的"处置子公司及其他营业单位收到的现金净额"项目是对应项目,通常无余额,若有余额则表明企业在扩张;如数额较大,则表明企业在扩张中占用了大量资金,此时应当特别关注企业现金支付的能力及取得子公司或其他营业单位未来的盈利能力。

(4) 支付的其他与投资活动有关的现金是指企业除上述各项以外所支付的其他与投资活动有关的现金流出,如企业购买股票时实际支付的价款中包含的已宣告而尚未领取的现金股利,购买债券时支付的价款中包含的已到付息期尚未领取的债券利息等。若某项其他与投资活动有关的现金流出金额较大,应单列项目反映。

3. 投资活动产生的现金流量净额

"投资活动产生的现金流量净额"项目,是指投资活动现金流入减去投资活动现金流出后的净额。其结果有下列两种。

(1) 投资活动产生的现金流入量低于现金流出量,表明企业投资规模在扩大。这多发生在企业初创阶段或成长阶段,企业因为生产能力增加不断对内投资购买固定资产;也可能发生在企业的成熟阶段,企业在现金流量比较充足的前提下对外进行了股权性投资或债权性投资。报表使用者应结合其他财务报表及报表附注等,作出合理判断。

(2)投资活动产生的现金流入量高于现金流出量,表明企业进入投资回收期。这种情形多发生在企业成熟阶段,企业因为对外投资的取得投资收益,甚至收回投资本金;也可能发生在企业战略调整阶段或企业衰退阶段,出于某些原因,企业处置了公司的长期资产、子公司或营业单位等。这两种情形可能对企业造成的影响是不同的。前者形成的现金流量通常具有持续性,从而提高企业现金流量的质量;后者形成的现金量通常是偶然的,不具有持续性。分析者应结合其他资料作出合理判断。

三、筹资活动产生的现金流量

1. 筹资活动流入现金项目

(1)吸收投资所收到的现金是指企业通过发行股票、债券等方式筹集资金实际收到的款项,减去支付的佣金、手续费、宣传费、咨询费、印刷费等发行费用后的净额。以发行股票、债券等方式筹资而由企业直接支付的审计、咨询等费用,在"支付其他与筹资活动有关的现金"项目中反映。

(2)取得借款收到的现金是指企业举借各种短期、长期借款所收到的现金。

(3)收到的其他与筹资活动有关的现金是指企业除上述各项目外所收到的其他与筹资活动相关的现金流入,如接受现金捐赠等。

2. 筹资活动流出现金项目

(1)偿还债务所支付的现金是指企业偿还债务本金所支付的现金,包括归还金融企业借款、偿付债券本金等。通常由于期限的原因,企业很可能采用借新债还旧债的方式。如果两者数据相当,则反映企业负债规模没有太多变化;但如果取得借款收到的现金远超过偿还额,则说明企业的负债水平提高,应结合报表中其他信息判断企业资金链的紧张程度。

(2)分配股利、利润或偿付利息所支付的现金是指企业当期实际支付的现金股利、支付给投资单位的利润以及支付的借款利息、债券利息等。该项目可表明企业的资金是否充足。借款付息是负债的基本要求,也是企业正常生产经营的基本要求,但分配股利不足,在此应该特别关注企业分配股利的资金来源。如果发现采用借款筹集资金来分配股利,说明企业资金紧张,现金股利的发放可能基于某些特点的目的,如满足证监会增发股票的要求等。

(3)支付的其他与筹资活动有关的现金是指企业除上述各项目外所支付

的其他与筹资活动有关的现金流出，如捐赠现金支出、融资租入固定资产支付的租赁费等。

3. 筹资活动产生的现金流量净额

"筹资活动产生的现金流量净额"项目，是指筹资活动的现金流入减去筹资活动的现金流出后的净额。其结果有下列两种：

（1）筹资活动产生的现金流量净额大于零，表明企业筹资活动现金流入量大于现金流出量，说明企业依赖外部借款或发行股票获得资金，多发生在企业初创阶段和成长阶段。在这两个阶段企业由于"自身造血能力"不足，严重依赖外部"输血"，企业现金流量的需求主要通过筹资活动来满足。企业在成熟阶段如果出现这种状态，说明企业可能因投资活动或经营活动的现金流失控，不得已进行筹资，分析者要结合其他资料分析其背后的风险。

（2）筹资活动产生的现金流量净额小于零，表明企业筹资活动的现金流出大于现金流入，说明企业对外部资金的依赖性逐渐降低，多发生在处于成熟阶段的企业中。成熟企业由于经营活动现金流量充足，投资活动需要的现金流出降低同时投资收益也日益增长，使得企业有足够的现金还本付息或者发放现金股利。当然，处于衰退阶段的企业，由于经营状况恶化，资不抵债，筹资能力较差，也有可能出现这种状态。

四、汇率变动对现金的影响额

企业在生产经营过程中，会涉及各种各样的对外业务，所以，必然会使用到外汇的收付。

1. 记账货币的选择

我国《企业会计准则》规定，企业在会计核算时，必须选择一种基本货币单位，作为记账本位币。一般的企业都应该以人民币作为记账本位币，而业务收支以外币为主的企业，也可以选定某种外币作为记账本位币，但在编制会计报表时应当折算为人民币反映。境外企业向国内有关部门呈报的财务报表，也应当折算为人民币反映。所以，企业一旦发生了以记账本位币以外的货币进行的款项收付、往来结算等业务（即外币业务）时，就应选择一定的汇率，将外币原币金额折合成记账本位币金额记入相关账户。

2. 汇兑损益的形成

目前我国企业采用的外币业务核算的主要方法是月终余额调整法，该方法在发生外币业务时，应将有关外币金额折合成记账本位币金额，而折合汇率采用外币业务发生时的汇率(原则上为中间价)。当月份终了,企业应将外币债权、债务等各种外币账户的余额,按照月末汇率折合成记账本位币金额。按照月末汇率折合成的记账本位币余额与账面记账本位币金额之间的差额,作为企业兑换外汇时的收益或损失单独处理。

因此,企业只要发生外币业务,一般都可能会由于汇率变化而形成外汇兑换收益或损失,简称汇兑损益。

【例5.1】 飞天公司进口一批货物,买价10万美元,当日中间汇率为1∶6.9,假设公司货物已收到,款项一直到月底都未支付,月末汇率为1∶6.7,则公司在业务发生时,应将进口业务的原币金额10万美元按当日汇率6.9兑换成人民币69万元记入到"应付账款——美元"账户当中。到了月底,"应付账款——美元"的外币明细账债务账户中的外币原币余额仍然为10万美元,按月底汇率6.7兑换的人民币金额为67万元,账面记账本位币金额则为69万元,两者的差额2万元经分析为债务的减少,因此应作为企业的汇兑收益处理。所以,在企业发生的这笔外币业务中,由于汇率变动(由发生日的6.9至月底的6.7)使10万美元的外币金额在兑换过程中形成了2万元的汇兑收益。

3. 汇率变动对现金的影响

同样道理,企业在编制现金流量表时,也应当将企业外币现金流量以及境外子公司的现金流量折算成记账本位币,而汇率变动对现金的影响,应作为调节项目,在现金流量表中单独列示,专门反映由于现金流量发生日使用汇率与编表日使用汇率不一致而形成的折算出的记账本位币的差额。

【例5.2】 飞天公司当期出口商品一批,售价100万美元,收汇当日汇率为1∶6.95。当期进口货物一批,价值50万美元,付汇当日汇率为1∶6.92,资产负债表日(期末汇率)为1∶6.9,假设当期没有其他业务发生。则本公司汇率变动对现金的影响金额计算如下:

经营活动流入的现金(美元)　　　　　1 000 000
汇率变动　　　　　　　　　　　　　(6.90−6.95＝ −0.05)
汇率变动对现金流入的影响额(人民币)　−50 000 (−0.05×1 000 000)
经营活动流出的现金(美元)　　　　　　500 000
汇率变动　　　　　　　　　　　　　(6.90−6.92＝ −0.02)
汇率变动对现金流出的影响额(人民币)　−10 000　(−0.02×500 000)
汇率变动对现金的影响额　　　　　　　−40 000　[−50 000−(−10 000)]
报表中:

经营活动流入的现金	6 950 000
经营活动流出的现金	3 460 000
经营活动产生的现金流量净额	3 490 000
汇率变动对现金的影响	—40 000
现金及现金等价物净增加额	3 450 000

随着我国加入 WTO 和世界经济一体化进程的加快,企业涉及外币业务将越来越多。如果汇率变动对现金的影响额较大,需要借助于财务报表附注的相关内容分析其原因及合理性。

在实务当中,确认汇率变动对现金的影响,也可不必像前面那样,对当期发生的外币业务进行逐笔计算,而可在编制现金流量表时,通过报表附注中"现金及现金等价物净增加额",与报表中"经营活动产生的现金流量净额""投资活动产生的现金流量净额""筹资活动产生的现金流量净额"三项之和比较,其差额即为"汇率变动对现金的影响"。

五、关于补充资料的说明

补充资料是现金流量表非常重要的组成部分,反映的内容也特别多,报表阅读者要全面了解现金流量表的有关信息的话,就必须仔细琢磨补充资料所披露的信息。

(一) 补充资料的构成

总的来说,补充资料是由三方面内容构成的。

1. 将净利润调节为经营活动的现金流量

实际上就是前面所提到的,以本期净利润为起算点,用间接法调整不涉及现金的收入、费用、营业外收支以及有关项目的增减变动,据此计算出经营活动的现金流量。利润表反映的当期净利润是按权责发生制原则确认和计量的,而经营活动的现金流量净额是按收付实现制确认和计量的;而且当期净利润既包括经营净损益,又包括不属于经营活动的损益。因此,采用间接法将净利润调节为经营活动的现金流量净额时,主要需要调整四大类项目:

(1) 实际没有支付现金的费用;

(2) 实际没有收到现金的收益;

(3) 不属于经营活动的损益;

（4）经营性应收应付项目的增减变动。

2. 不涉及现金收支的投资和筹资活动

该项目反映企业一定会计期间影响资产、负债但不影响该期现金收支的所有投资和筹资活动的信息。这些投资和筹资活动是企业的重大理财活动，对以后各期的现金流量会产生重大影响，因此，应单列项目在补充资料中反映。目前，我国企业现金流量表补充资料中列示的不涉及现金收支的投资和筹资活动项目主要有以下几项。

（1）债务转为资本是指企业本期转换为资本的债务金额。

（2）1年内到期的可转换公司债券是指企业1年内到期的可转换公司债券的本息。

（3）融资租入固定资产是指企业本期融资租入固定资产计入长期应付款科目的金额。

3. 现金流量净增加额

即通过对现金、银行存款、其他货币资金账户以及现金等价物的期末余额与期初余额比较得出的数额。而且补充资料中的净增加额应与现金流量表的最后一项"五、现金及现金等价物净增加额"金额相等，并以此作为核对标准。

（二）补充资料项目说明

具体来看，补充资料的每一个项目都有特定的含义。其中，"不涉及现金收支的投资和筹资活动"与"现金及现金等价物净增加情况"这两大块内容的详细项目均可根据字面意义简单、准确地领会其中的含义，但"将净利润调节为经营活动的现金流量"中的有关项目在阅读时比较难以理解。因此，对这部分内容作进一步重点说明。需要调整的项目具体包括：计提的资产减值准备、固定资产折旧、无形资产和长期待摊费用摊销、处置固定资产、无形资产和其他资产损益、固定资产报废损失、公允价值变动损失、财务费用、投资损益、递延所得税资产、递延所得税负债、存货、经营性应收应付项目，以下分别说明。

1. 计提的资产减值准备

企业计提的资产减值准备(包括坏账准备、存货跌价准备、长期股权投资减值准备、债权投资减值准备、投资性房地产减值准备、固定资产减值准备、在建工程减值准备、无形资产减值准备、商誉减值准备)都会直接或间接地减少当期利润,但并没有发生实际的现金流出。为了将净利润调节为经营活动现金净流量,应将当期计提的减值准备加回到净利润中。

【例 5.3】 2019 年 1 月 1 日,飞天公司应收账款余额为 1 800 000 元,坏账准备贷方余额为 9 000 元;2019 年度内,核销应收账款 4 000 元;2019 年 12 月 31 日,飞天公司应收账款余额为 2 096 000 元,坏账准备已有贷方余额 5 000 元(9 000－4 000);2019 年 12 月 31 日,坏账准备贷方余额应为 10 480 元,需要补提坏账准备金额为 5 480 元(10 480－5 000)。补提的坏账准备金额为 5 480 元,在将净利润调节为经营活动现金流量时应当加回。

2. 固定资产折旧

企业计提固定资产折旧时,有些直接列入"管理费用""销售费用"等各种期间费用;有些则先计入"制造费用",在企业产品完工和销售以后,依次被转入"生产成本""产成品"和"主营业务成本"等账户,最终通过销售成本的方式体现出来。不管是哪种方式,企业的折旧费都会被列入当期利润表、减少当期利润。但计提固定资产折旧本身并没有发生现金流出,所以应在调节利润时加回。

3. 无形资产摊销和长期待摊费用摊销

无形资产和长期待摊费用摊销时,记入了管理费用,但并没有发生现金流出,所以在调整时应将本年摊销额加回到净利润中。

4. 处置固定资产、无形资产和其他长期资产的损益

处置固定资产、无形资产和其他长期资产,不属于企业的经营活动,而应划分为投资活动。所以,其所产生的损益,应在调整经营活动现金流量时,从净利润中转出。

【例 5.4】 飞天公司 2019 年出售设备一台,原价 200 000 元,已提折旧 150 000 元,收到出售价款 60 000 元,发生运输费用 3 000 元,则公司在处置固定资产时形成的收益为 60 000－(200 000－150 000)－3 000＝7 000(元),已记入当期损益,增加了利润 7 000 元,为调节出经营活动现金流量,应当将这 7 000 元从净利润中减去。

5. 固定资产报废损失

固定资产盘亏、报废损失,均记入了营业外支出,列入了利润表,但这部分损失并没有发生现金流出,所以应在调节净利润时加回。应引起重视的是,固定资产盘亏、报废损失一般均指净损失,如果发生固定资产盘盈和报废清理收益,则应从净利润中减去。

6. 公允价值变动损失

公允价值变动损失反映企业持有的交易性金融资产、交易型金融负债、采用公允价值模式计量的投资性房地产等公允价值变动形成的净损失。

【例 5.5】 2018 年 12 月 31 日,飞天公司持有交易性金融资产的公允价值为 1 600 万元,2019 年度未发生交易性金融资产的增减变动,2019 年 12 月 31 日,该企业持有交易性金融资产的公允价值为 1 610 万元,公允价值变动损益为 10 万元。这 10 万元的资产持有利得,在将净利润调节为经营活动现金流量时应当扣除。

7. 财务费用

企业发生的财务费用可以分别归属于经营活动、投资活动和筹资活动。比如应收票据贴现、销售产品和购买原材料所产生的汇兑损益属于经营活动;购买固定资产所产生的汇兑损益属于投资活动;支付的利息属于筹资活动等。调整净利润时,应把属于投资活动与筹资活动的部分调整出去。

【例 5.6】 飞天公司本年共发生财务费用 50 000 元,其中属于经营活动的为 20 000 元,均以现金支付,属于筹资活动和投资活动的分别为 20 000 元和 10 000 元,则在调节净利润时,应加回(20 000+10 000)=30 000(元)。

8. 投资损失(减:收益)

投资收益是因为投资活动所引起的,不属于经营活动,所以在调节净利润时,应将这部分损益从净利润中转出。在调整时,应注意其方向,如为投资净收益,由于原来增加了利润,所以调节净利润时应减去;若为投资净损失时,则应在调节净利润时加回。

9. 递延所得税资产减少(减:增加)

递延所得税资产是用来处理资产账面价值与资产计税基础之间由于暂时性差异而影响所得税的金额。企业实际交纳所得税是按应纳税所得额计算的,而会计处理所得税费用是按会计利润计提的,这两者的差额被称作"递延所得税资产"。

由于递延所得税资产这部分金额并没有发生现金流入或流出,但在利润表中已列入了所得税费用,影响了会计净利润。所以,在调节经营活动现金流量时,需要调增或调减净利润。具体方法是,比较年末年初递延所得税资产账户余额,若为递延所得税资产增加,调节净利润时应减去,若为递延所得税资产减少,调节净利润时应加回。

【例 5.7】 飞天公司税前会计利润为 200 万元,有某项设备原值 40 万元,按税法规定使用期为 10 年,到期无残值,公司自己选定使用年限为 8 年,所得税税率 25%。假定公司递延所得税资产期初无余额,则该公司本年度发生的递延所得税资产计算如下。

① 按税法规定使用期为 10 年,每年摊销折旧费为 4 万元(40÷10);自己选定使用年限为 8 年,每年摊销折旧费为 5 万元(40÷8);所以,第一年资产的账面价值和计税基础的暂时性差异为 1 万元(5−4)。说明企业比税法规定多提 1 万元折旧费用。因此应纳税所得额就应在会计利润的基础上加回多提的折旧费,即为 201 万元(200+1)。

② 根据会计利润计算,所得税费用为 50 万元(200×25%);根据应纳税所得额计算,应交所得税为 50.25 万元(201×25%),暂时性差异影响本期所得税差额为 0.25 万元(50.25−50),所以,递延所得税资产的金额为借方的 0.25 万元。会计账务处理为

借:所得税费用　　　 500 000
　　递延所得税资产　　2 500
　　贷:应交税费——应交所得税　502 500

通过会计分录可以看得更清楚,企业当期实际向税务部门交纳的税金为 502 500 元,但计入所得税费用导致利润减少的金额为 500 000 元,差额 2 500 元出现在递延所得税资产的借方。因此,计算企业当期经营活动现金流量时应从净利润中减去递延所得税资产金额 2 500 元。

10. 递延所得税负债增加(减:减少)

递延所得税负债反映企业资产负债表"递延所得税负债"项目的期初余额与期末余额的差额。

11. 存货的减少(减:增加)

存货指企业在生产经营过程中为生产经营耗用或为销售而储存的各种物资。存货的购入有多种结算方式,如果是赊购的话,则在当期不需要付出现金,也就不会导致企业发生现金流量变动;如果是现购,则企业必须使用支票、本票等各种形式完成款项支出,故此时存货的增减变动会直接导致企业经营活动现金流量的变化。在现金流量表中,赊购对现金的影响是通过调整应付账款的增减变动来反映的。所以,如果某一期间期末存货比期初存货增加了,说明当期购入的存货除耗用外,还余留了一部分,即除了为当期销售成本包含的存货发生现金支出外,还为增加的存货发生了现金支出,故应在调节净利润时减去。反之,若某一期间期末存货比期初存货减少了,说明本期生产过程耗

用的存货有一部分是期初的存货,耗用这部分存货并没有发生现金支出,所以应加回到净利润中。总而言之:存货增加,说明现金减少,存货减少,说明现金增加。

【例 5.8】 飞天公司年初存货为 10 万元,年末存货为 25 万元,则年末比年初存货增加 15 万元,所以应在调节净利润时减去 15 万元。

12. 经营性应收项目

经营性应收项目主要指应收账款、应收票据和其他应收款中与经营活动有关的部分,而且这部分的款项不仅包括应收的货款,而且还包括应收的增值税销项税额。如果某一时期的期末应收账款或应收票据余额小于期初应收账款或应收票据余额,说明本期从客户处收到的现金大于利润表中所确认的销售收入,有一部分期初应收账款或应收票据在本期收到。所以应在调整经营活动现金时将应收账款和应收票据的减少数加回到净利润中。

【例 5.9】 飞天公司年初应收账款中货款为 75 万元,年末应收货款为 50 万元,则经营性应收项目减少了 25 万元,这 25 万元是实收现金大于销售收入的差额,因此,调节经营活动现金流量时应从净利润中加回 25 万元。反之,则从净利润中减去。

13. 经营性应付项目

经营性应付项目主要指应付账款、应付票据、应付职工薪酬、应交税费、其他应付款等与经营活动有关的部分,而且还包括应付的增值税进项税额。如果某一时期企业期末应付账款或应付票据的余额小于期初应付账款或应付票据余额,说明有一部分前期的欠款本期支付,企业实际付出的现金大于利润表中所确认的销售成本,所以应在调整经营活动现金时将应付账款和应付票据的减少数从净利润中减去。反之,如果企业期末应付账款或应付票据的余额大于期初应付账款或应付票据余额,则应从净利润中加回。

【例 5.10】 飞天公司年初应付账款余额中货款 40 万元,年末应付账款余额中货款为 35 万元,则企业年末应付账款余额小于年初余额 5 万元,调节时应从净利润中减去。

第四节 现金流量分析的相关理论

本节介绍与现金流量分析相关的生命周期理论和波士顿矩阵。掌握这两个相关理论,有助于分析和评估企业的现金流量特性及其演变趋势。

一、生命周期理论与现金流量分析

如同自然人一样,一个行业、一个企业和一种产品都要经历着"出生—成长—成熟—衰亡"的生命周期。生命周期理论是分析现金流量的重要工具。生命周期理论是基于这样的假设,即一个企业从创立到衰亡通常要经历四大发展阶段:创业阶段、成长阶段、成熟阶段和衰退阶段。

在这些不同的生命周期阶段,企业经营活动、投资活动和筹资活动产生的现金流量均呈现不同的特征,如图5.3所示。

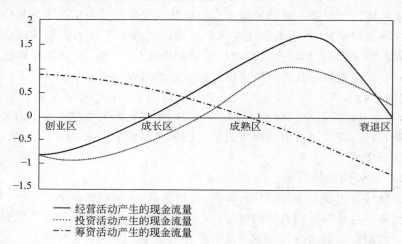

图5.3 生命周期不同阶段现金流量表现特征

(一)创业企业及其现金流量趋势分析

在创业阶段,企业患有现金饥渴症,它们需要资金支付员工工资、购买设备和原材料,加快生产产品和开拓市场。由于市场尚未打开,产品质量和品牌知名度不高,资金周转困难,企业面临的经营风险和财务风险都很高。对于这种类型企业的财务报表,极难用传统的报表分析方法进行分析。在公开资本市场发行证券并将经营状况报告给投资者前,这样的企业通常由私人拥有,或者接受风险投资。风险资本家是一种专业的投资者,他们有特殊的专长对创业阶段的企业进行评估,他们看中的是未来收入和现金流量的前景。

在创业阶段,企业的财务特征主要表现为:

① 没有销售收入或只有少量的销售收入；
② 经营亏损或勉强盈利；
③ 经营活动产生的现金流量入不敷出；
④ 投资活动产生的现金流出金额巨大；
⑤ 筹资活动产生的现金流量是维系企业正常运转的首要资金来源。

（二）成长企业及其现金流量趋势分析

企业的成长阶段可以分为两个时期，第一时期是新兴成长期。这是生存下来的创业企业发展进程的转折点。在这一时期，企业产品或服务得到市场的认可，产品市场高速成长，但由于需要大量的资本支出，且产品的规模经济还是不很明显，达到盈亏平衡点还需要艰辛的努力。造成亏损的原因很大一部分来自非现金支出的费用，主要是固定资产的折旧和其他长期资产的摊销等。销售收入的增加和回笼以及应付账款的增加，使经营活动产生的现金流量大为改观。这一阶段的资本支出很大，持续的固定资产购建活动需要大量的外部融资，如长期负债和股票融资。第二时期是高速成长期。此时，企业的产品得到市场的广泛接受，市场占有率迅速扩大，企业的投资回报丰厚，经营风险微不足道。在这一阶段，企业的财务特征主要表现为：

① 销售收入快速增长；
② 经营利润大幅提升；
③ 经营活动产生的现金流量增长迅速，但并不宽裕，因而面对众多的投资机会和诱人的投资回报，企业会毫不犹豫将经营活动产生的现金流量用于扩大经营规模；
④ 投资活动产生的现金流出呈减缓趋势；
⑤ 对筹资活动产生的现金流量依赖性大为降低，给股东的回报（如现金股利）有所增加。

（三）成熟企业及其现金流量趋势分析

进入成熟期后，市场容量日趋饱和，企业面临的市场竞争日益白热化。此时，企业的市场份额不断被蚕食，经营风险加大，投资回报下降。在这一阶段，企业的财务特征主要表现为：

① 销售收入增长缓慢或急剧减少；
② 经营利润停滞不前；
③ 经营活动产生的现金流量十分充裕，因为面对日益险恶的市场环境，

企业只好让经营活动产生的现金流量大量沉淀,或用于偿还负债;

④ 投资活动产生的现金流量大幅增加,因为此时的固定资产折旧和其他资产的摊销往往大于资本性支出;

⑤ 筹资活动产生的现金流量快速下降,因为企业此时除了加快偿还银行借款外,通常还会通过回购库存股份或提高派现比例,将剩余的资金回馈给股东。

(四) 衰退企业及其现金流量趋势分析

处于衰退时期的企业,竞争空前惨烈,产品面临被淘汰或被新产品替代的局面,经营风险和投资风险居高不下。在这一阶段,企业的财务特征主要表现为:

① 销售收入极度萎缩;

② 经营巨额亏损;

③ 经营活动产生的现金流量急剧下降,甚至可能出现入不敷出的局面;

④ 投资活动产生的现金流量因企业的战略撤退而持续下降;

⑤ 筹资活动产生的现金流量因企业经营规模的裁减等原因而日益枯竭。

二、波士顿矩阵与现金流量分析

波士顿矩阵为现金流量分析提供了一个全新的视角。波士顿矩阵是由从事企业战略和市场营销咨询业务的波士顿咨询集团于1968年提出的。这一理论提供了一个将市场成长性、市场占有率与现金流量相互联系在一起的分析框架。根据波士顿矩阵,企业的产品可分为四类:现金明星、现金奶牛、现金瘦狗、问题小孩,它们与市场成长性、市场占有率的相互关系如图5.4所示。

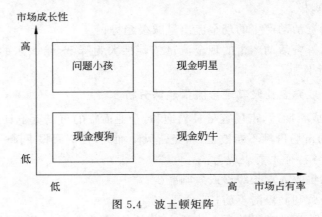

图5.4 波士顿矩阵

(一) 现金明星

这是企业产品处于成长时期的最佳状态。在这一时期里,企业的产品市场具有很高的成长性,且企业产品的市场占有率很高。拥有这类产品的企业,其销售收入具有很高的成长潜力,但现金流量并不十分充裕。现金明星的"强项"在于创造利润,而非现金。

(二) 现金奶牛

这是企业产品处于成熟时期的次优状态。在这一时期里,企业产品的市场占有率虽然很高,但产品市场处于产品生命周期的成熟阶段,成长性较低,产品所需的支持成本也较低。拥有这类产品的企业,其销售收入的成长性有限,但现金流量十分充裕。现金奶牛"吃进去的是青草,挤出来的是现金"。

(三) 现金瘦狗

这是企业产品处于衰退时期的最差状态。在这一时期里,企业的产品市场不断萎缩,企业产品的市场占有率很低,产品的开发和销售需要大量的资金支持。拥有这类产品的企业,其销售收入每况愈下,现金流量入不敷出、捉襟见肘。现金瘦狗非但"挤不出"现金,反而"吃掉"现金。

(四) 问题小孩

这是企业产品处于成长时期的次优状态。在这一时期里,尽管企业的产品市场处于高速成长阶段,但企业产品因缺乏竞争力或促销不力,市场占有率偏低,且产品的开发和销售需要大量的资金支持。拥有这类产品的企业,其销售收入成长潜力充满不确定性,现金流量缺乏稳定性,有时甚至入不敷出。问题小孩麻烦不断,投入多,产出少。"调教"得好,问题小孩可以转化为现金明星,"调教"得不好,问题小孩可能转化为现金瘦狗。

第五节 现金流量分析

一、现金流量质量分析

所谓现金流量的质量,是指企业的现金流量能够按照企业的预期目标进行运转的质量。具有较好质量的现金流量应当具有如下特征:第一,企业现金流量的状态体现了企业的发展战略的要求;第二,在稳定发展阶段,企业经营活动的现金流量应当与企业经营活动所对应的利润有一定的对应关系,并能为企业的扩张提供现金流量的支持。

(一) 经营活动产生的现金流量的质量分析

1. 经营活动现金流量的真实性分析

由于没有现金流量支持的收入和利润"含金量"低,容易受到报表使用者的质疑,所以虚增收入和利润的财务造假企业往往同时虚增销售商品、提供劳务收到的现金或(和)经营活动现金净流量。

经营活动现金流量的真实性问题主要体现在三个方面:一是虚增销售收入,虚增销售商品、提供劳务收到的现金,同时虚增经营活动现金流出项;二是虚增经营活动现金净流量,同时虚增其他活动现金流出;三是利用现金流量在三种活动中的错误归类虚增经营活动现金净流量。

(1) 虚增收入,虚增销售商品、提供劳务收到的现金,同时虚增经营活动现金流出项目。企业在虚增收入时,为了使得其作假不那么明显,通常需要相应地虚增销售商品、提供劳务收到的现金,但由于期末现金存量难以作假,所以往往同时虚增购买商品、接受劳务支付的现金等经营活动现金流出项,以抵销或部分抵销虚增销售商品、提供劳务收到的现金对期末现金的影响。

(2) 虚增经营活动现金净流量,同时虚增其他活动的现金流出。典型的是蓝田股份的造假案例。当年蓝田股份通过虚增主营业务收入虚增利润,同时通过虚增投资支出达到财务报表平衡的目的。当然,虚增收入和利润,往往伴随着虚增留存收益以及虚增资产,因此可以从资产的真实性入手,相互验证。

(3) 利用现金流量在三种活动中的错误归类虚增经营活动现金净流量。将投资活动或筹资活动现金流入计入经营活动现金流入项,或将经营活动现金流出计入投资活动或筹资活动现金流出,以达到虚增经营活动现金净流量的目的。在著名的世界通讯公司会计丑闻案中,便涉及通过现金流转换增加经营活动现金流量。

【案例 5.1】 世界通信公司财务造假

2002 年度对于美国第二大长途电信运营商世界通信公司来说,是灾难性的一年。6 月 25 日,在位于密西西比州的世界通信总部,上任不到两个月的首席执行官发布消息:内部审计发现,2001 年度和 2002 年度第一季度,世界通信公司通过将支付给其他电信公司的线路和网路费用确认为资本性支出,在 5 个季度里低估期间费用、虚增利润 38.25 亿美元。消息公布后,世界通信的股价跌至 0.06 美元。6 月 26 日美国证券交易委员会（SEC）迅速向联邦法院申请对世界通信的诉讼。司法部和国会宣布对世界通信公司的财务丑闻展开调查。8 月 8 日，世界通信公司再次宣布通过延伸至以前年度的自查自纠发现，1999 年度和 2000 年度税前利润被高估 34.66 亿美元。11 月 5 日，世界通信公司第三次宣布，又发现了 20 亿美元的虚假利润，至此世界通信公司承认的子虚乌有的利润超过 93 亿美元。司法部门介入调查后，发现世界通信公司在 1998—2002 年第 1 季度虚假的利润已经超过 110 亿美元，创下财务舞弊空前的世界纪录。

世界通信公司的主要会计舞弊手法之一，就是以"预付容量"为借口，要求分支机构将原已确认为经营费用的线路成本转至固定资产等资本支出账户，以此降低经营费用，高估经营利润。相应地，将经营活动支出的现金转移至投资活动支出的现金，从而改变了现金流量结构，达到隐瞒虚增利润的目的。根据 SEC 和美国司法部的调查，这类造假金额高达 38.52 亿美元。

这种舞弊手法在夸大利润的同时，虽然不改变现金流量净额，但却改变了世界通信公司的现金流量结构。由于世界通信公司使用间接法编制现金流量，经营活动产生的现金流量是以净利润为基础，通过对不涉及现金和现金等价物的事项进行调整得出的。其他条件保持不变，高估利润必然会夸大经营活动产生的现金流量。此外，按照美国的现金流量表准则，在线路成本方面的支出属于经营活动的现金流出，而资本支出则属于投资活动的现金流出。将线路成本转化为资本支出，相当于将线路成本作重分类，因而，本应在现金流量表反映为经营活动产生的现金流出，结果被反映为投资活动产生的现金流出，严重误导了投资者、债权人等报表使用者对世界通信公司现金流量创造能力的判断。简言之，世界通信公司的舞弊性会计分录不仅夸大经营利润，而且高估了经营活动现金流量，使投资者误以为世界通信公司的经营利润有相应的"真金白银"的流入，具有很高的欺骗性。这也是导致 SEC 失察、投资者上当的主要原因之一。

2. 经营活动现金流量的持续性和稳定性

经营活动现金流量的持续性主要体现为公司目前的发展能否持续，是否有足够的经营活动现金支持，资金的来源是否稳定。

分析一个公司经营活动产生的现金流量，可以从整个经营活动现金流量的趋势来分析，了解企业之前的经营活动现金流量，与今年相比是怎样变化的，为什么这么变化。比如今年经营活动产生的现金流量增加了许多，那么我们应该关注这种增加是由于公司主营业务扩张引起的,还是由于一次性交易或者其他非特殊性因素引起的。

一次性增加经营活动现金流量的方式包括延长货款支付的时间,利用关联方代垫费用,加快货款回收等方式。采用这些方式可能是因为交易对方现金情况较好,能够较早支付货款等,但是也可能是以牺牲未来更大的发展为代价,比如恶性拖欠货款支付等,在这种情况下经营活动产生的现金流量的持续性则较差。

下面以中牧股份为例,分析其经营活动现金流量的持续性和稳定性。

【案例 5.2】 中牧股份公司的经营活动现金流量

中牧股份公司是一家以动物生物制品、饲料、饲料添加剂、兽药和畜牧业生产资料贸易以及相关产品的进出口贸易业务为主营业务的上市公司。其2003年年报显示公司实现净利润 2 296 万元,同时经营活动产生的净现金流量为 35 206 万元。可以看出后者远远超过前者。细查公司的资产负债表发现两者差距大的主要原因是年末公司各项应付款项的增加。数据显示年末应付票据余额为 16 276 万元,与期初相比增加了 13 514 万元。其中主要的部分是关联方中牧集团鱼粉采购款 14 327 万元。如果公司在年末将此应付票据支付,那么经营活动现金流量净额则会大大减少。

公司在 2004 年 1 月 29 日支付了中牧集团鱼粉采购款,结果公司 2004 年上半年的经营活动产生的现金流量净额为 -28 167 万元,整年的经营活动现金流量净额为 12 390 万元,相比 2003 年大幅下降。由此可以看出,某一次经营活动现金流量的增加不一定就是可以持续的,需要结合当时的具体情况分析。

另外,还需要考虑经营活动产生的现金流量的结构。一般而言,"销售商品、提供劳务收到的现金"占整个经营活动现金流入的比率越大,那么整个现金流量较为稳定。当然这也需要结合当时市场情况以及公司以前年度的销售情况及发展情况来分析。

(二)投资活动产生的现金流量的质量分析

评价投资活动现金流量的质量主要应关注其重要性和持续性。对于投资活动现金流量的重大项目,无论是流入或是流出,都需要重点关注,分析其持续性。对于现金流入,比较遗憾的是,其包括的 5 个项目通常来说都持续性较差。而对于现金流出,要看是由购建固定资产等与主业相关的资本性支出引起的,还是由投资金融资产支付的现金引起的。对于前者,往往意味着公司主业规模的扩张,投产后会带来收入、利润以及经营活动现金流量的增加;对于后者,可能是多余资金的保值或是"不务正业"的投机,一般不会提升公司未来的持续盈利能力以及价值。

1. 投资活动现金流量的合理性

投资活动现金流量是企业发展战略的体现。应关注现金流量的特征是否符合企业的发展战略、发展方向和投资计划相一致。同时还应分析投资活动现金流量的合理性,是否过于激进。

如果企业的盈利能力保持上升或稳定,有不错的经营活动现金流量支撑,那么进行一些固定资产等长期经营资产的购建是恰当、合理的。如果企业盈利能力不佳或者大幅下滑,经营活动现金流量紧张,完全依靠融资来进行大的资本性扩张则就太过激进,很容易产生资金链断裂的风险。下例中的尚德电力便是因为激进扩张后资金链断裂导致破产重组的。

【案例5.3】 尚德电力公司激进扩张资金链断裂导致破产重组。

尚德电力公司(已退市)是位于无锡的一家从事晶体硅太阳电磁组建、硅薄膜太阳电池和光伏发电系统的研发、制造与销售的国际化高科技企业,于2005年在美国纽交所上市。

2013年3月20日,尚德电力公司被无锡市中级人民法院认定实施破产重组,直接原因是资金链断裂,无力偿还巨额债务。

2013年3月21日,新华社发布了《无锡尚德电力公司破产重整两大原因造成负债累累》一文。文中提到,尚德电力公司对光伏主要原材料多晶硅的价格走势两度判断失误,高价与美国、韩国的多晶硅企业签订长期订单,导致公司背上了沉重的原材料负担。另外,作为新兴的光伏产业在未来技术路线上存在多种不确定性。尚德电力公司一度认为,薄膜电池可能是未来技术方向之一。在盈利下滑、资金不充裕的情况下,再举债追加数千万美元的投资,最后却"竹篮打水"。

从尚德电力公司的现金流量表中,也可以看出一些资金断裂的"烟瘾"。2009—2011年,公司每年都有较多的投资活动现金净流出,三年投资活动现金流量分别是-4.4亿美元、-2.4亿美元和-5.8亿美元。而从2010年起,公司的经营活动现金流量大幅下滑,2010年经营活动现金流量由上年的2.9亿美元急速下滑至-0.3亿美元,当年公司新取得了2.5亿美元的借款。2011年公司投资活动流出现金5.8亿美元,当年经营活动现金流量虽有好转但仍不足 2009 年的三分之一,当年又不得不借款 1 亿多美元。尚德电力公司在盈利、经营活动现金流量大幅下滑的情况下,靠借款进行持续大额的投资终不能持续,2013 年初这个光伏巨头被负债压倒了。

具体见表 5.3。

表 5.3　尚德电力的现金流(2009—2011 年)　　单位:亿美元

	2009 年	2010 年	2011 年
经营活动现金流	2.9	-0.3	0.9
投资活动现金流	-4.4	-2.4	-5.8
筹资活动现金流	4.8	3.0	1.0

2. 投资活动现金流量的真实性

投资活动现金流量的舞弊主要体现在两个方面:一是虚增现金流量;二是在不同活动现金流量之间进行粉饰调节。

虚增投资活动现金流量比较容易理解,其往往伴随着虚增利润、资产等项目,因为利润表、资产负债表和现金流量表是相互关联的。比如 2001 年曝出的上市公司蓝田股份造假事件,就体现为三张报表的虚增:利润表虚增收入和利润;资产负债表虚增固定资产、存货和股东权益;现金流量表虚增经营活动现金净流量和投资活动现金流出。蓝田股份主要是通过虚增主营业务收入来虚增利润,同时将虚增的现金通过投资活动现金流出中的"购买固定资产、无形资产和其他长期资产所支付的现金"抵销,结果导致长期资产的虚增。

除了虚增现金流量外,不同活动现金流量之间的内部调节也是一种常用的粉饰手段,为的是让企业的现金流量表更亮丽,更为投资者所喜爱。一般来说,投资者喜欢看到企业有充足的经营活动现金流,且有陆续的资本性扩张,以保证未来经营活动现金流量的持续增长。所以,投资者喜欢企业呈现这样的现金流量:经营活动现金流量为正且保持一定的增长,同时投资活动现金流量中有持续的固定资产、无形资产等长期资产投资。

(三)筹资活动产生的现金流量的质量分析

1. 筹资活动现金流量的合理性

企业的筹资活动产生的现金流入主要用于两个方面:一是维持现有生产的必要支出;二是为扩大生产、开展新的业务或投资到非核心资产上。

若是企业长期将筹集来的资金都投入到维持现有生产上,则说明现有业务自身创造现金流量的能力很弱,维持业务还需要外部融资。这种融资往往是不得已而为之。

一般来说,企业会用大部分筹集的资金为未来的发展进行投资,这时就需要分析其筹资的合理性。无论是股权筹资还是债权筹资,都具有成本,资金所有者都要求获得回报。若扩大的生产、开展的新业务或非核心资产的收益率低于平均筹资成本(有的甚至低于银行贷款利率),那这种筹资就是不合理的。

2. 筹资活动现金流量的真实性

筹资活动现金流量的真实性一般会比较高,因为筹资活动的现金流入主要是公司发行股份、取得借款或者是发行债券进行融资,一般情况下这些都会受到比较严格的监管。现金流出主要是公司支付的债券利息和红利,也不容易粉饰和操纵。

二、现金流量比率分析

企业真正能用于偿还债务的是现金流量。在现金流量信息中,经营活动的现金净流量的信息最值得关注。将经营活动的现金流量与其他报表项目的有关信息进行比较,可以分析评价企业偿还债务的能力、支付股利的能力、获取现金的能力等。现根据表 5.1 所列示的现金流量表有关数据,计算并列示常用的现金流量比率指标如下:

(一)现金流量偿债能力分析

公司的偿债能力最终由资产的流动性,即资产的周转与变现能力来评价。所有公司资产中,现金和现金等价物的变现速度最快、变现能力最强。因此,用现金流量来衡量和评价偿债能力,是最稳健、最能说明问题的分析方法。现金流量比率与流动比率、速动比率、资产负债率等结合起来分析,能对公司的偿债能力作出更准确的判断和评价。因此,现金流量在评价偿债能力比率的体系中占有重要地位,具有重要作用。

现金流量和债务的比较可以更好地反映企业偿还债务的能力。

1. 现金到期债务比

$$现金到期债务比 = \frac{经营活动现金净流量}{本期到期的债务}$$

本期到期的债务是指本期到期的长期债务和本期应付票据。通常这两种债务是不能延期的,必须如期偿还。该比率越高,则偿债能力越好。由于本期到期的长期债务和应付票据到期时,不一定有继起的长期债务和应付票据接续,必须靠经营活动现金净流量偿还,因此经营现金净流量与到期债务的偿还有内在联系。

根据星光公司的报表资料,已知该公司本期到期的长期债务是 25 285 207 843.86 元,则:

现金到期债务比 = 27 893 714 093.59 ÷ 25 285 207 843.86 = 1.10

该比率越高,说明企业偿付到期债务的能力就越强。如果该比率小于 1,说明企业经营活动产生的现金不足以偿付到期债务本息,企业必须对外筹资或出售资产才能偿还债务。

2. 现金流动负债比

$$现金流动负债比 = \frac{经营活动现金净流量}{流动负债}$$

现金流动负债比率是从现金流入和流出的动态角度对企业的实际偿债能力进行分析。由于有利润的年份不一定有足够的现金(含现金等价物)来偿还债务,所以利用以收付实现制为基础计量的现金流动负债比率指标,能充分体现企业经营活动所产生的现金净流量可以在多大程度上保证当期流动负债的偿还,直观地反映出企业偿还流动负债的实际能力。用该指标评价企业偿债能力更加谨慎。该指标越高,表明企业经营活动产生的现金净流量越多,越能保障企业按期偿还到期债务,但也并不是越高越好,该指标过大则表明企业流动资金利用不够充分,获利能力不强。

根据星光公司的报表资料,已知经营现金净流量是 27 893 714 093.59 元,期末流动负债是 169 568 300 209.60 元,则:

现金流动负债比 = 27 893 714 093.59 ÷ 169 568 300 209.60 = 0.16

经营活动现金净流量是全年的净流入,如果它具有代表性,明年也将陆续取得同样多的现金,可以用于偿还流动负债。流动负债是期末余额,这些债务将在 1 年内陆续到期。现金是陆续取得的,而负债也是陆续到期的,不断产生的现金用来偿还不断出现的到期债务。那么,是不是经营现金净流量必须大于流动负债呢?不是的,新的流动负债也在不断提供新的资金,经营现金需要满足的只是周转所需的现金。通常认为,运作比较好的公司其现金流量比率应大于 0.4。该指标数值越大,企业偿还短期债务的能力越强。

3. 现金债务总额比

$$现金债务总额比 = \frac{经营活动现金净流量}{债务总额}$$

根据星光公司的报表资料,已知经营现金净流量是 27 893 714 093.59 元,期末债务总额是 170 924 500 892.2 元,则:

现金债务总额比 = 27 893 714 093.59 ÷ 170 924 500 892.2 = 0.16

经营活动的现金净流量与全部债务(包括流动负债和长期负债)的比率,可以反映企业用每年的经营活动现金流量偿付所有债务的能力。这个比率越高,说明企业承担债务的能力越强。星光公司最大的付息能力是 16%,即利息达 16% 时企业仍能按时付息。只要能按时付息,就能借新债还旧债,维持债务规模。显然该企业的付息能力较强。

4. 现金比率

$$现金比率 = \frac{现金}{流动负债}$$

现金是指会计期末公司所拥有的现金数额,包括现金和现金等价物,可以从现金流量表中的"期末现金及现金等价物余额"项目获得此数据。

根据星光公司的报表资料,已知期末现金及现金等价物余额为 26 372 571 821.49 元,期末流动负债余额为 169 568 300 209.60 元,则:

现金比率 = 26 372 571 821.49 ÷ 169 568 300 209.60 = 0.16

该指标是否合理,还应当结合同行业分析或本公司多个会计期间的趋势分析,以便作出客观的评价。

5. 现金流量利息保障倍数

现金流量利息保障倍数是指公司经营活动现金净流入与利息费用的比率。该指标反映经营活动产生的现金流量净额是利息费用的多少倍。

$$现金流量利息保障倍数 = \frac{经营活动现金净流量}{利息费用}$$

根据星光公司的报表资料,已知财务费用中的利息费用为 1 598 276 258.59 元,则:

现金利息保障倍数 = 27 893 714 093.59 ÷ 1 598 276 258.59 = 17.45

现金流量利息保障倍数比利息保障倍数更能反映公司的偿债能力。当公司息税前利润和经营活动净现金流量变动基本一致时,这两个指标结果相似。但如果公司正处于高速成长期,息税前利润和经营活动净现金流量相差很大,使用现金流量利息保障倍数指标更稳健、更保守。

(二) 获取现金能力分析

获取现金的能力可通过经营现金净流入和投入资本的比值来反映。投入资源可以是营业收入、总资产、净营运资金、净资产或普通股股数等。

1. 营业收入现金比率

$$营业收入现金比率 = \frac{经营现金净流量}{营业收入}$$

根据星光公司的报表资料，已知该公司的营业收入是 198 153 027 540.35 元，则：

营业收入现金比率 = 27 893 714 093.59 ÷ 198 153 027 540.35 = 0.14

该公司每元销售可以提供 0.14 元的现金净流量，用它与同行业的水平相比，可以评价公司的获取现金能力的强弱；与历史的水平相比，可以评价获取现金能力的变化趋势。该比率越高越好。

2. 每股经营现金净流量

$$每股经营现金净流量 = \frac{经营活动现金净流量}{流通在外的普通股股数}$$

根据星光公司的报表资料，已知该公司流通在外的普通股股数为 5 969 908 800 股，则：

每股经营现金净流量 = 27 893 714 093.59 ÷ 5 969 908 800 = 4.67(元/股)

经营活动的现金净流量与流通在外的普通股股数的比率，可以反映出每股流通在外普通股的现金流量多少。这个比率越高，说明企业进行资本支出和支付股利的能力越强。而且该指标反映企业最大的分派股利能力，超过此限度，就要借款分红。

3. 全部资产现金回收率

全部资产现金回收率，是指经营现金净流量与全部资产的比值，反映企业运用全部资产获取现金的能力。

$$全部资产现金回收率 = \frac{经营现金净流量}{全部资产}$$

根据星光公司的报表资料，已知该公司全部资产总额为 282 972 157 415.28 元，则：

全部资产现金回收率 = 27 893 714 093.59 ÷ 282 972 157 415.28 = 0.099

该比率表明，星光公司的每元投资可以产生 0.099 元现金。该指标与同行业水平相比,可以评价每元资产获取现金的能力;与本企业历史水平相比,可以看出获取现金能力的变化。

4. 盈余现金保障倍数

盈余现金保障倍数是企业一定时期经营现金净流量与净利润的比值,反映了企业当期净利润中现金收益的保障程度,真实反映了企业盈余的质量,是评价企业盈利状况的辅助指标。

$$盈余现金保障倍数 = \frac{经营现金净流量}{净利润}$$

盈余现金保障倍数是从现金流入和流出的动态角度,对企业收益的质量进行评价,在收付实现制的基础上,充分反映出企业当期净利润中有多少是有现金保障的。一般来说,当企业当期净利润大于 0 时,盈余现金保障倍数应大于 1。该指标越高,表明企业经营活动产生的净利润对现金的贡献越大。如果该比率小于 1,说明本期净利润中存在尚未实现现金的收入。在这种情况下,即使公司盈利,也可能发生现金短缺。因此,需要进一步对应收账款进行分析。应收账款的增加可能有以下三方面原因:

① 为了扩大市场份额而导致赊销增加;
② 公司规模扩大(资产增加)导致应收账款增加;
③ 盈余管理促成虚列收入,应收增加。

第一种原因可以借助指标:销售商品、提供劳务收到的现金/经营活动现金流入量来分析,若该指标持续上升,应收账款的增加尚属正常;第二种原因可以借助指标:(期末总资产－期末应收账款)÷(期初总资产－期初应收账款)来分析,若该指标上升,说明公司规模扩大,债权资产增加也属正常;若非前两种原因,则有利用应收账款操纵利润之嫌。

根据星光公司的报表资料,已知该公司净利润额为 24 827 243 603.97 元。

盈余现金保障倍数 = 27 893 714 093.59÷24 827 243 603.97 = 1.124

这一比率主要反映经营活动的现金净流量与当期净利润的差异程度,也即当期实现的净利润中有多少现金作保证。如果企业操纵账面利润,一般是没有相应的现金流量。通过这一指标,对于防止企业操纵利润而给报表使用者带来误导,有一定的积极作用。如果发现有的企业账面利润很高,而经营活动的现金流量不充足,甚至出现负数,应格外谨慎地判断企业的经营成果。

(三) 财务弹性分析

现金流量表除了揭示企业不同阶段面临不同的风险,现金流量表也提供了有关企业财务弹性的重要信息。通过分析现金流量,财务报表使用者可以据此对下列问题作出判断。

(1) 面对市场突然出现的机遇或逆境,企业的现金流量和现金储备是否足以应对?

(2) 企业支付股利的保障能力如何?

(3) 假如企业的外部融资渠道突然变得很窄或融资成本升高,企业是否有能力依靠内部资金维持或扩大经营?

(4) 假如企业经营恶化,是否有能力偿还到期债务?

这些问题的实质是财务弹性,通过现金流量分析,评估企业的财务弹性是财务报表分析的重要目标之一。

所谓财务弹性,是指企业对市场机遇和市场逆境的应变能力。对于拥有充裕经营性现金流量和现金储备的企业而言,一旦市场出现难得的投资机会或其他有利可图的机遇,他们就可迅速加以利用。而一旦市场出现意想不到的市场逆境,他们也可以游刃有余,坦然应对,还本付息和股利支付的能力也能得到很好的保障。反之,对于经营性现金流量"捉襟见肘"、现金储备严重匮乏的企业,面对再好的投资机会和其他机遇,也只能"望洋兴叹",对于始料不及的市场逆境,它们丧失还本付息和股利支付能力,并有可能从此一蹶不振。

衡量企业财务弹性的一个最重要的财务指标就是现金满足投资比率,这一指标的计算公式如下。

1. 现金满足投资比率

现金满足投资率,是指经营活动现金净流入与资本支出、存货购置及发放现金股利的比值,它反映经营活动现金满足主要现金需求程度。其计算公司为

$$现金满足投资比率 = \frac{近5年经营活动现金净流量}{近5年资本支出、存货增加、现金股利之和}$$

如果现金满足投资率大于1,表明企业经营活动所形成的现金流量能够满足企业日常基本需要,不需要外部筹资;若该比率计算结果小于1,说明企业现金来源不能满足股利和经营增长的需要,不足的现金靠减少现金余额或外部筹资提供。某一年的现金满足投资比率,不一定能说明问题,用5年或5

年以上的数据计算,可以剔除周期性和随机性影响,得出更有意义的结论。如果一个企业的现金满足投资比率长期小于1,则其理财政策没有可持续性。

2. 现金股利保障倍数

现金股利保障倍数是指经营活动净现金流量与现金股利支付额之比,反映企业支付现金股利的能力。现金股利保障倍数越高,说明企业的现金股利占获取经营现金的比重越小,企业支付现金越有保障。其计算公式如下:

$$现金股利保障倍数 = \frac{经营活动现金净流量}{现金股利额}$$

用5年或者更长时间的数据计算该比率,可以剔除股利政策变化的影响。

(四) OPM 策略对财务弹性和现金流量的影响

在分析财务弹性与现金流量之间的关系时,还必须考虑企业运营资本管理中 OPM(Other People's Money)策略的影响。所谓 OPM 策略,是指企业充分利用做大规模的优势,增强与供应商的讨价还价能力,将占用在存货和应收账款的资金及其成本转嫁给供应商的运营资本管理策略。简言之,OPM 策略本质上是利用供应商的钱做生意。衡量 OPM 策略是否卓有成效的关键指标是现金转化周期,其计算公式如下:

现金转化周期=(应收账款周转天数+存货周转天数)-应付账款周转天数

现金转化周期越短,表明企业在运营资本管理中所采用的 OPM 策略越成功。成功的 OPM 策略不仅有助于增强企业的财务弹性,还可增加经营活动产生的现金流量。

【案例 5.4】 一枝独秀的戴尔电脑

追求低成本战略的戴尔公司,堪称个人电脑行业的传奇。自1989年上市以来,戴尔公司除了在1994会计年度出现4 300万美元的亏损外,其他会计年度均连续保持盈利,而其竞争对手 IBM 的个人电脑业务连年经营亏损,最后不得不卖给联想集团。康柏电脑也因为经营亏损被惠普收购,真可谓"冰火两重天"。表5.4列示了戴尔公司过去5个会计年度的主要财务指标。

表 5.4 戴尔公司主要财务指标   单位:百万美元

	2002 年	2003 年	2004 年	2005 年	2006 年
资产总额	13 535	15 470	19 311	23 215	23 100
负债总额	8 841	10 597	13 031	16 730	18 980

续表

	2002 年	2003 年	2004 年	2005 年	2006 年
其中：流动负债	7 519	8 933	10 896	14 136	15 927
股东权益	4 694	4 873	6 280	6 485	4 129
销售收入	31 168	35 404	41 444	49 205	55 908
净利润	1 780	2 122	2 645	3 323	3 825
经营性现金净流量	3 797	3 538	3 670	5 310	4 839
资本性支出	303	305	329	525	728
偿还借款现金流出	530	506	505	505	504
利息支出	29	17	14	16	28
支付现金股利	—	—	—	—	—
总资本收益率/%	38.8	48.5	50.0	51.0	65.2

＊总资本收益率＝(税前利润＋利息费用)÷(长期负债＋股东权益)。取自戴尔公司网站的资料。

戴尔公司过去 5 年的销售收入和净利润每年以两位数字高速成长,总资本收益率高得令人难以置信,而且,戴尔公司的财务弹性也十分出类拔萃。表 5.5 列示了衡量戴尔公司财务弹性的相关财务指标。

表 5.5　戴尔公司财务弹性指标

	2002 年	2003 年	2004 年	2005 年	2006 年
现金流量充裕率	4.56	4.36	4.40	5.16	3.93
现金投资满足比率	12.53	11.60	11.16	10.11	6.64
现金流量利息保障倍数	130.93	208.12	262.14	331.88	172.82
经营性现金流量对流动负债比率	0.51	0.40	0.33	0.38	0.30

可以看出,除了经营性现金流量对流动负债比率较低外,其他财务指标都非常高,表明戴尔公司具有异常强的财务弹性。戴尔公司超强的财务弹性,主要归功于它在运营资本管理中对 OPM 策略的运用卓有成效。表 5.6 列示了戴尔公司的现金转化周期。

表 5.6　戴尔公司现金转化周期

	2002 年	2003 年	2004 年	2005 年	2006 年
存货/百万美元	278	306	327	459	576
应收账款/百万美元	2 269	2 586	3 071	3 563	4 089
应付账款/百万美元	5 075	5 989	7 316	8 895	9 840
存货周转天数	4	3	3	4	4
应收账款周转天数	29	28	27	27	29
减：应付账款周转天数	69	68	70	73	77
现金转化周期	−36	−37	−40	−42	−44

现金转化周期由 2002 会计年度的 −36 天扩大到 −44 天，戴尔公司占用在存货和应收账款上的资金不仅完全由供货商解决，而且还无偿占用了供应商提供的资金长达 36~44 天。可见，采用 OPM 战略不仅降低了戴尔公司的利息负担，而且赋予它无与伦比的财务弹性，这也回答了为何戴尔公司经营性现金流量对流动负债比率偏低的原因。戴尔公司现金转化周期之所以如此神奇，除了归功于其在运用资本管理上成功地运用了 OPM 战略，也与它奉行的其他低成本战略如订单制造法和战略联盟有关。订单制造法大幅降低了戴尔公司的存货周转天数，战略联盟的选择使戴尔公司有机会利用其全世界最大个人电脑制造商的地位，增强其与零部件供应商的讨价还价能力，不断延长零部件采购的付款期限。这些独特的经营战略，加上在研发支出、广告消费支出和管理费用上的严格控制，是造就戴尔公司在竞争空前惨烈的个人电脑行业中一枝独秀的秘籍。

三、现金流量结构分析

现金流量的结构分析是指将现金流量表中某一项目的数字作为基数（即为 100%），再计算出该项目各个组成部分占总体的百分比，以分析各项目的具体构成，使各个组成部分的相对重要性明显地表现出来，从而揭示现金流量表中各个项目的相对地位和总体结构关系，用以分析现金流量的增减变动情况和发展趋势。

(一)现金收入结构分析(现金流入结构分析)

它分为总收入结构和三项活动(经营活动、投资活动、筹资活动)收入的内部结构分析。它是反映企业的各项业务活动的现金流入。如经营活动的现金流入、投资活动的现金流入、筹资活动的现金流入等在全部现金流入中的比重以及各项业务活动现金中具体项目的构成情况,明确企业的现金究竟来自何方,要增加现金流入主要依靠什么等,如表5.7所示。

表5.7 现金收入结构分析表
2019年度

	金额/元	百分比/%
经营活动现金流入小计	**175 195 923 314.18**	**85.36**
销售商品、提供劳务收到的现金	166 387 697 953.52	81.07
客户存款和同业存放款项净增加额	31 898 181.64	0.02
向其他金融机构拆入资金净增加额	1 000 000 000.00	0.49
收取利息、手续费及佣金的现金	1 051 389 792.25	0.51
回购业务资金净增加额	2 074 500 000.00	1.01
收到的税费返还	1 854 373 548.43	0.90
收到其他与经营活动有关的现金	2 796 063 838.34	1.36
投资活动现金流入小计	**8 445 533 871.01**	**4.12**
收回投资收到的现金	3 130 974 036.48	1.52
取得投资收益收到的现金	426 919 989.41	0.21
处置固定资产、无形资产和其他长期资产收回的现金净额	9 614 513.94	0.01
收到其他与投资活动有关的现金	4 878 025 331.18	2.38
筹资活动现金流入小计	**21 595 107 923.68**	**10.52**
吸收投资收到的现金	326 850 000.00	0.16
其中:子公司吸收少数股东投资收到的现金	326 850 000.00	0.16
取得借款收到的现金	21 268 257 923.68	10.36
收到其他与筹资活动有关的现金		
现金流入合计	205 236 565 108.87	100.00

从表 5.7 中可以看出,在企业当年流入的现金中,经营活动流入的现金占 85.36%,投资活动流入的现金占 4.12%,筹资活动流入的现金占 10.52%。即企业当年流入的现金主要来源于经营活动,也有一部分来自企业的筹资活动,来自于投资活动的现金极少。在经营活动流入的现金中,主要来自销售的现金收入,占 95%。该企业要增加现金收入,主要还是要依靠经营活动,特别是来自销售的现金收入,其次是筹资活动中的借款。

(二)现金流出结构分析

它是指企业各项现金流出占企业当期全部现金流出的百分比,它具体地反映企业的现金用在哪些方面,从而可以知道要节约开支应从哪些方面入手。

它也分为总流出结构和三项流出的内部结构分析,如表 5.8 所示。

表 5.8 现金支出结构表

2019 年度

	金额/元	百分比/%
经营活动现金流出小计	**147 302 209 220.59**	**70.87**
购买商品、接受劳务支付的现金	94 214 771 389.83	45.33
客户贷款及垫款净增加额	7 529 473 836.40	3.62
存放中央银行和同业款项净增加额	−31 341 719.47	−0.02
支付利息、手续费及佣金的现金	103 327 387.96	0.05
支付给职工以及为职工支付的现金	8 831 213 736.01	4.25
支付的各项税费	15 128 311 796.96	7.28
支付其他与经营活动有关的现金	21 526 452 792.90	10.36
投资活动现金流出小计	**19 720 582 471.78**	**9.49**
购建固定资产、无形资产和其他长期资产支付的现金	4 713 187 965.97	2.27
投资支付的现金	7 192 756 039.01	3.46
取得子公司及其他营业单位支付的现金净额	774 183 781.48	0.37
支付其他与投资活动有关的现金	7 040 454 685.32	3.39
筹资活动现金流出小计	**40 817 084 044.61**	**19.64**

续表

	金额/元	百分比/%
偿还债务支付的现金	27 657 703 656.20	13.31
分配股利、利润或偿付利息支付的现金	13 159 380 388.41	6.33
支付其他与筹资活动有关的现金		
现金流出合计	207 839 875 735.98	100.00

从表5.8计算可知,在企业当年流出的现金中,经营活动流出的现金占70.87%,投资活动流出的现金占9.49%,筹资活动流出的现金占19.64%。在经营活动流出的现金中,购买商品占63.96%,职工工资占6%。在筹资活动流出的现金中,偿还借款占67.76%,是引起大量现金流出的主要原因。

(三) 现金净流量结构分析

现金净流量结构是指经营活动、投资活动、筹资活动以及汇率变动影响的现金收支净额占全部现金净流量的百分比,它反映企业的现金净流量是如何形成与分布的,可以反映出收大于支或支大于收的有关原因,为进一步分析现金净流量的增减变动因素指明方向,可参见表5.9。

表5.9 现金净流量结构分析表

年度:2019年

	金额/元	百分比/%
经营活动现金净流量	27 893 714 093.59	1162.46
投资活动现金净流量	−11 275 048 600.77	−469.88
筹资活动现金净流量	−19 221 976 120.93	−801.07
汇率变动的影响	203 761 625.26	8.49
现金净流量合计	−2 399 549 002.85	100.00

从表5.9中计算可知,该公司经营活动尚属正常,其现金净流量为正数。但由于经营活动现金流出中支付的其他与经营活动有关的现金和支付各项税费的影响,使现金流出大幅增加。另外投资活动和筹资活动的现金流出数远远大于流入数,其主要是本年度内偿还借款所支付的现金大幅增加。与此同时,公司还支付了大量的现金红利,故该公司全部的现金净流量为负数,说明

支大于收,说明该公司资金呈现净流出状态。

经典案例

新三板企业浩淼科技公司的现金流量质量分析

明光浩淼安防科技股份公司(以下简称"浩淼科技")2017年6月在中国证监会网站披露招股说明书,拟转A股,在深交所创业板公开发行2 210万股,发行后总股本8 839万股。然而该企业经营性现金净流量在三年中两年为负的。

公开资料显示,浩淼科技公司的主营业务为消防车的研发、生产、销售以及相关技术服务,一直致力于为公安消防部门以及石油、化工、电力、煤炭、机场等企业提供管类、举高及特种类消防车产品,同时还积极拓展保障车、防爆车等其他公共安全与急救援装备业务。据了解,浩淼科技于2015年1月27日正式在新三板挂牌,自2015年12月进入上市辅导阶段。招股书显示,浩淼科技本次IPO计划募集资金1.6亿元,用于年产80辆举高及特种类消防车项目、消防车技改项目和研发中心建设项目。

业绩方面,浩淼科技公司2014—2016年实现营业收入分别为20.62亿元、26.45亿元和30.18亿元,同期净利润为1 420.61万元、2 776.88万元和3 702.21万元,经营活动产生的现金流量净额分别为-5 579.94万元、4 466.36万元和-1.46亿元。

招股书显示,2014—2016年末,浩淼科技公司的应收账款账面价值为7 844.32万元、6 650.7万元和11 372.08万元,占同期营业收入的比例分别为38.04%、25.15%和37.68%。浩淼科技称,公司应收账款客户主要为公安消防部门以及国有大中型企业,信誉良好,信用风险较低,且公司对应收账款充分计提了坏账准备。同时,公司制定了完善的应收账款管理制度,并采取了积极的收款措施,但仍然存在应收账款不能按期收回或无法收回产生坏账的风险,进而对公司业绩和生产经营产生不利影响。

本次发行前,2014—2016年,浩淼科技公司扣除非经常性损益后归属于公司股东的按净利润口径计算的加权平均净资产收益率分别为10.31%、23.42%和18.2%。

2016年度报告显示,浩淼科技公司的营业收入为3.02亿元,较上年同期增长 14.11%;归属于挂牌公司股东的净利润为 3 702.21 万元,同比增长 33.32%;基本每股收益为 0.63 元,较上年同期增长 23.53%。截至 2016 年 12 月 31 日,浩淼科技公司资产总计 3.73 亿元,较上年期末增长 29.23%,资产负债率为 34.12%,较上年期末的 56.21%下降了 22.09 个百分点。经营活动产生的现金流量净额本期为－1 455.60 万元,上年同期为 4 446.36 万元。2016 年度净利润与上年同期相比增加了 33.23%,主要原因有二:一是公司业务规模扩大,营业收入增加;二是公司加大研发投入,开发了高附加值的产品,毛利率上升。

案例思考题

(1) 公司近三年的营业收入和净利润均持续上涨,而经营活动产生的现金净流量却出现波动,其中两年为负,有哪些原因会导致这种情况发生?

(2) 如何评价公司的现金流量质量?

(3) 如何评价公司的盈利质量?

关键术语

现金　现金等价物　现金流量　经营活动现金流量　投资活动现金流量　筹资活动现金流量

本章小结

现金流量分析是评价企业的财务状况和经营绩效的一项重要内容。本章以现金流量表为依据,讨论现金流量分析的内容和方法。

现金流量分析以现金流量表为主要资料,同时结合资产负债表、利润表等财务报表进行。现金流量的分析可以对企业获取现金的能力作出评价,并且使偿债能力和收益能力评价更加全面。

现金流量分析要着重掌握现金流量、现金流入、现金流出以及现金净流量等概念。现金流量是指企业在一定时期内的现金和现金等价物的流出和流入的数量。现金流量可以分为经营活动的现金流量、投资活动的现金流量和筹资活动的现金流量。

现金流量的结构包括现金流入结构、现金流出结构和现金净流量结构。通过结构分析,就可以掌握现金主要来自哪里,主要用往何处,现金流入、流出和净流量如何构成等各种信息,并对其作出评价。

现金流量比率是现金流量与相关项目数据相比所得的值。

通过现金偿债能力的分析，可以对企业的偿债能力作出更稳健的判断和评价；通过现金支付能力的分析，可以对企业的支付能力作出判断和评价；通过净收益质量的分析，可以对企业以权责发生制为基础的净收益的质量作出判断和评价。

思考题

1. 现金流量表中现金的范围与日常所指现金的范围有什么区别？
2. 现金流量如何分类？
3. 在现金流量表中，哪些项目具有勾稽关系？
4. 什么是现金流量质量，良好的现金流量的质量特征是什么？
6. 如何评价收益质量？
7. 如何理解财务弹性？衡量财务弹性的指标有哪些？
8. 企业为什么会经常出现"有利润而没钱"的情况？

练习题

一、单项选择题

1. 经营活动产生的现金流量净额大于零，表明(   )。
    A. 企业盈利
    B. 企业亏损
    C. 企业的现金收入在弥补了付现成本后仍然有剩余
    D. 企业处于成长阶段

2. 编制现金流量表的主要目的是(   )。
    A. 反映企业某一时点的财务状况
    B. 反映企业的经营成果
    C. 全面评价企业的经营业绩
    D. 提供企业在一定时间内的现金和现金等价物流入和流出的信息

3. 下列项目中，发生后会导致经营活动现金流量净额减少的行为是(   )。
    A. 固定资产计提折旧   B. 应收账款减少
    C. 无形资产摊销   D. 存货增加

4. 反映净收益质量的主要标志是(   )。
    A. 经营活动现金流量   B. 投资活动现金流量
    C. 筹资活动现金流量   D. 现金及现金等价物净增加额

5. 下列活动中,不属于企业筹资活动的是( )。
   A. 企业发行债券　　　　　　　　　　　B. 企业增发股票
   C. 企业发放股利　　　　　　　　　　　D. 企业购买股票
6. 现金流量表编制方法中的直接法和间接法是用来反映( )。
   A. 投资活动的现金流量　　　　　　　　B. 经营活动的现金流量
   C. 筹资活动的现金流量　　　　　　　　D. 上述三种活动的现金流量
7. 企业将应收票据贴现给银行所获得的现金,应该属于在( )。
   A. 经营活动的现金流入　　　　　　　　B. 投资活动的现金流入
   C. 筹资活动的现金流入　　　　　　　　D. 现金等价物的增加
8. 下列不影响现金流量的业务是( )。
   A. 以固定资产对外投资　　　　　　　　B. 分得现金股利或者利润
   C. 吸收权益性投资收到现金　　　　　　D. 支付融资租入设备款
9. 下列现金流量比率中,最能够反映企业盈利质量的指标是( )。
   A. 现金毛利率　　　　　　　　　　　　B. 现金充分性比率
   C. 流动比率　　　　　　　　　　　　　D. 盈余现金保障倍数
10. 在企业处于高速成长阶段,投资活动现金流量往往是( )。
    A. 流入量大于流出量　　　　　　　　　B. 流出量大于流入量
    C. 流入量等于流出量　　　　　　　　　D. 不一定

二、多项选择题

1. 下列属于筹资活动产生的现金流量是( )。
   A. 融资租赁固定资产支付的租金　　　　B. 分配股利或利润支付的租金
   C. 购建固定资产而发生的借款利息　　　D. 减少注册资本所支付的现金
2. 下列属于投资活动产生的现金流量有( )。
   A. 固定资产的购建与处置　　　　　　　B. 无形资产的购建与处置
   C. 债权性投资的利息收入　　　　　　　D. 以现金形式收回的资本金
3. 下列事项中不影响现金流量变动的是( )。
   A. 接受投资转入固定资产　　　　　　　B. 收回对外投出的固定资产
   C. 用现金收购本企业股票实现减值　　　D. 在建工程完工转入固定资产
4. 现金等价物应具备的特点是( )。
   A. 期限短　　　　　　　　　　　　　　B. 流动性高
   C. 易于转化为已知金额的现金　　　　　D. 价值变动风险很小
5. 我国的现金流量表将现金流量分为( )。
   A. 经营活动产生的现金流量　　　　　　B. 税项
   C. 投资活动产生的现金流量　　　　　　D. 筹资活动产生的现金流量

6. 下列选项中,属于企业筹资活动的不当行为是(　　)。
   A. 采用高利贷的方式筹资　　　　B. 企业借款金额远超实际需求
   C. 企业为某一新项目增发股票　　D. 出售子公司
7. 以下项目中,会使现金增加的有(　　)。
   A. 以固定资产进行投资　　　　　B. 销售商品收入货款和增值税款
   C. 以存款偿还债务　　　　　　　D. 分得股利
8. 从净利润调整到经营活动产生的现金流量,应该调整的项目有(　　)。
   A. 资产减值准备　　　　　　　　B. 固定资产折旧
   C. 无形资产摊销　　　　　　　　D. 长期待摊费用摊销
9. 下列活动中,属于经营活动产生的现金流量有(　　)。
   A. 销售商品收到的现金　　　　　B. 分配股利支出的现金
   C. 提供劳务收到的现金　　　　　D. 缴纳税款支出的银行存款
10. 属于筹资活动现金流量的项目的有(　　)。
    A. 短期借款的增加　　　　　　　B. 支付给职工的现金
    C. 或有收益　　　　　　　　　　D. 分配股利所支付的现金

三、判断题

1. 在现金流量表上,应在本期利润的基础上加上折旧费用,因此折旧费用是一项现金来源。
2. 企业从银行提取现金,属于企业不同货币形态之间的转换,并不属于现金的流入或流出。
3. 现金流量表对于不涉及现金收支的投资活动和筹资活动均不予以反映。
4. 如果发现有的企业账面利润很高,而经营活动的现金流量不充足,甚至出现负数,应格外谨慎地判断企业的经营成果。
5. 现金流动负债比越大,说明企业短期偿债能力越差。
6. 在现金流量表中,利息收入和利息支出反映为投资活动的现金流量,股利收入和股利支出反映为筹资活动的现金流量。
7. 是否作为现金等价物,主要标志是从购入日至到期日在3个月或更短时间内转化为已知现金的投资。
8. 现金流量表中的经营活动,是指企业投资活动和筹资活动以外的交易和事项,销售商品或提供劳务、处置固定资产、分配利润等产生的现金流量均包括在经营活动产生的现金流量中。
9. 经营活动产生的现金流量大于零,说明企业盈利。
10. 应付账款、应付票据等商业应付款属于经营活动,不属于筹资活动。

四、综合计算及案例分析题

1. 资料：表 5.10 是明光公司的现金流量表。

表 5.10　现金流量表

2019 年和 2018 年　　　　　1 月 1 日—12 月 31 日　　　　　　　　单位：元

	2019 年	2018 年
一、经营活动产生的现金流量		
现金流入小计	16 192 142	12 151 028
现金流出小计	15 953 556	12 046 528
经营活动产生的现金流量净额	238 586	104 500
二、投资活动产生的现金流量：		
现金流入小计	339 171	420 075
现金流出小计	5 434 477	2 765 432
其中：购建固定资产支付的现金	5 213 580	2 078 328
投资活动产生的现金流量净额	−5 095 306	−2 345 457
三、筹资活动产生的现金流量：		
现金流入小计	16 840 000	10 420 750
其中：借款收到的现金	16 840 000	10 420 750
现金流出小计	13 567 469	5 456 428
其中：偿还债务支付的现金	12 758 000	5 072 450
偿付利息支付的现金	809 469	383 978
筹资活动产生的现金流量净额	3 272 531	4 964 322
四、汇率变动对现金的影响额	0	0
五、现金及现金等价物净增加额	−1 584 189	2 723 365

要求：请对明光公司 2019 年和 2018 年的经营活动、投资活动和筹资活动产生的现金流量及这两个年度现金流量的增减变动情况作出评价。

2. 资料：下面是华通公司的资产负债表、利润表和现金流量表中的部分项目数据：

货币资金	1 200 000 元
流动负债合计	2 000 000 元
本期到期应付票据	150 000 元
本期到期长期负债	170 000 元
本期应付现金股利	140 000 元
净利润	1 600 000 元
经营活动产生的现金流量净额	840 000 元
流通股股数	400 万股

要求：

(1) 根据以上数据，计算下面几个与现金流量相关的财务比率：

现金比率；

偿还到期债务比率；

支付现金股利比率；

每股经营活动现金流量；

经营活动现金流量与净收益比率。

(2) 运用一般标准，对以上财务比率作简略评价。

3. 已知某公司有关财务数据如下：

(1) 负债总额为 23 000 万元，其中流动负债占 80%，年内到期的长期负债为 1 500 万元；

(2) 经营净现金流量为 6 600 万元；

(3) 公司当年净利润为 7 500 万元。

要求：

(1) 计算该公司的现金到期债务比、现金流动负债比、现金债务总额比；

(2) 计算该公司的净利润现金保证比率；

(3) 若目前市场利率为 15%，则该公司理论上还可借入多少资金？

4. 宏大公司 2019 年经营活动现金流量净额和净利润如表 5.11 所示。该表同时给出了同行业 A 公司和 B 公司的相关数据。

要求：计算各公司的盈余现金保障倍数，并对宏大公司的盈利质量作一个基本评价。

表 5.11 宏大公司经营活动现金流和净利润 单位：万元

	宏大公司	A 公司	B 公司
经营活动现金流量净额	1 893 916	700 658	2 478 851
净利润	1 425 295	669 226	1 164 632

5. 宏大公司销售商品、提供劳务所获得的现金和营业收入如表 5.12 所示。该表同时给出了同行业 A 公司和 B 公司的相关数据。

要求：计算各公司的营业收入的收现率，并据此对宏大公司的盈利质量作一个基本评价。

表 5.12　宏飞公司销售收入和销售收到现金资料表　　单位：万元

	宏大公司	A 公司	B 公司
销售商品和提供劳务收到的现金	8 553 445	9 121 678	10 549
营业收入	13 775 035	8 877 544	14 166

在2006年我国颁布的企业会计准则第30号《财务报表列报》中,所有者权益变动表"脱颖而出",成为对外报送的主要报表之一,其地位和作用令人"刮目相看"。这源于我国会计准则与国际会计准则趋同的大势所趋,更源于我国经济的发展而带来的会计环境的巨大变化。在所有者权益变动表的背后,是会计目标变化引发的固有的会计理论、程序和方法与变化的经济环境的摩擦、碰撞与协调。所有者权益变动表标志着我国在变革收益报告方面终于有了实质性的进步。

第六章 所有者权益变动表分析

本章学习目标
1. 了解所有者权益变动表的性质。
2. 熟练掌握所有者权益项目的分析。
3. 熟悉所有者权益分析中的难点热点问题。
4. 熟练掌握企业所有者权益相关财务指标的分析。

第一节 所有者权益变动表概述

一、所有者权益变动表的性质

所有者权益变动表是全面反映企业一定时期(年度或中期)所有者权益各组成部分增减变动情况的报表。它可以向人们传达三个方面的信息:
(1) 企业在一定时期所有者权益总量的增减变动情况;
(2) 企业在一定时期的所有者权益增减变动的重要结构性信息;
(3) 一定时期企业所有者权益增减变动的原因。

按照会计准则的规定,我国上市公司自2007年起正式对外呈报所有者权益变动表。

二、所有者权益变动表的内容和格式

相对于资产负债表、利润表和现金流量表,所有者权益变动表的结构与格式有明显的不同。为了明确地反映构成所有者权益的各组成部分当期的增减

变动情况,所有者权益变动表采用了矩阵形式列示。报表的纵向,列示导致所有者权益变动的各种具体交易或事项,根据所有者权益变动来源对一定时期所有者权益变动情况进行全面反映;报表的横向,按照所有者权益各组成部分,包括实收资本、其他权益工具、资本公积、库存股、其他综合收益、专项储备、盈余公积、未分配利润及其总额,列示各交易或事项对所有者权益的影响。所有者权益变动表的横向项目与资产负债表的所有者权益部分的列报项目直接对应。报表横向上的"本年金额"栏与"上年金额"栏、"本年金额"栏下的具体项目与"上年金额"栏下的具体项目,从格局上形成清晰并对应的比较。因此,阅读和填列所有者权益变动表,微观上应从各具体交易或事项,区分"本年金额"和"上年金额"以及相关金额栏下的具体项目;宏观上应先区分"本年金额"和"上年金额"栏,再辨别相应的交易或事项与对应的金额栏下的具体项目。

毫无疑问,所有者权益变动表是站在所有者(或股东)的角度详细列示其拥有的净资产变动的报表。众所周知,会计的基本等式是"资产=负债+所有者权益"。从静态的角度看,该等式在任何时点都成立。这个等式表明了所有者权益与资产、负债之间的关系,但无法表明本期所有者权益与上期所有者权益、净利润等之间的关系。所以,我们还需要从动态的角度,了解本期所有者权益与上期所有者权益及其他相关因素之间的关系。该关系理论上可以表达为

本期所有者权益=上期所有者权益+综合收益总额+本期现金增资及股票认购-本期买回公司股票-本期发放现金股利+其他调整项目

其中:

综合收益总额=净利润+其他综合收益所得税税后净额

这个关系式表明,本期所有者权益是以上期所有者权益为出发点的。包含净利润的综合收益总额是所有者权益的主要影响因素。企业如果盈利,则所有者权益增加;如果亏损,则所有者权益减少。因此,利润表的结果影响所有者权益变动表。此外,企业本期的现金股利发放、增资行为、认购或购买自家股票,发行的其他权益证券以及其他调整项目(如会计调整项目等)都会引起所有者权益的变动。

所有者权益变动表包括实收资本(或股本)、其他权益工具、资本公积、库存股、其他综合收益、专项储备、盈余公积、未分配利润的期初余额、本期增减变动项目与金额及其期末余额等。所有者权益变动表至少应当单独列示反映下列信息的项目:

(1) 综合收益总额;

(2) 会计政策变更和差错更正的累积影响金额;

(3) 所有者投入资本和向所有者分配利润等；

(4) 提取的盈余公积；

(5) 所有者权益各组成部分的期初和期末余额及其调节情况。

所有者权益变动表的格式见表 6.1。

表 6.1 所有者权益变动表

编制单位： _____年度 单位：元

	本 年 金 额										上年金额
	实收资本（股本）	其他权益工具			资本公积	减：库存股	其他综合收益	专项储备	盈余公积	未分配利润	所有者权益合计	
		优先股	永续债	其他								
一、上年年末余额												略
加：会计政策变更												
前期差错更正												
其他												
二、本年年初余额												
三、本年增减变动金额（减少以"－"号填列）												
（一）综合收益总额												
（二）所有者投入和减少股本												
1. 所有者投入股本												
2. 其他权益工具持有者投入股本												
3. 股份支付计入所有者权益的金额												
4. 其他												
（三）利润分配												
1. 提取盈余公积												
2. 提取一般风险准备												
3. 对所有者的分配												
4. 其他												

续表

	本年金额									上年金额
	实收资本（股本）	其他权益工具			资本公积	减：库存股	其他综合收益	专项储备	盈余公积	未分配利润	所有者权益合计	
		优先股	永续债	其他								
（四）所有者权益内部结转												略
1.资本公积转增资本												
2.盈余公积转增资本												
3.盈余公积弥补亏损												
4.设定受益计划变动额结转留存收益												
5.其他综合收益结转留存收益												
6.其他												
（五）专项储备												
1.本期提取												
2.本期使用												
（六）其他												
四、本年年末余额												

三、所有者权益变动表列示说明

所有者权益变动表实际上是对资产负债表中所有者权益部分的详细分解说明。该表不仅包括当期损益、其他综合收益，还包括与所有者权益（或股东）进行资本交易导致的所有者权益的变动等。列示该报表各项目，能够使信息使用者更全面、更详细地了解企业的业绩信息，增强了收益信息相关性和透明性。阅读所有者权益变动表项目，应从纵向和横向两个方面分别进行。所有者权益变动表横向项目包括：实收资本（或股本）、其他权益工具、资本公积、库存股、其他综合收益、专项储备、盈余公积和未分配利润；所有者权益变动表纵向项目，主要包括上年年末余额、本年年初余额、本年增减变动金额和本年年末余额四大项目。

表6.2为星光公司2019年度所有者权益变动表。

表 6.2 所有者权益变动表

编制单位：星光公司　　2019 年度　　单位：元

项目	实收资本（股本）	其他权益工具 优先股	其他权益工具 永续债	其他权益工具 其他	资本公积	减：库存股	其他综合收益	专项储备	盈余公积	一般风险准备	未分配利润	少数股东权益	所有者权益合计
一、上年末余额	6 015 730 878.00				93 379 500.71		−550 806 051.51		3 499 671 556.59	329 417 571.48	81 939 701 613.83	1 387 616 658.36	92 714 711 727.46
加：会计政策变更							−69 440 461.72				−48 226 344.11		−117 666 805.83
前期差错更正													
同一控制下企业合并													
其他													
二、本年初余额	6 015 730 878.00				93 379 500.71		−620 246 513.23		3 499 671 556.59	329 417 571.48	81 891 475 269.72	1 387 616 658.36	92 597 044 921.63
三、本年增减变动金额（减少以"−"号填列）							6 880 538 494.36			160 438 255.27	11 903 168 269.77	506 466 582.05	19 450 611 601.45
（一）综合收益总额							6 880 538 494.36				24 696 641 368.84	130 206 819.80	31 707 386 683.00
（二）所有者投入和减少股本												395 965 448.59	395 965 448.59
1. 所有者投入股本												326 850 000.00	326 850 000.00
2. 其他权益工具持有者投入股本													
3. 股份支付计入所有者权益的金额													
4. 其他												69 115 448.59	69 115 448.59
（三）利润分配										160 438 255.27	−12 793 473 099.07	−19 705 686.34	−12 652 740 530.14

续表

2019 年度

项目	实收资本(股本)	其他权益工具			资本公积	减:库存股	其他综合收益	专项储备	盈余公积	一般风险准备	未分配利润	少数股东权益	所有者权益合计
		优先股	永续债	其他									
1. 提取盈余公积													
2. 提取一般风险准备										160 438 255.27	−160 438 255.27		
3. 对所有者的分配											−12 633 034 843.80	−19 705 686.34	−12 652 740 530.14
4. 其他													
(四)所有者权益内部结转													
1. 资本公积转增资本													
2. 盈余公积转增资本													
3. 盈余公积弥补亏损													
4. 设定受益计划变动额结转留存收益													
5. 其他综合收益转留存收益													
6. 其他													
(五)专项储备													
1. 本期提取													
2. 本期使用													
(六)其他													
四、本年年末余额	6 015 730 878.00				93 379 500.71		6 260 291 981.13		3 499 671 556.59	489 855 826.75	93 794 643 539.49	1 894 083 240.41	112 047 656 523.08

续表

2018年度

	实收资本(股本)	其他权益工具		资本公积	减：库存股	其他综合收益	专项储备	盈余公积	一般风险准备	未分配利润	少数股东权益	所有者权益合计
		优先股 永续债	其他									
一、上年末余额	6 015 730 878			103 880 600.71		−91 700 671.13		3 499 671 536.59	327 347 621.67	55 740 076 085.90	1 239 791 691.45	66 834 797 763.19
加：会计政策变更												
前期差错更正												
同一控制下企业合并				21 000 000.00						−1 092 203.68		19 907 796.32
其他												
二、本年初余额	6 015 730 878			124 880 600.71		−91 700 671.13		3 499 671 536.59	327 347 621.67	55 738 983 882.22	1 239 791 691.45	66 854 705 559.51
三、本年增减变动金额（减少以"−"号填列）				−31 501 100.00		−459 105 380.38			2 069 949.81	26 200 717 731.61	147 824 966.91	25 860 006 167.95
（一）综合收益总额						−459 105 380.38				26 202 787 681.42	178 073 222.86	25 921 755 523.90
（二）所有者投入和减少股本				−31 501 100.00								−31 501 100.00
1. 所有者投入股本												
2. 其他权益工具持有者投入股本												
3. 股份支付计入所有者权益的金额												
4. 其他				−31 501 100.00								−31 501 100.00
（三）利润分配									2 069 949.81	−2 069 949.81	−30 248 255.95	−30 248 255.95
1. 提取盈余公积												

续表

2018年度

	实收资本（股本）	其他权益工具		资本公积	减：库存股	其他综合收益	专项储备	盈余公积	一般风险准备	未分配利润	少数股东权益	所有者权益合计
		优先股	永续债 其他									
归属于母公司所有者权益												
2. 提取一般风险准备									2 069 949.81	−2 069 949.81		
3. 对所有者的分配											−30 248 255.95	−30 248 255.95
4. 其他												
（四）所有者权益内部结转												
1. 资本公积转增资本												
2. 盈余公积转增资本												
3. 盈余公积弥补亏损												
4. 设定受益计划变动额结转留存收益												
5. 其他综合收益结转留存收益												
6. 其他												
（五）专项储备												
1. 本期提取												
2. 本期使用												
（六）其他												
四、本年年末余额	6 015 730 878			93 379 500.71		−550 806 051.51		3 499 671 556.59	329 417 571.48	81 939 701 613.83	1 387 616 658.36	92 714 711 727.46

第二节 所有者权益变动表项目内容及其分析

一、所有者权益概述

（一）基本概念

所有者权益是指企业资产扣除负债后由所有者享有的剩余权益。对于股份制公司来说，所有者权益又称为股东权益。所有者权益在性质上体现为所有者对企业资产的剩余权益，在数量上体现为资产减去负债后的余额。

所有者权益与债权人权益比较，有显著不同特性，如表 6.3 所示。

表 6.3 所有者权益与债权人权益对比

	所有者权益	债权人权益
偿还性	在企业经营期内可供企业长期、持续地使用，企业没有定期向投资人返还资本金的压力	负债须按期返还给债权人，如果到期不还则构成违约
利益分享	股权所有者凭其对企业投入的资本，享受税后分配利润的权利	债权人除按规定取得利息、到期获得本金外，无权要求分配企业的税后利润
经营管理权	企业所有者有权行使企业的经营管理权，或者授权管理人员行使经营管理权	债权人在企业正常经营情况下并没有经营管理权，在债权出现违约时有时会参与到企业的经营管理中来
责任	企业所有者对企业的债务和亏损负有无限和有限的责任	债权人与企业的其他债务不发生关系

所有者权益的来源包括所有者投入的资本，直接计入所有者权益的利得和损失、利润的留存等。直接计入所有者权益的利得和损失，是指不应计入当期损益、会导致所有者权益发生增减变动的、与所有者投入资本或者向所有者分配利润无关的利得和损失（比如长期股权投资采用权益法核算的，在持股比例不变的情况下，被投资单位除净损益、其他综合收益和利润分配以外的所有者权益的其他变动应计入所有者权益的其他资本公积的增加或减少）。

1. 实收资本

实收资本是指投资者按照企业章程，或合同、协议的约定，实际投入企业的资本。通常股份有限公司的投入资本称为股本，非股份有限公司投入的称为实收资本或所有者向企业投入的资本。

对于股份制企业而言,股本＝股数×每股面值。在我国 A 股上市的公司中,目前除紫金矿业的股票面值为 0.1 元人民币/股、洛阳钼业的股票面值为 0.2 元人民币/股外,其余股票的每股面值均为 1 元人民币。当股票每股面值为 1 元时,股本在数额上等于股数。但在其他地区的股票市场里,股票面值有各种情况,股本在数额上也必然不等于股数。比如腾讯控股在香港上市的每股面值为 0.000 02 港元;美国微软的每股面值为 0.000 006 25 美元,谷歌每股面值为 0.001 美元。

在我国依据《公司法》注册的股份有限公司,所有普通股具有相同的分红权、决策权、经营者选择权等权利。但是在境外注册和上市的公司中(尤其是互联网、科技企业),经常出现多层级的股权结构,不同层级的股权具有不同权利。在纳斯达克上市的京东商城就是例子了。

【例 6.1】 京东商城公司的两种普通股

京东商城公司是我国目前最大的自营式电子商务企业,于 2014 年 5 月在纳斯达克上市,上市主体注册于开曼群岛。公司普通股分为 CLASS A 与 CLASS B,CLASS A 普通股股权与投票权比例为 1∶1,不可转换成 CLASS B 普通股。而 CLASS B 普通股股权与投票权比例为 1∶20,可转换成 CLASS A 普通股。上市完成后,公司创始人刘强东及其团队持有 5.56 亿普通股均为 CLASS B 类普通股,而公司其他股东均持有 CLASS A 普通股。刘强东及其团队虽仅持有公司不到 21% 的股权,但控制近 84% 的投票权。

2. 其他权益工具

其他权益工具是指企业发行的除普通股以外的归类为权益工具的各种金融工具,主要包括优先股、永续债、可转换优先股与可转换债券的权益部分。对于归类为权益工具的金融工具,无论其名称是否包含"债"字,其利息支出或股利分配都应当作为发行企业的利润分配,其回购、注销等作为权益的变动处理。企业发行分类为权益工具的金融工具时发生的手续费、佣金等交易费用,应当从权益中扣除。

3. 资本公积

资本公积是指资本本身升值或其他原因而产生的投资者共同的权益。资本公积主要包括资本溢价和其他资本公积。其中,资本溢价或股本溢价是企业收到投资者投入的超出其在企业注册资本中所占份额的投资。形成资本溢价的原因主要是股票溢价发行、投资者超额缴入资本等。简单地说,对于面值

1元的股票,如果投资者按照10元/股的价格增资投入企业1 000万元,则股本增加100万元(股数增加100万股),超出股本的投入900万元计入资本公积中的股本溢价。

其他资本公积是指除了股本溢价以外的资本性项目形成的变动,如权益法下投资企业享有或分担的被投资单位所有者权益的其他变动以及企业用以换取职工或其他方提供服务的以权益结算的股份支付等。

从来源上看,资本公积不是由企业实现的利润转换而来的,其本质属于投入资本的范畴,是企业所有者投入资本的一部分,与企业的净利润无关。资本公积的主要用途是转增资本,转增资本后的法定公积金不得少于转增前公司注册资本的25%。

4. 库存股

库存股亦称为库藏股,是由发行公司购回并持有但尚未注销,于适当时机可再行出售或用于员工激励的本公司股票或股份金额。库存股股票既不参与分配股利,又不附投票权。在公司的资产负债表上,库存股不能列为公司资产,而是作为股东权益项目减项列示。实收资本、其他权益工具与资本公积减去库存股的余额又统称为所有者入资或投入资本。

5. 其他综合收益

其他综合收益是指企业根据企业会计准则的规定未在当期损益中确认的各项利得和损失。利得,是指企业非日常活动所形成的、会导致所有者权益增加的、与所有者投入资本无关的经济利益的流入。损失,是指企业非日常活动所形成的、会导致所有者权益减少的、与所有者分配利润无关的经济利益的流出。根据是否实现确认,利得和损失可以分为已实现确认的利得和损失以及未实现确认的利得和损失。按照会计准则,利润表反映企业在会计年度内已实现的损益,故已实现确认的利得和损失在发生当年计入利润表中,未实现确认的利得和损失不计入利润表中,但要求在所有者权益变动表中列示,并体现在资产负债表中。

6. 盈余公积

盈余公积是指企业从实现的利润中提取或形成的留存于企业内部的积累。盈余公积按规定可用于弥补企业亏损,也可按法定程序转增资本金。盈余公积一般包括法定盈余公积和任意盈余公积金两部分。

《公司法》规定,公司分配当年税后利润,应当提取利润的10%列入法定盈余公积金。法定盈余公积金累计达到注册资本50%后可不再提取。

任意盈余公积金是指公司经股东大会或类似机构批准按照规定从净利润中提取的盈余公积金。

7. 专项储备

专项储备用于核算高危行业企业按照规定提取的安全生产费以及维持简单再生产费用等具有类似性质的费用。

8. 未分配利润

未分配利润是指企业未作分配的利润。企业历年实现的利润,在提取盈余公积、向投资者分配利润后,所剩余部分则累计在未分配利润项目中,用于以后年度分配。如果未分配利润出现负数时,即表示年末的未弥补亏损,应由以后年度的利润或盈余公积来弥补。

企业能分配利润的基础是有累积为正的未分配利润,即没有未弥补亏损。《公司法》规定,在公司弥补亏损和提取法定盈余公积之前向股东分配利润的,股东必须将违反规定分配的利润退还给公司。

9. 少数股东权益

少数股东权益反映合并资产负债表中除母公司以外的其他投资者在子公司中的权益,表示其他投资者在子公司所有者权益中所拥有的份额。当母公司拥有子公司股份不足100%时,子公司股东权益并不是完全属于母公司股东所有,其余一部分仍属外界其他股东所有,由于后者通常在子公司全部股权中占比不足一半,对子公司没有控制能力,故被称为少数股权。

(二) 所有者权益的特点

所有者权益主要分为两部分,一部分是投资者投入资本,包括实收资本和资本公积;另一部分是生产过程中资本积累形成的留用利润,包括盈余公积和未分配利润。所有者权益具有以下特点:

1. 所有者权益的性质不同于负债

对企业来说,负债的成本相对较低,可以随借随还,能满足企业临时性的短期资金周转的需要。但负债却使企业面临还债压力,风险较大。而所有者权益的成本虽然较高,但能供企业长期使用,投资者只能依法转让,不能抽回其投资。因此,所有者权益无须偿还,风险小,能满足企业长期资金占用的需要。

2. 所有者权益是企业承担风险的基础

企业在生产经营活动中,必然面临种种风险,这就要求企业具备相应的承担风险的能力。只有有了主权资本,才能以本负亏,维护债权人的利益,这也是法定要求。由此可见,企业所有者权益的数额,可以反映企业承担经营风险和财务风险,应付来自市场和突发事件冲击的能力。

3. 所有者权益是衡量企业经济实力的依据

对企业经济实力的衡量不能以总资产为尺度,因为总资产中有一部分是由负债形成的。负债不是企业本身的能力,而是债务人借助债权人的能力进行经营的。

所以,要衡量一个企业的经济实力,应以净资产,也就是所有者权益为依据。所有者权益可以从两个方面反映企业的经济实力:一是实收资本和资本公积的多少,表明了企业生产经营的基础规模;二是盈余公积和未分配利润,展示了企业潜在的发展能力。

(三) 权益转增股本的相关问题

除股本外,资本公积、盈余公积和未分配利润均能转增股本。通常所说的转增股本是指资本公积转增股本,使用盈余公积和未分配利润转增股本通常称为股票股利(也称"送红股"或者"送股")。转增实际上是减少相关权益项目增加股本的方式,以提高股票数量。市场上常提到高送转概念,指的是一些可以通过资本公积或者留存收益大比例转增股本的企业,似乎高送转的公司股价未来更容易上涨。但这种观点有一定的误区,其实无论是哪部分权益转增股本,都不会导致所有者权益整体的变化(如考虑相关税费,所有者权益整体反而可能会减少)。同时转增股本也不带来企业盈利能力和现金流创造能力的变化。所以转增股本既不提升所有者权益的账面价值,也不提升股权的内在价值,只是股本增大后通常会导致相应除权后股价低于原来股价,可能给投资者便宜的感觉。

(四) 股利分配

1. 股利分配方式

股利分配是指公司将当年的收益按规定提取盈余公积等项目之后向股东进行的分配。常见的股利分配形式包括现金股利和股票股利。现金股利是指使用现金方式发放股利。股票股利是指公司通过将留存收益转增股本的方式发放股利。另外,实践中还有其他形式的股利,比如实物股利等。

如前所述,股票股利本质上不带来利益的流出,只是将公司的留存收益转为股本,最终导致流通在外的股票数量增加,降低了股票的每股价值,只涉及所有者权益内部之间的转换。

现金股利是公司将当年未分配利润按照一定的比例发放给股东,是公司利益的流出,会减少所有者权益。两者对比,股票股利类似一种"数字游戏",所以下面我们重点介绍现金股利。

2. 上市公司股利分配的相关规定

证监会和交易所长期以来通过一系列引导和鼓励现金分红的措施,使得上市公司达到分红条件却不分红的现象得到了较大的改观。关于A股上市公司分红要求的重要规定如下。

2004年12月发布的《关于加强社会公众股股东权益保护的若干规定》中规定,上市公司最近三年未进行现金利润分配的,不得向社会公众增发新股、发行可转债或向原有股东配售股份。

2006年《上市公司证券管理办法》中规定,上市公司公开发行证券须符合"最近三年以现金或股票股利方式累计分配的利润不少于最近三年实现的年均可分配利润的20%"。

2008年10月《关于修改上市公司现金分红若干规定的决定》将上述2006年《上市公司证券发行管理办法》的条款修改为"最近三年以现金方式累计分配的利润不少于最近三年实现的年均可分配利润的30%"。

2013年11月30日,证监会发布《上市公司监管指引第3号——上市公司现金分红》规定,上市公司董事会应当综合考虑所处行业特点、发展阶段、自身经营模式、盈利水平以及是否有重大资金支出安排等因素,区分下列情形,并按照公司章程规定的程序,提出差异化的现金分红政策:

(1) 公司发展阶段属成熟期且无重大资金支出安排的,进行利润分配时,现金分红在本次利润分配中所占比例最低应达到80%;

(2) 公司发展阶段属成熟期且有重大资金支出安排的,进行利润分配时,现金分红在本次利润分配中所占比例最低应达到40%;

(3) 公司发展阶段属成长期且有重大资金支出安排的,进行利润分配时,现金分红在本次利润分配中所占比例最低应达到20%。

公司发展阶段不易区分但有重大资金支出安排的,可以按照前项规定处理。

可以看出,监管部门对于上市公司符合现金分红条件但不分红公司的管理是非常严格的。但企业是否发红利,是否有能力发红利其实很难用规定来解决,更多的还是要靠资本市场上投资者通过"用脚投票"来引导上市公司的行为。

3. 现金股利

企业是否发放现金红利有许多考虑的因素，比如是否有能力发放现金红利，是否为了达到某些要求而发放现金红利，是否为了较好的投资机会而减少红利的发放等。下面对一些企业的红利发放情况和原因进行了一些梳理。

（1）无利润分配能力且不发放现金红利。无利润分配能力通常有几种理解方式：一是当年亏损，导致当年实现的可分配利润为负；二是即使当年净利润为正，由于需要弥补以前年度亏损，导致弥补亏损后未分配利润为负，仍然无分配能力；三是虽然当年可供分配利润为正，但企业没有足够现金，无法进行现金分红。

（2）有利润分配能力且不分红。有分配能力不分红有许多原因，比如代理问题引起的管理层与股东利益冲突；公司自身约束，比如公司未来的投资机会、筹资能力、公司所处的发展阶段等。

如果公司有分配能力但是不分红，需要重点关注该公司不进行分配的理由和资金的使用目的，看留存的资金是否能给股东创造较高的收益。如果公司能够将资金留下来获取更高的收益，对股东来说是一件很美好的事情。如自1967年以来伯克希尔公司就一直没有分派过股息。巴菲特多次在股东大会上陈述为什么不分红的理由：投资者拿回现金，远不如把钱交给他投资的回报大。

但许多公司在不分配红利时，并没有将资金投入到合适的项目中，则间接侵蚀了股东的利益。

（3）有利润分配能力且无明显留存的需要，正常分红。对于发展成熟的行业或者是一个处于成熟期的的企业来说，如果公司依靠现有的规模能够产生大量的现金流但是投资机会很少，或者收益率较低，俗称"现金牛"，公司就没有明显留存的需要。此时将多余的现金以股利的形式发给股东是一种合理的选择。比如微软公司在步入成熟阶段后，账上积累了大量现金且没有明显留存的需要，这时候发放红利是一个不错的选择。

【例6.2】 微软公司这个"现金牛"

微软公司自从1986年上市以来保持长期高速发展，但是公司在长达26年的时间里从未支付过红利。2001年是微软公司发展的一个分水岭，公司从高速增长阶段步入成熟阶段，营业收入增长率从1987年的75.12%降低到2002年的12.13%，但是截至2002年公司现金高达434亿美元！最终公司董事会决定从2004年起发放每股0.32美元的现金股利,支付每股3.2美元的特别股利,同时在未来4年回购300亿美元股票。微软在没有证明公司能够运用现金为股东创造更高的回报之时,发放股利让自己去投资应该是一个明智的选择。

(4) 有利润分配能力且有留存需要,仍然分红。当企业有合理留存需要的时候,往往不分红是一个合适的选择。合理留存需要主要指企业有可能产生高回报的投资项目,对资金需求较高,因此将利润留存能够更好地为股东创造价值。许多公司虽然有合理留存需要,但由于其他原因也会在有利润留存需要的情况下分配股利。常见的原因有:

① 为了满足监管层对于再融资的相关规定,也会在有留存需要的情况下分配股利;

② 通常投资人及监管层对公司有一个分红预期,为了满足投资人及监管层的期望,树立注重回报股东的形象,公司也可能会在有留存需要的情况下分配股利。

(5) 无利润分配能力,仍坚持分红。无利润分配能力仍然坚持分红的情况很少见。主要原因有:

① 公司在过去曾经作出过股利分配的承诺,在满足某些约定的情况下为了兑现承诺需要进行分红;

② 某个特定时期内公司虽然出现暂时性亏损,但为了传递给市场正面的信号,公司会坚持按照正常情况发放股利;

③ 上市公司的大股东在其他领域需要进行投资,需要从上市公司利润分配中获取资金。

二、所有者权益分析

(一) 结构分析

所有者权益结构分析是指所有者权益的各项目金额占所有者权益总额的比重,它反映了企业所有者各项目的分布情况,揭示了企业的经济实力和风险承担能力。此外,由于所有者权益中的盈余公积和未分配利润属留存收益,是企业税后利润分配的结果。因此,所有者结构分析也能反映出企业的内部积累能力,间接反映企业的经营状况。

影响所有者权益结构的因素主要如下：

（1）利润分配政策。企业投入资本和留用利润的结构，直接受制于企业的利润分配政策。若企业某期采取高利分配政策，而盈余公积又按照法定比例提取，则未分配利润的减少，必然引起留用利润的比重降低。反之，低利润分配或暂缓分配政策，留用利润的比重必然会因此提高。

（2）所有者权益规模。所有者权益的变化，往往会由于其规模或总量的变动而相应的变动。比如，在其他条件相对稳定时，投资者追加投资或法定收回投资，或者盈余公积转增资本、送配股等等，都会引起所有者权益总量或其中某项目总量的变动，进而引起所有者权益结构的变动。

（3）企业控制权。企业的控制权掌握在持有一定股份的大股东手中，如果企业决定接受其他投资者的投资，就会稀释股权，分散企业的控制权。若企业所有者愿意接受这种筹资政策，其结果必然引起所有者权益结构的变化。否则，所有者不愿分散对企业的控制权，就会采取负债筹资的方式，这样不会影响所有者权益结构。

（4）权益资本成本。企业的权益资本成本往往要高于负债资本成本，因为所有者承担的风险要大于债权人承担的风险，所以其要求的回报也要略高。在所有者权益的内部，投入资本的资本成本往往要高于留用利润的资本成本。因此，企业要降低筹资成本，应尽量的利用留用利润，加大其比重，这样，综合资本成本率则会相对降低。

（5）外部因素。企业在选择筹资渠道时，往往不因企业的意志而定，还受到经济环境、金融政策、资本市场状况等因素的制约，这些因素影响企业的筹资方式，也必然影响所有者权益结构。

（二）增减变动分析

引起所有者权益增减变动的主要原因有：增加（或减少）注册资本，资本公积发生增减变化、留存收益的增加（或减少）等。通过对所有者权益构成及增减变动分析，可进一步了解企业对负债偿还的保证程度和企业自己积累资金和融通资金的能力与潜力。

表6.4是星光公司2018年和2019年的所有者权益构成情况。我们通过编制所有者权益结构及增减变动分析表，来对该公司所有者权益进行分析。

表 6.4 所有者权益结构及增减变动分析表

	上年数		本年数		差异	
	金额/元	比重/%	金额/元	比重/%	金额/元	比重/%
股本	6 015 730 878.00	6.49	6 015 730 878.00	5.37	0.00	−1.12
资本公积	93 379 500.71	0.10	93 379 500.71	0.08	0.00	−0.02
其他综合收益	−550 806 051.51	−0.59	6 260 291 981.13	5.59	6 811 098 032.64	6.18
盈余公积	3 499 671 556.59	3.77	3 499 671 556.59	3.12	0.00	−0.65
一般风险准备	329 417 571.48	0.36	489 855 826.75	0.44	160 438 255.27	0.08
未分配利润	81 939 701 613.83	88.38	93 794 643 539.49	83.71	11 854 941 925.66	−4.67
少数股东权益	1 387 616 658.36	1.50	1 894 083 240.41	1.69	506 466 582.05	0.19
股东权益合计	92 714 711 727.46	100.00	112 047 656 523.08	100.00	19 332 944 795.62	0.00

从表 6.4 我们可看到:星光公司股东权益 2019 年比 2018 年增加了 193.33 亿元,其中未分配利润增加了 118.55 亿元,这意味着公司的自有资金增加,投资和债权的保证程度提高,公司偿债能力和获利能力都提高了。

(三)具体项目分析

所有者权益主要分为两部分:一部分是投资者投入资本,包括实收资本和资本公积;另一部分是生产过程中资本积累形成的留存收益,包括盈余公积和未分配利润。

1. 投入资本

投入资本包括实收资本和资本公积两部分。实收资本是指投资者按照企业章程、合同或协议的约定,投入到企业中的各种资产的价值,是企业实际收到的投资者投入的资本。除非企业出现增资、减资等情况,实收资本在企业正常经营期间一般不发生变动。实收资本的变动将会影响企业原有投资者对企业的所有权和控制权,而且对企业的偿债能力、获利能力等都会产生重大影响。

实收资本具有以下特点。

① 没有固定的利率。投资者投入企业的资本,只有盈利时才能分配利润,没有盈利或盈利较少时可以不分配利润,但也可能利润很高。

② 期限长。投资者投入资本对于企业来说是永久性的资本,可以长期占

用,无须到期还本。

企业的组织形式不同,所有者投入资本的核算也不同。在股份有限公司中,实收资本表现为股本,它包括优先股股本和普通股股本。优先股股本,亦为永久性资本,无须到期还本,但一般都按规定有固定的利率,必须支付一定的股息,因而成为公司的一项固定负担,但如果公司没有盈利也可暂不支付。普通股股本,同样为永久性资本,无须到期还本,亦无固定利率,只有当企业盈利时才发放股息,但也可能股利很高。

资本公积是企业在非经营业务中产生的资本增值。在未按规定转增资本之前,是既无期限又无利息的。

对于投入资本的分析,应从以下三个方面入手:

① 分析投入资本的增加,多少是资本公积或盈余公积转入,多少是增发新股转入;

② 分析投入资本占所有者权益的比重,分析其结构的合理性;

③ 从投入资本几年的趋势变动,分析其所有者权益资本的增长速度和变化趋势。

公积金转增股本是公司内部投入资本结构的调整。即增加股本,减少资本公积,它既不是投入资本的实质性增加,也不属于利润分配。公积金转增资本表面上与送股相同,都是不需要另出资金即可增加手中持有股份,但两者有着本质的区别。

① 公积金转增资本不是公司对所有者的回报,所有者不能因此增加自己在公司中的权益;以税后利润送股则不同,所有者虽然无法获得现金股利,但它是公司对所有者的分红与回报。

② 公积金转增资本是投入资本不变,留用利润不变(借:资本公积,贷:股本);而送股则会使投入资本增加,留用利润减少(借:未分配利润,贷:股本)。经过送股或转增股本对公司的所有者权益或净资产都不会产生影响,更不会影响总资产和总负债,投资者当年的权益不会因此增加,但转增股本每股留用利润要大于送股的每股留用利润。

③ 公积金转增资本和送股只是投资者持有的股票数量增加,而没有改变在公司中的权益,其结果是每股所拥有的权益同比例的下降,即使下一年度能维持本年的经营业绩,每股收益也将同比例下降,这就是常说的"摊薄"。

2. 留存收益

留存收益是由盈余公积和未分配利润两部分构成,是企业税后利润分配的结果。盈余公积是指企业按照规定从净利润中提取的各种积累资金。企业的盈余公积可以用于弥补亏损、转增资本(或股本)。符合规定条件的企业,也可以用盈余公积分派现金股利。它具有以下特点:

① 无须支付利息。

② 期限长。

如果不用来弥补亏损,则可以永久性使用,无须到期还本。

对于企业来说,在所有的资本来源中,盈余公积最为稳定,既无期限又无利息。因此在盈利后除分配利润外,应尽可能多提盈余公积。

未分配利润,从数量上来说,是期初未分配利润,加上本期实现的净利润,减去提取的盈余公积和分出利润后的余额。它在所有者权益中的比例越高,说明企业盈利能力越强。一般在参加下一年度利润分配之前,可以作为资金的一部分使用,且无须支付利息。

因此,留存收益的增减变化及变动金额的多少,取决于企业的盈亏状况和企业的利润分配政策。一般说来,企业当年盈利,会增加留存收益;反之,如果企业当年亏损,则会减少留存收益。此外,留存收益的增减数额,还取决于企业的利润分配政策。如果企业留多分少,保持较高的留存盈利比率,则留存收益增加数额较多;反之,如果是留少分多,留存盈利比率较低,则留存收益增加的数额就少。留存收益的增加,将有利于资本的保全、增强企业实力、降低筹资风险、缓解财务压力。但由于留存收益的资金成本较高,它们的增加将会使企业的平均资金成本增加。

对于留存收益分析的主要内容是:

① 了解留存收益的变动总额、变动原因和变动趋势;

② 对留存收益的组成项目进行具体会计分析,评价其变动的合理性。

第三节　所有者权益变动表相关财务指标及其分析

对于投资者而言,投资报酬是他们投入权益资本获得的回报。衡量股东权益报酬的财务指标,主要采用资本收益率和资本保值增值率两个指标。近年来,经济增加值(EVA)因其能站在股东的角度,从管理者为股东创造价值方面来评价企业的业绩,并且能够有效地将企业战略与日常业务决策和激励机制有机地联系在一起,也备受关注。

一、资本收益率

资本收益率是指企业一定时期净利润与平均资本（即资本性投入及其资本溢价）的比率，反映企业实际获得投资额的回报水平。其计算公式如下：

$$资本收益率 = \frac{净利润}{平均资本} \times 100\%$$

其中：

平均资本 ＝ [（年初实收资本 ＋ 年初资本公积）
＋（年末实收资本 ＋ 年末资本公积）] ÷ 2

资本公积 ＝ 实收资本（股本）中的资本溢价（股本溢价）

需要说明的是，企业所有者权益的来源包括所有者投入的资本，直接计入所有者权益的利得和损益、留存收益等。其中，所有者投入资本，反映在实收资本（股本）和资本公积（资本溢价或股本溢价）中；直接计入所有者权益的利得和损益反映在资本公积（其他资本公积）中。留存收益则包括未分配利润和盈余公积。换句话说，并非资本公积中的所有金额都属于所有者投入的资本，只有其中的资本溢价（股本溢价）属于资本性投入。

【例 6.3】 根据表 3.3、表 4.2 和表 6.2 星光公司有关的报表资料，计算星光公司 2018 年和 2019 年的资本收益率，见表 6.5 所示。

表 6.5 资本收益率

	2018 年	2019 年
净利润/元	26 379 029 817.06	24 827 243 603.97
实收资本/元	6 015 730 878.00	6 015 730 878.00
资本公积（股本溢价）/元	26 979 063.83	26 979 063.83
资本收益率/%	436.54	410.86

从表 6.5 的计算结果可以看出，星光公司 2019 年度的资本收益率较 2018 年度下降了 25.68 个百分点，这是由于星光公司投入资本没变，而净利润下降所导致的。根据利润表的分析和计算已知，该公司净利润的增长率为

(24 827 243 603.97 － 26 379 029 817.06) ÷ 26 379 029 817.06 ＝ －5.88%

二、资本保值增值率

资本保值增值率是指企业扣除客观因素后的本年末所有者权益总额与年

初所有者权益总额的比率,反映企业当年资本在企业自身努力下的实际增减变动情况。其计算公式为

$$资本保值增值率=\frac{扣除客观因素后的年末所有者权益总额}{年初所有者权益}\times 100\%$$

一般认为,资本保值增值率越高,表明企业的资本保全状况越好,所有者权益增长越快,债权人的债务越有保障。该指标通常应当大于100%。

【例6.4】 根据表6.2星光公司的报表资料,同时假定不存在客观因素,计算星光公司2019年度的资本保值增值率为

112 047 656 523.08÷92 714 711 727.46×100%=120.85%

三、资本积累率

资本积累率是指企业本年所有者权益增长额与年初所有者权益的比率。它反映企业当年资本的积累能力,是评价企业发展潜力的重要指标。其计算公式为

$$资本积累率=\frac{本年所有者权益增长额}{年初所有者权益}\times 100\%$$

公式中,

本年所有者权益增长额=所有者权益年末数-所有者权益年初数

资本积累率是企业当年所有者权益总的增长率,反映了企业所有者权益在当年变动水平,体现了企业资本积累情况,是企业发展强盛的标志,也是企业扩大再生产的源泉,展示了企业的发展潜力。资本积累率还反映了投资者投入企业资本的保全性和增长性。该指标若大于0,则指标值越高表明企业的资本积累越多,应付风险、持续发展的能力越大。该指标如为负值,表明企业资本受到侵蚀,所有者利益受到损害,应予以充分重视。

【例6.5】 根据表6.2星光公司报表资料,计算星光公司2019年度的资本积累率为

(112 047 656 523.08-92 714 711 727.46)÷92 714 711 727.46×100%=20.85%

经典案例

蓝光发展公司举债扩张背后的永续债

四川蓝光发展股份有限公司(以下简称"蓝光发展")系蓝光投资控股集团

有限公司(以下简称"蓝光集团")的控股子公司。蓝光集团成立于1990年,并于2008年6月通过司法拍卖竞得四川迪康产业控股集团股份有限公司(以下简称"迪康集团")持有的公司限售流通股5 251万股,成为迪康集团控股股东,占其总股本的29.90%。2015年4月16日,迪康药业以发行股份的方式购买蓝光集团、平安创新资本,集团董事局主席杨铿合计持有的蓝光集团子公司蓝光和骏100%的股权,发行价格为4.66元/股,交易总额约79.05亿元,进而蓝光集团成功借壳迪康药业上市。上市后,公司更名为"蓝光发展",秉承"人居蓝光+生命蓝光"双擎驱动的顶层战略架构,构建了以房地产开发运营为引领,现代服务业、3D生物打印、生物医药为支撑的多元化产业战略发展格局。其中,"人居蓝光"以房地产开发运营业务为核心,协同拓展现代服务业业务。"生命蓝光"以生物医药业务为基石,积极抢占3D生物打印前沿科技高地。

2012年,在销售额突破百亿元大关后,蓝光发展管理层即对外宣布要以60%的年复合增长率达到未来"9年1 000亿元"的销售规模,实现全国化布局。为了实现这一目标,自上市以来,蓝光发展不断拓展规模,迅速成为四川省房地产行业的龙头企业。2015年年末总资产为562.44亿元,到2018年年底总资产规模达到1 508.81亿元,2015—2018年的增长率达到168%(见表6.6)。蓝光发展在大举扩张带来总资产增长的同时,负债规模也同步攀升,其增长率甚至超过资产的长率,为189%。除计入负债总额的有息负债以外,蓝光发展从2016年开始采用永续债进行融资。

表6.6　蓝光发展资产负债情况　　　　　　　　　　单位:亿元

	2014年	2015年	2016年	2017年	2018年
总资产	562.44	499.10	733.65	952.40	1 508.81
总负债	428.31	448.93	593.54	761.94	1 237.88
应付账款	35.26	53.25	52.66	56.35	67.34
应付利息	3.06	0.93	2.68	2.69	5.99
应付股利	0	0	0	0.47	1.00
其中:永续债股利	0	0	0	0.47	1.00
应付债券	0	0	79.35	79.48	160.82
预收账款	150.37	161.30	201.81	314.14	509.95
资产负债率	0.76	0.89	0.81	0.80	0.82
永续债	0	0	7.8	45.53	39.62

永续债是指可延期或无固定偿还期限附带赎回权的各类债券。证监会于2013年允许企业发行永续债,品种包括由发改委审批的可续期公司债券、银行间市场发行的永续中期票据,以及由证监会审批的证券公司和大型企业集团发行的永续次级债。2014年,财政部进一步规范了永续债等金融工具的会计处理,明确永续债应作为权益性工具进行衡量,直接计入资产负债表的权益项目。来自"面包财经"的报道称,在对所有上市房地产企业所发行的永续债占净资产比例进行排序后,蓝光发展的永续债比例位列A股上市房地产企业第一。按总金额进行排序,蓝光发展位列第三,达到55.5亿元。比2017年年底增加约10亿元,增幅也位列第一。

据年报数据显示,蓝光发展于2016年与上海歌斐资产管理有限公司(以下简称:歌斐资产)、中国农业银行股份有限公司签订《委托贷款合同》,合同约定由歌斐资产委托渤海银行北京分行向蓝光发展发放无固定期限贷款7.8亿元,并计入当年"其他权益工具"中的"永续债"项目。2017年,蓝光发展发行了总额为30亿元的永续中期票据,并取得了由芜湖鹏鑫投资中心委托大连银行股份有限公司北京分行向公司发放的无固定期限贷款8亿元,公司均将其作为其他权益工具,增加当年永续债账面金额37.73亿元。除此之外,公司2017年还计提了该项永续债所涉及的利息。公司将其纳入"应付股利"项下"划分为权益工具的永续债股利"部分,共计0.47亿元。2018年,蓝光发展发行起息日为2018年3月15日的2018年度第一期中期票据,发行总额10亿元,扣除承销费等相关交易费用后实际收到现金9.88亿元,将其确认为其他权益工具。同年,公司还偿还了2016年歌斐资产的8亿元永续债,当年永续债账面价值净减少5.91亿元。

从财务指标来看,蓝光发展2015年的资产负债率为0.89,2016年下降为0.81。值得注意的是,计算资产负债率指标时并未考虑永续债的金额。如果将永续债纳入负债总额,则蓝光发展2016年的资产负债率为0.82,2017年和2018年则为0.85,与直接计算指标相差2~3个百分点。

除对资产负债率指标的影响以外,永续债还可能稀释归属于母公司股东的净利润。蓝光发展在2018年年报中披露的主要财务指标中指出,"归属于上市公司股东的净利润未扣除其他权益工具——永续债可递延并累积至以后期间支付的利息的影响"。也就是说,如果扣除永续债持有人的应得利息,归属于母公司股东的净利润要低于实际披露的金额。

案例思考题

（1）结合本案例资料和公司财务报表中短期借款、长期借款和应付票据等负债类项目明细，简要分析蓝光发展的授信情况和融资能力。

（2）结合本案例分析，蓝光发展为什么会选择发行永续债？

（3）你认为永续债在财务报表中列示于所有者权益项下是否合理？发行永续债会给现有股东带来哪些成本？

（4）结合本案例，蓝光发展选择通过永续债集资金是否存在风险？风险恶化将会给该公司带来什么样的后果？

（5）你认为蓝光发展发行永续债除能够优化资产负债率以外，它对财务指标还有哪些影响？

关键术语

所有者权益　实收资本　资本公积　盈余公积　未分配利润　少数股东权益

本章小结

所有者权益变动表包括实收资本（或股本）、资本公积、库存股、盈余公积、未分配利润的期初余额、本期增减变动项目与金额及其期末余额等。

所有者权益概述中，主要介绍了其定义、特点、经济意义。所有者权益主要分为两部分：一部分是投资者投入资本，包括实收资本和资本公积；另一部分是生产过程中资本积累形成的留用利润，包括盈余公积和未分配利润。所有者权益的确认和计量问题中，介绍了综合收益的具体内容。

对于所有者权益的分析，主要可以利用资本收益率和资本积累率指标来分析。资本收益率是企业一定时期净利润与平均资本（即资本性投入及其资本溢价）的比率，反映企业实际获得投资额的回报水平。资本积累率是企业本年所有者权益增长额与年初所有者权益的比率，它反映企业当年资本的积累能力，是评价企业发展潜力的重要指标。

思考题

1. 什么是所有者权益变动表？它反映哪些内容？
2. 简述所有者权益变动表与其他财务报表的关系。
3. 什么叫"同股不同权"？简单介绍我国第一家"同股不同权"企业产生背景。

4. 所有者权益变动表主要向人们传达哪些信息？
5. 简述所有者权益变动的原因？
6. 股利决策对所有者权益变动有何影响？
7. 什么是资本积累率？如何对其进行分析？

练习题

一、单项选择题

1. 所有者权益变动表是反映企业在某特定期间内有关（　　）的各组成项目增减变动情况的报表。
   A. 资产　　　　　B. 负债　　　　　C. 所有者权益　　D. 以上都是
2. 企业四大报表中，使用矩阵列报的报表是（　　）。
   A. 资产负债表　　　　　　　　　　B. 所有者权益变动表
   C. 利润表　　　　　　　　　　　　D. 现金流量表
3. 所有者权益是指企业资产扣除负债后由股东享有的剩余权益，也称为（　　）。
   A. 净负债　　　　B. 净资产　　　　C. 净收益　　　　D. 净流量
4. 2018 年执行的所有者权益变动表中的所有者权益内部结转新增子项目是（　　）。
   A. 资本公积转增资本　　　　　　　B. 盈余公积转增资本
   C. 盈余公积弥补亏损　　　　　　　D. 其他综合收益结转留存收益
5. 下列项目中，不影响当期所有者权益变动额的项目是（　　）。
   A. 净利润　　　　　　　　　　　　B. 所有者投入和减少资本
   C. 所有者权益内部结转　　　　　　D. 利润分配
6. 企业投资者在所有者权益或股本中所占的份额记入实收资本账户，超过部分应该计入（　　）账户。
   A. 其他综合收益　　　　　　　　　B. 资本公积
   C. 未分配利润　　　　　　　　　　D. 盈余公积
7. 我国现行企业会计准则引入了利得和损失概念，收益的计量从收入费用观转变为资产负债观，充分体现了（　　）特点。
   A. 谨慎原则　　　　　　　　　　　B. 重要性原则
   C. 权责发生制　　　　　　　　　　D. 全面收益观
8. 某公司本年净利润为 2 000 万元，股利分配时的股票市价为 20 元/股，发行在外的流通股股数为 1 000 万股，股利分配政策为 10 送 2 股，则稀释后每股收益为（　　）元。
   A. 1.67　　　　　B. 2　　　　　　C. 16.67　　　　D. 20

9. 资本收益率是企业一定时期( )与平均资本的比率,反映企业实际获得投资额的回报水平。

　　A. 营业利润　　　B. 利润总额　　　C. 净利润　　　D. 以上都不是

10. ( )是企业本年所有者权益增长额与年初所有者权益之比。

　　A. 市盈率　　　B. 每股股利　　　C. 每股净资产　　　D. 资本积累率

二、多项选择题

1. 所有者权益变动表包括实收资本、( )的期初余额、本期增减变动项目与金额及其期末余额等。

　　A. 资本公积　　　　　　　　B. 其他综合收益
　　C. 盈余公积　　　　　　　　D. 未分配利润

2. 所有者权益变动表的横向项目有( )。

　　A. 实收资本　　　　　　　　B. 资本公积
　　C. 盈余公积　　　　　　　　D. 未分配利润

3. 引起所有者权益金额变动的有"输血型"和"盈利型"两类。下列项目中,( )属于"输血型"变动的选项。

　　A. 发放股票股利　　　　　　B. 净利润增加
　　C. 接受捐赠　　　　　　　　D. 增发股票

4. 所有者权益内部结转包括( )。

　　A. 资本公积转增资本　　　　B. 盈余公积转增资本
　　C. 盈余公积弥补亏损　　　　D. 股票分割

5. 企业采用的会计政策,在每一会计期间和前后各期应当保持一致,不得随意变更。但是以下情况( )可以变更会计政策。

　　A. 法律、行政法规或者国家统一的会计政策等要求变更
　　B. 会计政策变更更能够提供更可靠、更相关的会计信息
　　C. 会计政策变更能够使得所有者利益最大化
　　D. 会计政策变更能够促使企业合理避税

6. 下列项目中,影响当期所有者权益变动额的项目是( )。

　　A. 净利润　　　　　　　　　B. 所有者投入和减少资本
　　C. 所有者权益内部结转　　　D. 分配现金股利

7. 通过所有者权益变动表的阅读,可以了解( )。

　　A. 企业偿债能力
　　B. 企业在一定时期的所有者权益总量的增减变动情况
　　C. 企业在一定时期的所有者权益增减变动的重要结构性信息
　　D. 一定时期企业所有者权益增减变动的原因

8.《企业会计准则第 30 号——财务报表列报》第三十条要求,所有者权益变动表应当至少单独列示反映的信息有( )。
    A. 净利润
    B. 直接计入所有者权益的利得和损失
    C. 会计政策变更和差错更正的累积影响金额
    D. 所有者投入资本和向所有者分配利润
9. 所有者权益变动表中的"其他权益工具"具体有( )。
    A. 优先股   B. 普通股
    C. 公司债   D. 永续债
10. 所有者权益变动表中的"所有者投入和减少资本",反映企业当年所有者追加投入的资本和减少的资本。本项目具体包含的子项目有( )。
    A. 所有者投入的普通股   B. 其他权益工具持有者投入资本
    C. 股份支付计入所有者权益的金额 D. 其他的所有者投入或减少资本的行为

三、判断题

1. 所有者权益变动表可以反映债权人所拥有的权益,据以判断资本保值、增值的情况以及对负债的保障程度。
2. 企业发放现金股利不会减少所有者权益,但会导致所有者权益内部项目之间的互转,影响所有者权益内部结构。
3. 所有者权益变动表产生的重要原因是促进全面收益观的逐渐形成。
4. 在不考虑其他项目时,将净利润调整为本期所有者权益变动额,应该在净利润基础上,减去向股东分配的利润。
5. 所有者权益变动表中,上年年末余额项目与本年年初余额相等。
6. 对初次发生的或不重要的交易或事项而采用新的会计政策不属于会计政策变更。
7. 转增股本是指公司将盈余公积转化为股本,转增股本并没有改变股东的权益规模。
8. 利润表中的综合收益总额在所有者权益变动表中构成了所有者权益变动额的主要内容。
9. 送股不会导致企业资产的流出或负债的增加,不影响公司的资产、负债及所有者权益总额的变化。
10. 无论是否发生重大会计差错,都应在发现前期差错的当期进行前期差错更正,在所有者权益变动表中适时披露。

四、综合计算及案例分析题

1. 某公司 2019 年实现净利 3 000 万元,分配股利 806 万元,增发新股 2 000 万元,长期投资于 A 单位,股权占 40%,A 单位 2019 年盈利 250 万元,试确定所有者权益变动额。

2. 某公司本年净利为 5 000 万元,股利分配时的股票市价为 10 元/股,发行在外的流通股股数为 10 000 万股,股利分配政策为 10 股送 5 股,试计算此政策对每股收益和每股市价的影响。

3. 某公司有流通在外的股票 200 万股,每股股价 3 元,公司的市场价值总额是 600 万元。简化的本年年末的资产负债表见表 6.7。

表 6.7　资产负债表(现金股利支付前)　　　　　单位:元

资　　产		负债及所有者权益	
现金	2 500 000.00	负债	0
其他资产	3 500 000.00	所有者权益	6 000 000.00
合计	6 000 000.00	合计	6 000 000.00

假设该公司管理者本年年末决定每股 1 元地派现,试计算支付股利后的公司市场价值、所有者权益和每股市价。

面对密密麻麻的财务数据,非财务专业人员往往不知所云,无处入手。其实,在看似枯燥的财务报告数据中,隐藏着丰富有趣的经营信息,而这些信息恰恰是改善管理水平、提升经营效率、进行科学决策的重要依据。尤其是综合分析,涉及面广,难度更大,要抓住重点,找到关键,有时还真要有孙悟空"火眼金睛"的洞察力。

第七章　财务报告综合分析

本章学习目标
1. 了解财务报告综合分析的含义和特点。
2. 了解财务报告综合分析的作用。
3. 掌握杜邦财务分析方法。
4. 理解财务报告综合分析对了解公司的战略和竞争力的意义。
5. 掌握企业业绩评价。

第一节　财务报告综合分析的概述

财务报告分析的最终目的在于全面、准确、客观地揭示企业的财务状况和经营成果,并借以对企业经济效益的优劣作出合理评价。显然,仅仅计算几个简单的、孤立的财务比率,不可能作出合理、公允的综合性结论。因此,只有将各种不同报表、不同指标的分析与评价融为一体,才能从总体意义上把握企业财务状况和经营成果的优劣。

一、财务报告综合分析的含义

财务报告综合分析就是将有关财务指标按其内在联系结合起来,系统、全面、综合地对企业财务状况和经营成果进行剖析、解释和评价,说明企业整体的财务状况和经营成果的优劣。

每个企业的财务指标都有很多,而每个单项指标只能说明问题的某一个方面,且不同财务指标之间可能会存在一定的矛盾或不协调性。如偿债能力很强的企业,其盈利能力可能会很弱;或偿债能力很强的企业,其营运能力可能比较差。所以,只有将一系列的财务指标有机地联系起来,作为一套完整的体系,相互配合,加以系统的评价,才能对企业经济活动的总体变化规律作出本质的描述,才能对企业的财务状况和经营成果作出总括性的结论。综合财务报告分析的意义也正在于此。

二、财务报告综合分析的特点

与单项分析相比较,财务报告综合分析具有以下三个特点。

(一)分析方法不同

单项分析通常是由一般到个别,把企业财务活动的总体分解为每个具体的部分,然后逐一加以考查分析。而综合分析则是通过归纳综合,把个别财务现象从财务活动的总体上做出总结。因此,单项分析具有实务性和实证性,综合分析则具有高度的抽象性和概括性,着重从整体上概括财务状况的本质特征。通过单项分析能够真切地认识每一个具体的财务现象,可以对财务状况和经营成果的某一方面作出判断和评价,并为综合分析打下良好的基础。但如果不在此基础上抽象概括,把具体的问题提高到理性高度认识,就难以对企业的财务状况和经营业绩作出全面、完整和综合的评价。因此,综合分析要以各单项分析指标及其各指标要素为基础,要求各单项指标要素及计算的各项指标一定要真实、全面和适当,所设置的评价指标必须能够涵盖企业盈利能力、偿债能力及营运能力等诸多方面总体分析的要求。只有把单项分析和综合分析结合起来,才能提高财务报告分析的质量。

(二)分析的重点和基准不同

单项分析的重点和基准是财务计划、财务理论标准。而综合分析的重点和基准是企业整体发展趋势。因此,单项分析把每个分析的指标视为同等重要的地位来处理,它难以考虑各种指标之间的相互关系。而综合分析强调各种指标有主辅之分,一定要抓住主要指标。只有抓住主要指标,才能抓住影响企业财务状况的主要矛盾。在主要财务指标分析的基础上再对其辅助指标进行分析,才能分析透彻、把握准确、详尽。各主辅指标功能应相互协调匹配,在利用主辅指标时,还应特别注意主辅指标间的本质联系和层次关系。

(三)分析目的不同

单项分析的目的是有针对性的,侧重于找出企业财务状况和经营成果某一方面存在的问题,并提出改进措施;综合分析的目的是要全面评价企业的财务状况和经营成果,并提出具有全局性的改进意见。显然,只有综合分析获得的信息才是最系统、最完整的。单项分析仅仅涉及一个领域或一个方面,往往达不到这样的目的。

因此,把财务报告综合分析同单项分析加以区分是十分必要的,它有利于财务报告使用者把握企业财务的全面状况,而不至于把精力仅局限于个别的具体问题上。

财务报告综合分析方法有很多,这里介绍杜邦财务分析体系。

第二节 杜邦财务分析法及发展

一、杜邦财务分析法的意义及分析步骤

杜邦财务分析法又称杜邦分析体系(The DuPont System),是由美国杜邦公司于1910年首先建立并采用的。这种方法主要是利用一些基本财务比率指标之间的内在数量关系,建立一套系列相关的财务指标的综合模型,从投资者对企业要求的最终目标出发,经过层层指标分解,系统地分析了解影响企业最终财务目标实现的各项因素影响作用的一种方法。

利用杜邦分析法进行综合分析,一般以财务管理的直接量化目标——净资产收益率为综合指标或分析的出发点,进行层层分解,使得基于内在联动关系的分解后的各个指标构成一个完整的指标体系。从数理逻辑上可以推出,各指标之间主要体现了以下一些关系:

净资产收益率=净利润÷股东权益=(净利润÷总资产)×(总资产÷股东权益)
　　　　　　=总资产净利率×权益乘数

其中:

总资产净利率=净利润÷总资产
　　　　　　=(净利润÷销售收入)×(销售收入÷总资产)
　　　　　　=销售净利率×总资产周转率

权益乘数=总资产÷股东权益=1÷(1-资产负债率)

将上述公式综合之后可得

净资产收益率=销售净利率×总资产周转率×权益乘数

即决定净资产收益率的因素有三个:一是企业商品销售活动的直接创利水平,即销售净利率;二是对企业全部资产的利用效率与利用效果,即表现为总资产周转率指标所反映的内容;三是企业的举债经营程度,即权益乘数指标

所体现的企业财务杠杆效应的发挥程度。

为了更深入地分析净资产收益率变化的详细原因,我们还可以在前面分析的基础上,对销售净利率和总资产周转率作进一步的分解。

销售净利率可以分解为

净利润＝营业总收入－营业总成本＋其他项目损益与收支净额－所得税费用

成本费用总额＝营业成本＋税金及附加＋期间费用＋信用减值损失
　　　　　　＋资产减值损失

其他项目损益与收支净额＝其他收益＋投资收益＋公允价值变动损益
　　　　　　　　　　　＋资产处置收益＋营业外收入－营业外支出

总资产周转率可以分解为

总资产＝流动资产＋非流动资产

流动资产＝货币资金＋交易性金融资产＋应收款项(含应收票据与其他应收款)
　　　　＋存货(含预付款)等

非流动资产＝债权投资＋其他债权投资＋长期股权投资＋其他权益工具投资
　　　　　＋固定资产＋投资性房地产＋无形资产＋其他资产

通过对以上指标的层层分解,就可以比较容易地发现企业财务问题的症结所在。杜邦财务分析法习惯于采用"杜邦分析图解"的方式,将有关指标按内在联系排列,如图7.1所示。

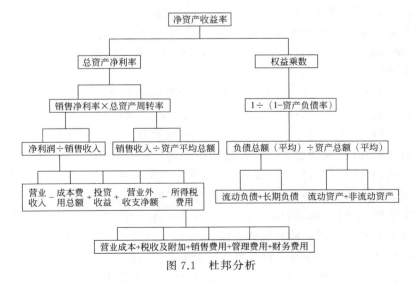

图 7.1　杜邦分析

由图 7.1 可以看出,利用杜邦财务分析法进行综合分析,可以明确以下几点。

(1) 净资产收益率是一个综合性最强的财务分析指标,是杜邦财务分析法的核心。财务管理及会计核算的目标之一是股东财富最大化,净资产收益率反映企业所有者投入资本的获利能力,说明企业筹资、投资、资产营运等各项财务及其管理活动的效率。不断提高净资产收益率是所有者权益最大化的基本保证。所以,这一财务指标是企业所有者、经营者都十分关心的。而净资产收益率高低的决定因素主要有三个方面,即销售净利率、总资产周转率和权益乘数。这样分解后,就可以将净资产收益率这一综合指标发生升降变化的原因具体化,比只用一项综合性指标更能说明问题。

(2) 销售净利率反映企业净利润与销售收入的关系,它的高低取决于销售收入与成本总额的高低。要想提高销售净利率,一是要扩大销售收入,二是要降低成本费用。扩大销售收入既有利于提高销售净利率,又可提高总资产周转率。降低成本费用是提高销售净利率的一个重要因素。从杜邦分析图可以看出成本费用的基本结构是否合理,从而找出降低成本费用的途径和加强成本费用控制的办法,如果企业财务费用支出过高,就要进一步分析其负债比率是否过高,若管理费用过高,就要进一步分析其资产周转情况等等。从图中还可以看出,提高利润率的另一途径是提高其他利润,想办法增加其他业务利润,适时适量进行投资取得投资收益,千方百计降低营业外支出等。为了详细了解企业成本费用的发生情况,在具体列示成本总额时,还可以根据重要性原则,将那些影响较大的费用单独列示(如利息费用等),以便为寻求降低成本的途径提供依据。

(3) 影响总资产周转率的一个重要因素是资产总额。它由流动资产与非流动资产组成。它们的结构合理与否将直接影响资产的周转速度。一般来说,流动资产直接体现企业的偿债能力和变现能力。而非流动资产则体现该企业的经营规模、发展潜力。两者之间应保持一种合理的比率关系。如果发现某项资产比重过大,影响资金周转,就应深入分析原因。例如,企业持有的货币资金超过业务需要,就会影响企业的盈利能力。如果企业占有过多的存货和应收账款,则既会影响盈利能力,又会影响偿债能力。因此,还应进一步分析各项资产的占用数额和周转速度。

(4) 权益乘数主要是受资产负债率指标的影响。负债比率越大,权益乘数就越高,说明企业的负债程度比较高,给企业带来较多的杠杆效益。同时,也会带来较大的财务风险。对权益乘数的分析要联系营业收入分析企业的资产使用是否合理,联系权益结构分析企业的偿债能力。在资产总额不变的条件下,开展合理的负债经营,可以减少所有者权益所占的份额,从而达到提高净资产收益率的目的。在权益总额及权益结构相对稳定的情况下,加速资金周转也可以提高公司的偿债能力和盈利能力。

通过杜邦分析可以看出,杜邦财务分析法是一种分解财务比率的方法,并不是另外建立新的财务指标,因而它可以用于各种财务比率的分析。即杜邦财务分析法和其他财务分析方法一样,关键不在于指标的计算,而在于对指标的理解和运用。通过杜邦财务分析法自上而下的分析,不仅可以了解公司财务状况的全貌以及各项财务分析指标间的结构关系,还可以查明各项主要财务指标增减变动的影响因素及存在问题。杜邦财务分析法提供的上述财务信息,较好地解释了指标变动的原因,不仅为进一步采取具体措施指明了方向,还为决策者优化资产结构和资本结构,提高公司偿债能力和经营效益提供了基本思路。即提高净资产收益率的根本途径在于扩大营业、改善资产结构、节约成本费用开支、合理配置资源、加速资金周转、优化资本结构等。

总之,从杜邦分析可以发现提高净资产收益率的四种途径:第一,使营业收入增长幅度高于成本费用的增长幅度;第二,减少公司的销售成本或经营费用;第三,提高总资产周转率,即在现有资产基础上,增加营业收入,或者减少公司资产;第四,在不危及公司财务安全的前提下,扩大债务规模,提高负债比率。

二、杜邦财务分析法的应用举例

【例 7.1】 下面以 2018—2019 年飞达公司企业有关财务指标为例(见表 7.1),说明杜邦财务分析法的具体运用。

表 7.1 飞达公司相关的财务数据(2018—2019 年)

	2018 年	2019 年
资产负债率/%	66	68
应收账款周转率	6.24	8.20
应收账款周转天数/天	58	44
存货周转率	8.54	4.11

续表

	2018年	2019年
存货周转天数/天	42	88
总资产周转率	0.57	0.53
总资产周转天数/天	640	688
销售毛利率/%	35	34
销售净利率/%	12	12
资产净利率/%	6.8	6.6

根据表中数据可以作如下计算：

2018年权益乘数＝1÷(1－资产负债率)＝1÷(1－0.66)＝2.94

2019年权益乘数＝1÷(1－资产负债率)＝1÷(1－0.68)＝3.13

2018年净资产收益率＝权益乘数×总资产净利率＝2.94×0.068＝20%

2019年净资产收益率＝权益乘数×总资产净利率＝3.13×0.066＝21%

结合杜邦财务分析法中的技术路径，以及表中数据和上述计算所得，可以对表7.1中所反映的飞达公司有一些基本了解，具体如下。

(1) 2019年飞达公司净资产收益率为21%，比2018年的20%提高了1个百分点。说明公司净资产获利水平略有提高。由于净资产收益率的变动取决于资本结构(权益乘数)变动和资产利用效果(资产净利率)两个方面共同作用，而公司权益乘数由2018年的2.94增长到2019年的3.13，增长了6%。总资产净利率则由2018年的6.8%下降到2019年的6.6%，仅仅下降了0.2%。由此可见，就影响程度来讲，举债经营所带来的杠杆收益要大于资产创利变动所产生的影响。

(2) 飞达公司的资产负债率由2018年的66%提高到2019年的68%，说明企业的财务风险略有提高，虽然提高幅度并不太明显，但财务杠杆效应却相应加大。

总体上来讲，企业权益乘数越大，意味着负债程度越高，财务风险程度也越大。但这个指标也同时反映了财务杠杆对利润水平的影响。财务杠杆效应是一把双刃剑，具有正反两方面的作用。在收益较好的年度，它可以使股东获得的潜在报酬增加，即取得财务杠杆的正效应。而在收益不好的年度，则可能会加大股东收益的下降程度，体现出财务杠杆的负效应。当然，从投资者角度而言，只要资产报酬率高于借贷资本的利息率，一般以财务杠杆正效应为主。此时仅从获利角度而言，可以说是负债比率越高越好。反之，则应该是负债比率越低越好。当然，企业经营管理者在实际制定融资策略决策时，还应审时度势，全面考虑，充分估计预期利润和增加的风险，在两者之间科学权衡，做出正确、适用的决策。

（3）公司总资产周转天数由 2018 年的 640 天上升到 2019 年的 688 天。其中应收账款周转天数由 58 天下降到 44 天，存货周转天数由 42 天上升到 88 天，说明公司可能加大了应收账款的管理力度，提高了信用政策条件。通常情况下，紧缩或严格的信用政策，会减少企业应收账款出现坏账的概率，缩短应收账款的回收期，提高应收账款周转率。然而，过度紧缩的信用政策，也有可能使企业因此而失去一些暂时存在资金困难的客户单位，影响企业存货的销售水平，造成存货周转率的下降，存货周转天数的同步延长。本案例中出现的结果便极有可能是基于这种内在因素的影响。

当然，宽松的信用政策会有利于企业吸引更多的客户，提高其商品的市场销售规模，从而进一步提高存货周转率。但宽松的信用政策往往又可能会造成较高的坏账损失或较多的呆账现象，延长企业应收账款的回笼时间，使应收账款周转天数的相应延长。

杜邦财务分析法提供的上述财务信息，较好地解释了指标变动的原因和趋势，有助于全面了解影响关键指标财务比率的内在结构关系，查明各项主要指标增减变动的影响因素及存在的问题，为进一步采取具体措施、优化经营结构和理财结构、提高企业偿债能力和经营效益提供了思路。在具体运用时，应该注意的是，杜邦财务分析法不是另外建立的一套新的财务指标，而是对原有主要财务指标进行层层分解的一种思路。它既可以通过对净资产收益率的分解来说明问题，也可以通过分解其他财务指标（如总资产报酬率）来说明问题。杜邦分析体系和其他体系过多应用了净利润指标，这在经营环境简单、经营内容单一的时期，无疑是恰当的。但在多元化投资组合、资本运营与资产重组等活动日益增多的环境下，净利润数值将受到多种因素的共同作用，如公允价值变动损益、投资损益、债务重组损益等。当这些损益影响过大时，应考虑对杜邦财务分析法的分解过程与分解指标作必要的修正与调整。

三、杜邦财务分析法与经济特征和战略

(一) 竞争战略

企业之间的差别经常表现为,是采用高周转率/低毛利的战略,还是采用低周转率/高毛利的战略。高周转率/低毛利的企业就是薄利多销。由于低价的毛利较低,要获得成功,企业必须严格控制成本以保证毛利不至于过低,超级市场经常采用这种战略。低周转率/高毛利的竞争基础为产品的差别性。企业试图生产消费者需要的产品,吸引消费者的是产品的特色品种,而不是价格。如果成功,企业就可以收取相对高的价格,并以高毛利获取利润。这些企业的成本控制显得特别重要。特种食品和服装企业通常采用这种战略。表7.2以美国主要行业的平均指标说明资产周转率和毛利率的关系。

(二) 产品的生命周期

产品的生命周期分四个阶段。可以用于预测企业的财务成果。不同阶段的财务表现不同,如表7.2所示。

表7.2 美国主要行业的资产报酬率、资产周转率和毛利率

行　　业	资产报酬率	资产周转率	毛　利　率
出版	11.5	1.41	8.7
化学	9.0	1.40	7.0
食品加工	8.5	2.28	4.3
纸业	8.3	1.29	6.9
铁制品	7.8	1.53	5.3
百货商店	7.7	2.27	3.6
电话通信	7.0	0.49	16.1
石化	6.9	1.47	5.3
玻璃	6.8	1.07	6.3
橡胶	6.6	1.66	4.0
杂食店	6.6	5.00	1.5
交通设备	6.4	1.69	4.0

续表

行业	资产报酬率	资产周转率	毛利率
批发设备	6.4	1.93	2.8
工程建筑	6.4	1.89	4.1
房地产	6.3	0.75	12.1
服装	6.3	1.80	3.4
工业设备	5.6	1.38	3.8
汽车货运	5.6	1.80	3.5
纺织	5.3	1.64	3.1
石油开采	5.1	0.47	8.1
森林	5.1	2.10	3.1
钢铁	4.0	1.25	3.3

不同的产品、不同类型的企业，战略也不同。归纳来讲，常见的组合见表7.3所示。

表7.3　产品生命周期的特征

	创业期	成长期	成熟期	收获期
流动资产				
现金	极缺	缺乏	充分	较充分
有价证券	无	无	利用富余现金	高
应收账款	无	出售或转让	稳定	收账
存货	低	增加	平均	减少
固定资产	启动	增加	稳定	减少
无形资产	创建	稳定	摊销	摊销
流动负债				
应付账款	高	延伸	稳定	存货类似现金
应付税金	无	无	平均	高
长期负债	高	中	需要	偿还

续表

	创业期	成长期	成熟期	收获期
递延负债　税金	因净损失而应收	被前滚抵销	因加速折旧而递延	高支付
报酬	提供			
股东权益				
普通股	低	公开发售	认股权	仅作为杠杆因素
留存收益	亏	再投资	稳定	支付（分派）
销售	低，但增长	迅速增长	平均	减少
销售成本　直接材料	大量残料	增加	寻求提高效率	为销售收入占用
直接人工	单位人工成本高	学习曲线效果	取决于工会谈判	大量减少
间接费用折旧	高（因加速折旧）	因购置而增加	稳定	低
间接人工	最低	随劳动力而增加	稳定	转向
财产税	最低	随设备而增加	却绝域征收	下降
公共事业费	同研究与开发相关	随设备而增加	稳定	减少
毛利	波动	确定比例	稳定	
费用				
销售费用	变动	个人奖励	集体奖励	固定
广告费	高	增加	稳定	无
差旅和娱乐费用	非常高	随销售力量增加	减少	无
市场研究	非常高	平均	寻求新市场	接受失败
一般行政管理工资	分部管理	随劳动力而扩张	行政	减少
折旧	最小	随数量增加	稳定	下降
研究与开发	非常高	生产导向	降低成本导向	开发新产品

续表

	创业期	成长期	成熟期	收获期
所得税	负数	增加	稳定	下降
销售费用	观察	增加	稳定	削减
会计和信息费用	启动成本	正规化过程	稳定	寻找利益
保险费	最小	高	稳定和业务中断	没有必要
收益	最低	好	最高	低于平均水平
每股盈余	最低	平均	最高	平均
资金来源 净收益	低	好	高	下降
长期负债	高	中	负债能力强但无新负债	无
股本筹资	市场迟疑	购买踊跃	寻求股利	出售
出售固定资产	无	无	重置	大量出售
资金运用				
购置固定资产	主要为原料	高	重置	无
股利	无	很少	好	很好
偿还债务	无	无	高	剩余部分
库存股	无	无	可选择	以低价购买
现金变动	负数	不太差	无	正数

表 7.4 不同产品、不同类型企业的常见战略组合

资本密集状况	竞争性质	战略
高	垄断	高毛利/低周转率
中	寡头垄断	恰当的毛利和周转率结合
低	竞争	高周转率/低毛利

(三)净资产收益率与竞争能力

净资产收益率和要求的报酬率的差额可以衡量企业获得超额利润的能力。公司战略分析人员采用各种方法,确定公司超额收益的金额和持续时间。其中,非常著名的就是哈佛大学教授波特首创的"五种竞争力"分析框架,如图7.2所示。根据这一分析可以看出,竞争不仅来自生产相同产品的生产企业,也来自供货商的替代者和潜在进入市场的新企业。在波特的分析框架中,企业之所以能够保持很高的股东权益报酬率,是因为新企业和竞争对手进入市场时存在重大的障碍。

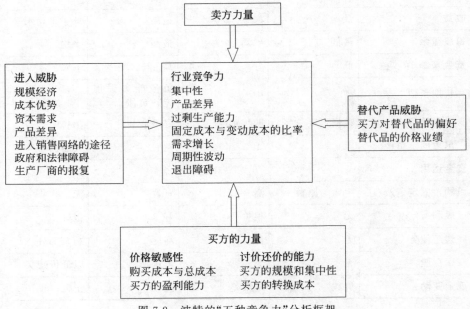

图 7.2 波特的"五种竞争力"分析框架

第三节 企业业绩评价

一、业绩评价的意义

业绩评价是指运用数理统计和运筹学的方法,通过建立综合评价指标体系,对照相应的评价标准,定量分析与定性分析相结合,对企业一定经营期间的获利能力、资产质量、债务风险以及经营增长等经营业绩和努力程度的各方面进行的综合评判。

科学地评价企业业绩,可以为出资人行使经营者的选择权提供重要依据;可以有效地加强对企业经营者的监管和约束;可以为有效地激励企业经营者提供可靠依据;还可以为政府有关部门、债权人、企业职工等利益相关方提供有效的信息支持。

二、业绩评价的内容

业绩评价由财务业绩定量评价和管理业绩定性评价两部分组成。

(一) 财务业绩定量评价

财务业绩定量评价是指对企业一定期间的获利能力、资产质量、债务风险和经营增长等四个方面进行定量对比分析和评判。

(1) 企业获利能力分析与评判主要通过资本及资产报酬水平、成本费用控制水平和经营现金流量状况等方面的财务指标,综合反映企业的投入产出水平以及盈利质量和现金保障状况。

(2) 企业资产质量分析与评判主要通过资产周转速度、资产运行状态、资产结构以及资产有效性等方面的财务指标,综合反映企业所占用经济资源的利用效率、资产管理水平和资产的安全性。

(3) 企业债务风险分析与评判主要通过债务负担水平、资产负债结构、或有负债情况、现金偿债能力等方面的财务指标,综合反映企业的债务水平、偿债能力及其面临的债务风险。

(4) 企业经营增长分析与评判主要通过销售增长、资本积累、效益变化以及技术投入等方面的财务指标,综合反映企业的经营增长水平及发展后劲。

(二) 管理业绩定性评价

管理业绩定性评价是指在企业财务业绩定量评价的基础上,通过采取专家评议的方式,对企业一定期间的经营管理水平进行定性分析和综合评判。

三、业绩评价指标

业绩评价指标由财务业绩定量评价指标和管理业绩定性评价指标两大体系构成。确定各项具体指标之后,再分别分配以不同的权重,使之成为一个完整的指标体系。

(一) 财务业绩定量评价指标

财务绩效定量评价指标由反映企业获利能力状况、资产质量状况、债务风险状况和经营增长状况等四方面的基本指标和修正指标构成,用于综合评价企业财务会计报表所反映的经营绩效状况。

财务业绩定量评价指标依据各项指标的功能作用划分为基本指标和修正指标。其中,基本指标反映企业一定期间财务业绩的主要方面,并得出企业财务业绩定量评价的基本结果。修正指标是根据财务指标的差异性和互补性,对基本指标的评价结果作进一步的补充和矫正。

1. 企业获利能力指标

企业获利能力状况以净资产收益率、总资产报酬率两个基本指标和销售(营业)利润率、盈余现金保障倍数、成本费用利润率、资本收益率四个修正指标进行评价,主要反映企业一定经营期间的投入产出水平和盈利质量。

2. 企业资产质量指标

企业资产质量状况以总资产周转率、应收账款周转率两个基本指标和不良资产比率、流动资产周转率、资产现金回收率三个修正指标进行评价,主要反映企业所占用经济资源的利用效率、资产管理水平与资产的安全性。

3. 企业债务风险指标

企业债务风险状况以资产负债率、已获利息倍数两个基本指标和速动比率、现金流动负债比率、带息负债比率、或有负债比率四个修正指标进行评价,主要反映企业的债务负担水平、偿债能力及其面临的债务风险。

4. 企业经营增长指标

企业经营增长状况以销售(营业)增长率、资本保值增值率两个基本指标和销售(营业)利润增长率、总资产增长率、技术投入比率三个修正指标,主要反映企业的经营增长水平、资本增值状况及发展后劲。

(二) 管理业绩定性评价指标

管理业绩定性评价指标包括企业发展战略的确立与执行、经营决策、发展创新、风险控制、基础管理、人力资源、行业影响、社会贡献八个方面的指标,主要反映企业在一定经营期间所采取的各项管理措施及其管理成效。

(1) 战略管理评价主要反映企业所制定战略规划的科学性,战略规划是否符合企业实际,员工对战略规划的认知程度,战略规划的保障措施及其执行力,以及战略规划的实施效果等方面的情况。

（2）发展创新评价主要反映企业在经营管理创新、工艺革新、技术改造、新产品开发、品牌培育、市场拓展、专利申请及核心技术研发等方面的措施及成效。

（3）经营决策评价主要反映企业在决策管理、决策程序、决策方法、决策执行、决策监督、责任追究等方面采取的措施及实施效果，重点反映企业是否存在重大经营决策失误。

（4）风险控制评价主要反映企业在财务风险、市场风险、技术风险、管理风险、信用风险和道德风险等方面的管理与控制措施及效果，包括风险控制标准、风险评估程序、风险防范与化解措施等。

（5）基础管理评价主要反映企业在制度建设、内部控制、重大事项管理、信息化建设、标准化管理等方面的情况，包括财务管理、对外投资、采购与销售、存货管理、质量管理、安全管理、法律事务等。

（6）人力资源评价主要反映企业人才结构、人才培养、人才引进、人才储备、人事调配、员工绩效管理、分配与激励、企业文化建设、员工工作热情等方面的情况。

（7）行业影响评价主要反映企业主营业务的市场占有率、对国民经济及区域经济的影响与带动力、主要产品的市场认可程度、是否具有核心竞争能力以及产业引导能力等方面的情况。

（8）社会贡献评价主要反映企业在资源节约、环境保护、吸纳就业、工资福利、安全生产、上缴税收、商业诚信、和谐社会建设等方面的贡献程度和社会责任的履行情况。

企业管理绩效定性评价指标应当根据评价工作需要作进一步细化，能够量化的应当采用量化指标进行反映，具体如表7.5所示。

表7.5　业绩评价指标及其权重表

评价内容与权数		财务业绩(70%)				管理业绩(30%)	
		基本指标	权数	修正指标	权数	评议指标	权数
盈利能力状况	34	净资产收益率 总资产报酬率	20 14	营业利润率 盈余现金保障倍数 成本费用利润率 资本收益率	10 9 8 7	战略管理 发展创新 经营决策 风险控制	18 15 16 13
资产质量状况	22	总资产周转率 应收账款周转率	10 12	不良资产比率 流动资产比率 资产现金回收率	9 7 6		

续表

评价内容与权数		财务业绩(70%)				管理业绩(30%)	
		基本指标	权数	修正指标	权数	评议指标	权数
债务风险状况	22	资产负债率 已获利息倍数	12 10	速动比率 现金流动负债比率 带息负债比率 或有负债比率	6 6 5 5	基础管理 人力资源 行业影响 社会贡献	14 8 8 8
经营增长状况	22	营业增长率 资本保值增值率	12 10	营业利润增长率 总资产增长率 技术投入比率	10 7 5		

四、业绩评价标准

业绩评价标准分为财务业绩定量评价标准和管理业绩定性评价标准,通常由政府等权威部门统一测算和发布。

(一)财务业绩评价定量标准

财务业绩定量评价标准包括国内行业标准和国际行业标准。国内行业标准根据国内企业年度财务和经营管理统计数据,运用数理统计方法,分年度、分行业、分规模统一测算。国际行业标准根据居于行业国际领先地位的大型企业相关财务指标实际值,或者根据同类企业组织相关财务指标的先进值,在剔除会计核算差异后统一测算。其中,行业分类,按照国家统一颁布的国民经济行业分类标准结合企业实际情况进行划分。

财务业绩定量评价标准按照不同行业、不同规模及指标类别,划分为优秀(A)、良好(B)、平均(C)、较低(D)和较差(E)五个档次。对应这五档评价标准的标准系数分别为 1.0、0.8、0.6、0.4、0.2,具体如表 7.6 所示。

表 7.6 财务业绩定量评价标准示例

(表 2020 年工业/中型企业业绩评价标准值)

范围:中型企业

	优秀值	良好值	平均值	较低值	较差值
一、盈利能力状况					
净资产收益率/%	11.9	8.1	4.4	−2.1	−10.7

续表

	优秀值	良好值	平均值	较低值	较差值
总资产报酬率/%	8.8	6.2	3.4	2.0	−3.7
销售（营业）利润率/%	18.0	12.8	6.5	1.7	−7.6
盈余现金保障倍数	10.9	5.3	1.0	−0.9	−3.4
成本费用利润率/%	14.5	11.0	6.9	3.1	−7.8
资本收益率/%	15.7	10.9	5.8	−2.5	−10.9
二、资产质量状况					
总资产周转率/次	1.8	1.3	0.8	0.6	0.3
应收账款周转率/次	23.3	14.2	6.5	3.3	0.6
不良资产比率/%	0.5	2.2	3.6	8.2	18.1
流动资产周转率/次	3.5	2.1	1.1	0.7	0.4
资产现金回收率/%	13.4	8.2	1.6	−1.5	−7.4
三、债务风险状况					
资产负债率/%	48.6	53.6	58.6	68.6	83.6
已获利息倍数	5.5	4.2	2.7	1.0	−1.0
速动比率/%	139.7	115.8	77.5	52.6	32.9
现金流动负债比率/%	27.4	18.6	7.8	−4.6	−9.9
带息负债比率/%	22.5	33.7	45.2	66.1	79.6
或有负债比率/%	0.3	1.8	4.5	11.2	18.0
四、经营增长状况					
销售（营业）增长率/%	18.5	12.6	5.8	−15.1	−23.4
资本保值增值率/%	112.2	108.1	104.3	98.0	90.0
销售（营业）利润增长率/%	26.2	19.8	12.6	−2.6	−14.2
总资产增长率/%	14.2	11.3	5.5	−1.0	−9.9
技术投入比率/%	3.2	2.2	1.9	1.6	0.7
五、补充资料					

续表

	优秀值	良好值	平均值	较低值	较差值
存货周转率/次	18.3	11.4	5.5	3.9	3.5
两金占流动资产比重/%	14.2	27.7	40.3	49.3	56.1
成本费用占营业务收入的比重/%	78.9	88.5	95.1	101.8	112.0
经济增加值率/%	9.0	5.1	1.0	−3.5	−8.0
EBITDA率/%	27.2	16.8	8.6	0.7	−4.1
资本积累率/%	32.6	19.6	7.1	−1.9	−17.9

（二）管理业绩定性评价指标

管理业绩定性评价标准根据评价内容，结合企业经营管理的实际水平和出资人监管要求等统一测算，并划分为优、良、中、低和差五个档次。

管理绩效定性评价标准具有行业普遍性和一般性。在进行评价时，应当根据不同行业的经营特点，灵活把握个别指标的标准尺度。对于定性评价标准没有列示，但对被评价企业经营绩效产生重要影响的因素，在评价时也应予以考虑。

五、业绩评价方法

业绩评价分为三个大的步骤，首先进行财务业绩定量评价，然后在财务定量评价结果的基础上，进行管理业绩定性评价，最后将财务业绩定量评价和管理业绩定性评价的结果结合在一起，计算综合业绩评价分值，形成综合评价结果。

（一）财务业绩定量评价方法

财务业绩定量评价是指运用功效系数法的原理，以企业评价指标实际值对照企业所处行业（规模）标准值，按照既定的计分模型进行定量测算。其基本步骤如下。

（1）提取相关数据，加以调整，计算各项指标实际值。财务业绩定量评价的基本数据资料主要为企业评价年度财务报表。为了客观、公正地评价企业业绩，保证评价基础数据的真实、完整、合理，在实施评价前通常应当对基础数据进行核实，视实际情况按照重要性和可比性原则进行适当调整。在此基础上,运用前文列出的各项指标的计算公式,确定各项指标实际值。

(2) 确定各项指标标准值。各项指标的标准值是有关权威部门运用数理统计方法,分年度、分行业、分规模统一测算和发布的。企业一般可以根据自己的主营业务领域对照国家规定的行业基本分类,选择适用于自己的行业标准值。

(3) 按照既定模型对各项指标评价计分。前已提及,财务业绩评价指标包括基本指标和修正指标,两种指标的计分模型是不同的。

① 财务绩效定量评价基本指标计分是按照功效系数法计分原理,将评价指标实际值对照行业评价标准值,按照既定的计分公式计算各项基本指标得分。计算公式为

$$基本指标总得分 = \sum 单项基本指标得分$$

$$单项基本指标得分 = 本档基础分 + 调整分$$

$$本档基础分 = 指标权数 \times 本档标准系数$$

$$调整分 = 功效系数 \times (上档基础分 - 本档基础分)$$

$$上档基础分 = 指标权数 \times 上档标准系数$$

$$功效系数 = \frac{(实际值 - 本档标准值)}{(上档标准值 - 本档标准值)}$$

本档标准值是指上下两档标准值居于较低等级一档。

② 财务绩效定量评价修正指标的计分是在基本指标计分结果的基础上,运用功效系数法原理,分别计算获利能力、资产质量、债务风险和经营增长四个部分的综合修正系数,再据此计算出修正后的分数。计算公式为

修正后总得分 = ∑各部分修正后得分

各部分修正后得分 = 各部分基本指标分数×该部分综合修正系数

某部分综合修正系数 = ∑该部分各修正指标加权修正系数

某指标加权修正系数 = 修正指标权数/该部分权数×该指标单项修正系数

某指标单项修正系数 = 1.0 + (本档标准系数 + 功效系数
　　　　　　　　×0.2 - 该部分基本指标分析系数)

单项修正系数控制修正幅度为 0.7~1.3

某部分基本指标分析系数 = 该部分基本指标得分/该部分权数

需要说明的是,在计算修正指标单项修正系数过程中,对于一些特殊情况需进行调整。

① 如果修正指标实际值达到优秀值以上,其单项修正系数的计算公式

如下：

$$单项修正系数 = 1.2 + 本档标准系数 - 该部分基本指标分析系数$$

② 如果修正指标实际值处于较差值以下，其单项修正系数的计算公式如下：

$$单项修正系数 = 1.0 - 该部分基本指标分析系数$$

③ 如果资产负债率≥100%，指标得 0 分。其他情况按照规定的公式计分。

④ 如果盈余现金保障倍数分子为正数，分母为负数，单项修正系数确定为 1.1；如果分子为负数，分母为正数，单项修正系数确定为 0.9；如果分子分母同为负数，单项修正系数确定为 0.8。

⑤ 如果不良资产比率≥100%或分母为负数，单项修正系数确定为 0.8。

⑥ 对于营业利润增长率指标，如果上年主营业务利润为负数，本年为正数，单项修正系数为 1.1；如果上年主营业务利润为零本年为正数，或者上年为负数本年为零，单项修正系数确定为 1.0。

⑦ 如果个别指标难以确定行业标准，该指标单项修正系数确定为 1.0。

（4）计算财务业绩评价分值，形成评价结果。在计算出财务业绩定量评价分值的基础上，需要对定量评价进行深入分析，诊断企业经营管理存在的薄弱环节，形成评价结果。

（二）管理业绩定性评价方法

管理业绩定性评价是运用综合分析判断法的原理，根据评价期间企业管理业绩状况等相关因素的实际情况，对照管理业绩定性评价参考标准，对企业管理业绩指标进行分析评议，确定评价分值。其基本步骤如下。

（1）收集整理相关资料。为了深入了解企业的管理业绩状况，可以通过问卷调查、访谈等方式，充分收集并认真整理管理业绩评价的有关资料。财务业绩定量评价结果也是进行管理业绩定性评价的重要资料之一。

（2）参照管理业绩定性评价标准，分析企业管理业绩状况。

（3）对各项指标评价计分。管理业绩定性评价指标的计分一般通过专家评议打分完成（聘请的专家通常应不少于 7 名）。评议专家应当在充分了解企业管理绩效状况的基础上，对照评价参考标准，采取综合分析判断法，对企业管理绩效指标作出分析评议，评判各项指标所处的水平档次，并直接给出评价分数。其计算公式如下：

管理业绩定性评价指标分数＝∑单项指标分数

单项指标分数＝(∑每位专家给定的单项指标分数)/专家人数

(4) 计算管理业绩评价分值,形成评价结果。

管理绩效定性评价工作的最后是汇总管理绩效定性评价指标得分,形成定性评价结论。

(三) 计算综合业绩评价分值,形成综合评价结果

根据财务业绩定量评价结果和管理业绩定性评价结果,按照既定的权重和计分方法,计算出业绩评价总分,并考虑相关因素进行调整后,得出企业综合业绩评价分值。其计算公式如下:

$$综合业绩评价分值＝财务业绩定量评价分数×70\% \\ ＋管理业绩定性评价分数×30\%$$

综合评价结果是根据企业综合业绩评价分值及分析得出的评价结论,可以评价得分、评价类型和评价级别表示。评价类型是根据评价分数对业绩评价所划分得水平档次,分为优(A)、良(B)、中(C)、低(D)、差(E)五个等级。评价级别是对每种类型再划分级次,以体现同一评价类型的差异,采用字母和在字母右上端标注"＋＋""＋""－"的方式表示,具体如表 7.7 所示。

表 7.7 综合评价结果

综合业绩评价结果		评价类型	评价级别
≥85	≥95	优(A)	A＋＋
	90≤~＜95		A＋
	85≤~＜90		A
70≤~＜85	80≤~＜85	良(B)	B＋
	75≤~＜80		B
	70≤~＜75		B－
50≤~＜70	60≤~＜70	中(C)	C
	50≤~＜60		C－
	40≤~＜50	低(D)	D
＜40		差(E)	E

六、综合评价报告

综合评价报告是指根据业绩评价结果编制,反映被评价企业业绩状况的文件,由报告正文和附件构成。

综合评价报告正文应当包括评价目的、评价依据与评价方法、评价过程、评价结果以及评论结论、需要说明的重大事项等内容。

综合评价报告附件应当包括企业经营业绩分析报告、评价结果计分表、问卷调查结果分析、专家咨询报告、评价基础数据及调整情况等内容。

七、综合举例

1. 飞天公司2019年的销售额为62 500万元,比上年提高了28%,有关的财务比率如表7.8所示。

表7.8 飞天公司有关财务比率

财务比率	应收账款回收期/天	存货周转率	销售毛利率/%	营业利润率(息税前)/%	销售息率/%	销售净利率/%	总资产周转率	固定资产周转率	资产负债率/%	利息保障倍数
2018年同行业平均	35	2.50	38	10.00	3.73	6.27	1.14	1.40	58.00	2.68
2018年本公司	36	2.59	40	9.60	2.40	7.20	1.11	2.02	50.00	4.00
2019年本公司	36	2.11	40	10.63	3.82	6.81	1.07	1.82	61.3	2.78

备注:该公司正处于免税期。

要求:

(1) 运用杜邦分析法,比较2018年公司与同业平均的净资产收益率,分析其差异的原因。

(2) 运用杜邦分析法,比较本公司2018年和2019年的净资产收益率,定性分析其变化的原因。

解答:

(1) 2018年与同行业平均比较

本公司净资产收益率 = 销售净利率 × 资产周转率 × 权益乘数
$$= 7.2\% \times 1.11 \times [1/(1-50\%)] = 15.98\%$$

同行业平均净资产收益率=6.27%×1.14×[1/(1-58%)]=17.01%

① 销售净利率高于同行业水平0.93%,其原因是:销售成本低(2%),或毛利率高(2%),销售利息率(2.4%)较同行业(3.73%)低(1.33%)。

② 资产周转率略低于同行业水平(0.03次),主要原因是应收账款回收较慢。

③ 权益乘数低于同行业水平,因其负债较少。

(2) 2019年与2018年比较

2018年净资产收益率=15.98%

2019年净资产收益率=6.81%×1.07×[1/(1-61.3%)]=18.83%

① 销售净利率低于2018年(0.39%),主要原因是销售利息率上升(1.4%)。

② 资产周转率下降,主要原因是固定资产和存货周转率下降。

③ 权益乘数增加,原因是负债增加。

2. 资料:雨天公司2018年和2019年有关资料如表7.9所示。

表7.9 雨天公司有关资料 单位:万元

	2018年	2019年
1. 销售收入	330	420
其中:赊销成本	122	141
2. 全部成本	278	348
其中:制造成本	137	175
管理费用	96	104
财务费用	33	48
销售费用	12	21
3. 利润	52	72
所得税	17	24
税后净利	35	48
4. 固定资产	65	79
现金	30	38
应收账款(平均)	11	23
存货(平均)	45	62
5. 负债总额	60	90

请运用杜邦分析法对雨天公司股东权益报酬率及其增减变动原因进行分析。

解答：

(1) 销售净利率

2018 年：35/330×100%＝10.61%

2019 年：48/420×100%＝11.43%

(2) 资产周转率

2018 年：330/151＝2.19

2019 年：420/202＝2.08

(3) 资产净利率

2018 年：10.61%×2.19＝23.24%

2019 年：11.43%×2.08＝23.77%

(4) 资产负债率

2018 年：60/151×100%＝39.74%

2019 年：90/202×100%＝44.55%

(5) 权益乘数

2018 年：1/(1−39.74%)＝1.66

2019 年：1/(1−44.55%)＝1.8

(6) 股东权益报酬率

2018 年：23.24%×1.66＝38.58%

2019 年：23.77%×1.8＝42.79%

股东权益报酬率 2019 年比 2018 年上升了 4.21%，主要是因为资产净利率和权益乘数均有所提高所致。而资产净利率的提高主要是因为销售净利率的提高所致。提高公司销售收入，降低成本费用是提高销售净利率的有效途径。2019 年同 2018 年相比，权益乘数有所提高，主要是因为资产负债率提高了。可见，适当加大资产负债率也给企业带来较多杠杆收益，但同时也带来了一定的风险。可见，要想提高企业的股东权益报酬率就要提高资产净利率和权益乘数。

3. ABC 公司近 3 年的主要财务数据和财务比率如表 7.10 所示。

表 7.10 ABC 公司近三年的主要财务数据和财务比率

	2017 年	2018 年	2019 年
销售额/万元	4 000	4 300	3 800
总资产/万元	1 430	1 560	1 695
普通股/万元	100	100	100
留存收益/万元	500	550	550
股东权益/万元	600	650	650
权益乘数		2.39	2.5
流动比率	1.19	1.25	1.2
平均收现期/天	18	22	27
存货周转率	8	7.5	5.5
长期债务/股东权益	0.5	0.46	0.46
销售毛利率	20.0	16.3	13.2
销售净利率	7.50	4.70	2.60

注：假设该公司没有营业外收支和投资收益，所得税税率保持不变。

要求：

(1) 利用因素分析法分析说明该公司 2019 年与 2018 年相比权益净利率的变化及其原因（按销售净利率、总资产周转率、权益乘数顺序）。

(2) 分析说明该公司资产、负债和所有者权益的变化及其原因。

(3) 假如你是该公司的财务经理，在 2020 年应从哪些方面改善公司的财务状况和经营业绩。

解答：

(1) 分析说明该公司 2019 年与 2018 年相比权益净利率的变化及其原因：

2018 年净利润 = 4 300 × 4.7% = 202.1(元)

2018 年销售利润率 = 4.7%

2018 年资产周转率 = 4 300 / [(1 560 + 1 430) ÷ 2] = 2.88

2018 年权益乘数 = 2.39

2019 年净利润 = 3 800 × 2.6% = 98.8(元)

2019 年销售利润率 = 2.6%

2019年资产周转率＝3 800/[(1 695＋1 560)÷2]＝2.33

2019年权益乘数＝2.5

因为：权益净利率＝销售利润率×资产周转率×权益乘数

2018年权益净利率＝4.7％×2.88×2.39＝32.35％

2019年权益净利率＝2.6％×2.33×2.5＝15.15％

销售利润率变动的影响：(2.6％－4.7％)×2.88×2.39＝－14.45％

资产周转率变动的影响：2.6％×(2.33－2.88)×2.39＝－3.42％

权益乘数变动的影响：2.6％×2.33×(2.5－2.39)＝0.67％

① 该公司权益净利率2019年比上年下降，主要是运用资产的获利能力下降，其资产周转率和销售净利润率都在下降。

② 总资产周转率下降的原因是平均收现期延长和存货周转率下降。

③ 销售利润率下降的原因是销售毛利率在下降。

(2) 2019年的总资产1 695万元，2018年的总资产1 560万元。

① 该公司总资产增加，主要原因是存货和应收账款占用增加。

② 2019年负债是筹资的主要来源，而且主要是流动负债。长期负债和所有者权益增加很少，大部分盈余都用于发放股利。

③ 扩大销售；降低存货；降低应收账款；增加收益留存；降低进货成本。

经典案例

关于财务比率与财务状况的讨论

在过去很长的一段时间里，上市公司格力电器母的资产负债表均表现出流动资产对流动负债保障程度较低（长期保持在1.1∶1左右的水平）、负债与资产的比率（资产负债率）较高（长期保持在80％以上）。在传统的财务报表分析方法下，一般认为，流动资产对流动负债的保障程度较低，可能导致企业的经营出现问题，经营风险较大，资产负债率高表明企业的财务风险较大。在谈到格力电器的风险时，董事长董明珠曾表示：不能只依据财务报表来计算企业的风险。格力的销售业务在增长，企业没有什么贷款，盈利能力强，利润获得现金流量能力强，每年向股东支付相当高的现金股利！这是风险的表现吗？同样面对的是企业的财务报表，传统的比率分析法与企业家对企业的风险评价却截然不同。

案例思考题

为什么面对相同的企业财务报表,传统的比率分析方法与企业家对企业的风险评估截然不同呢?

关键术语

综合分析　杜邦财务分析法　竞争战略产品的生命周期　业绩评价　财务业绩定量评价　管理业绩定性评价

本章小结

财务报表综合分析是单项分析的深化,是分析者对企业的"会诊"。本章从综合分析的概念、特征出发,介绍了综合分析中的杜邦财务分析方法,尤其是杜邦财务分析法中几个主要财务指标。依据财务报表的综合分析,了解如何把握企业的战略目标和竞争地位。

业绩评价是运用数理统计和运筹学的方法,通过建立综合评价指标体系,对照相应的评价标准,定量分析与定性分析相结合,对企业一定经营期间的获利能力、资产质量、债务风险以及经营增长等经营业绩和努力程度的各方面进行的综合评判。

思考题

1. 利用财务信息对企业财务状况进行分析的基本方法有哪几种?
2. 评价企业财务状况的财务比率主要有哪些?这些比率反映了企业财务状况的哪些方面?
3. 请说明评价企业财务状况与经营成果的比率对企业经营者行为的影响。
4. 在对企业财务状况进行分析时,应考虑哪些非货币因素?
5. 怎样对企业财务状况质量进行综合分析?
6. 利用财务信息对企业财务状况进行分析有哪些局限性?

练习题

一、单项选择题

1. 为了提高财务报表分析的质量,需要进行(　　)。
   A. 单项分析
   B. 一般分析与单项分析

C. 综合分析　　　　　　　　　　　　D. 单项分析与综合分析

2. 与单项分析相比较,财务报表综合分析特点之一是(　　)。
   A. 综合分析具有事实性　　　　　　B. 综合分析具有抽象性和概括性
   C. 综合分析具有概括性　　　　　　D. 综合分析具有验证性和概括性

3. 影响权益乘数高低的主要指标是(　　)。
   A. 成本费用率　　　　　　　　　　B. 资产负债率
   C. 资产周转率　　　　　　　　　　D. 销售净利率

4. 杜邦财务分析的核心指标是(　　)。
   A. 销售净利率　　　　　　　　　　B. 资产周转率
   C. 净资产收益率　　　　　　　　　D. 权益乘数

5. 关于权益乘数,下列公司表述正确的(　　)。
   A. 1×(1－资产负债率)　　　　　　B. 1＋(1－资产负债率)
   C. 1÷(1－资产负债率)　　　　　　D. 1－(1－资产负债率)

6. 所有者权益报酬率是总资产净利率乘以(　　)。
   A. 权益乘数　　　　　　　　　　　B. 资产负债率的倒数
   C. 权益系数　　　　　　　　　　　D. 销售净利率

7. 最能体现企业经营目标的财务指标是(　　)。
   A. 总资产周转率　　　　　　　　　B. 净资产收益率
   C. 销售利润率　　　　　　　　　　D. 成本利润率

8. 以下指标中,属于正指标的是(　　)。
   A. 资产负债率　　　　　　　　　　B. 流动比率
   C. 流动资产周转天数　　　　　　　D. 资本收益率

9. 盈余现金保障倍数的计算公式是(　　)。
   A. 企业现金净流量/净利润　　　　　B. 经营现金净流量/净利润
   C. 企业现金净流量/利润总额　　　　D. 经营现金净流量/利润总额

10. 企业绩效评价的四类指标中,最重要的一类是(　　)。
    A. 资产质量　　B. 经营增长　　C. 债务风险　　D. 盈利能力

二、多项选择题

1. 与单项分析相比较,财务报表综合分析的特点是(　　)。
   A. 综合分析具有高度的抽象性
   B. 综合分析具有高度的概括性
   C. 综合分析具有高度的实务性
   D. 综合分析的重点和比较基准是财务计划

2. 财务报告综合分析常用的方法有(　　)。

A. 杜邦财务分析法 B. 因素分析法
C. 变动分析法 D. 综合系数分析法
3. 决定股东权益报酬率高低的因素有（　　）。
A. 销售净利率 B. 资产周转率
C. 权益乘数 D. 费用率
4. 关于杜邦财务分析体系，下列表述正确的是（　　）。
A. 以所有者权益利润率为核心指标 B. 以总资产利润率为核心指标
C. 重点揭示企业获利能力及前因后果 D. 以资产负债率为核心
5. 杜邦财务分析法可以分析企业的（　　）。
A. 竞争战略 B. 产品的生命周期
C. 企业的竞争能力 D. 销售市场
6. 杜邦财务分析法提供的财务信息，可以为（　　）提供基本思路。
A. 决策者优化理财结构 B. 提高净值利润率的根本途径
C. 揭示财务指标变动的原因和趋势 D. 决策者优化经营结构
7. 企业社会贡献总额包括（　　）。
A. 应缴增值税 B. 工资
C. 利息支出净额 D. 净利润
8. 经营业绩评价综合评分法所选择的业绩评价指标包括（　　）。
A. 盈利能力状况指标 B. 资产质量状况指标
C. 债务风险状况指标 D. 经营增长状况指标
9. 提高净资产收益率的途径有（　　）。
A. 提高资产运营效率 B. 增加销售收入
C. 降低成本费用 D. 提高负债比率
10. 反映债务风险状况的财务指标有（　　）。
A. 已获利息倍数 B. 流动比率
C. 速动比率 D. 资产负债率

三、判断题

1. 综合分析就是个别分析的综合。
2. 综合分析可以分为流动性分析、盈利性分析、财务风险分析等部分。
3. 综合分析的重点和基准是企业整体发展趋势。
4. 股东权益利润率高低的决定因素主要有三个方面，即销售毛利率、资产周转率和权益乘数。
5. 在资产总额不变的条件下，开展合理的负债经营，可以减少所有者权益所占的份额，从而达到提高所有者权益净利率的目的。

6. 权益净利率和要求的报酬率的差额可以衡量企业获得超额利润的能力。
7. 最能体现企业经营目标的财务指标是净资产收益率。
8. 权益乘数越大,财务杠杆作用就越大。
9. 股利支付率越高,可持续性增长比率就越高。
10. 只要期末股东权益大于期初股东权益,就说明通过企业经营使资本增值。

四、综合计算及案例分析题

1. 宏民公司 2018 年销售净利率为 8%,总资产周转率为 1.3,平均资产负债率为 41%;2019 年年初,资产总额为 900 万元,负债总额为 350 万元,年末资产总额为 1 000 万元,负债总额为 400 万元;2019 年,销售收入为 1 200 万元,实现净利为 120 万元。

要求:
(1) 计算 2018 年净资产收益率。
(2) 计算 2019 年销售净利率、资产周转率、平均资产负债率、加权平均净资产收益率。
(3) 运用杜邦分析原理,定性分析说明该公司净资产收益率变淡的那个的原因。(小数点保留四位数)

2. 某公司 2019 年度财务报表的主要资料如表 7.11 所示和表 7.12 所示。

表 7.11 资产负债表

(2019 年 12 月 31 日)　　　　　　　　单位:千元

资　产		负债及所有者权益	
现金(年初 764)	310	应付账款	516
应收账款(年初 1 156)	1 344	应付票据	336
存货(年初 700)	966	其他流动负债	468
流动资产合计	2 620	流动负债合计	1 320
固定资产净额(年初 1 170)	1 170	长期负债	1 026
		实收资本	1 444
资产总额(年初 3 790)	3 790	负债及所有者权益合计	3 790

表 7.12 利润表

(2019 年度)　　　　　　　　单位:千元

销售收入	6 430	利息费用	98
销货成本	5 570	税前利润	<u>182</u>
毛利	<u>860</u>	所得税	72
管理费用	580	净利	<u>110</u>

要求:
(1) 计算填列表 7.13 的该公司财务比率(天数计算结果取整数)。
(2) 与行业平均财务比率比较,说明该公司经营管理可能存在的问题。

表 7.13 该公司财务比率

	本 公 司	同行业平均数
流动比率		1.98
资产负债率/%		62
已获利息倍数		3.8
存货周转率/次		6
平均收现期/天		35
固定资产周转率/次		13
总资产周转率/次		3
销售净利率/%		1.3
资产净利率/%		3.4
权益净利率/%		8.3

3. 某公司 2019 年 12 月 31 日资产负债表如表 7.14 所示。

表 7.14 资产负债表   单位:万元

资　　产	年初	年末	负债及所有者权益	年初	年末
流动资产			流动负债合计	220	218
货币资金	100	95			
应收账款净额	135	150	长期负债合计	290	372
存货	160	170	负债合计	510	590
待摊费用	30	35			
流动资产合计	425	450	所有者权益合计	715	720
长期投资	100	100			
固定资产原价	1 100	1 200			
减:累计折旧	400	440			
固定资产净值	700	760			
合计	1 225	1 310	合计	1 225	1 310

另外,该公司 2018 年销售净利率为 20%,总资产周转率 0.7 次,权益乘数 1.71,净资产

收益率为 23.94%；2019 年主营业务收入净额 1 014 万元，业务收入成本 590 万元，净利润 252.5 万元，全年利息支出 80 万元，所得税税率 30%。

要求：

(1) 计算 2019 年年末流动比率、速动比率、产权比率、长期资产适合率、资产负债率和权益乘数。

(2) 计算 2019 年的应收账款周转率、存货周转率、流动资产周转率、总资产周转率、固定资产周转率。

(3) 计算 2019 年主营业务净利率、净资产收益率、息税前利润、已获利息倍数、资本积累率、总资产增长率、固定资产成新率。

(4) 采用因素分析法分析销售净利率、总资产周转率和权益乘数变动对净资产收益率的影响。

4. 某企业资产负债表部分资料如表 7.15 所示。

表 7.15 资产负债表

2019 年 12 月 31 日　　　　　　　　　　　　　　　　单位：万元

资产	期末数	负债及所有者权益	期末数
一、流动资产		一、流动负债	1 800
货币资金	1 610	二、长期负债	500
应收账款	1 450	三、股东权益	
存货	880	股本	1 800
流动资产计价	3 940	资本公积	700
二、长期投资	1 500	盈余公积	1 000
三、固定资产	1 920	未分配利润	600
四、无形资产	40	所有者权益合计	4 100
资产合计	6 400	负债及所有者权益合计	6 400

另外，该企业 2019 年年末营业收入为 15 000 万元，营业成本为 8 500 万元，利息费用 60 万元，利润总额 4 400 万元，税后净利 2 200 万元，发行在外的普通股股数 1 200 万股，平均市价为 2.5 元/股。

要求：

(1) 根据相关资料计算流动比率、速动比率；资产负债率、产权比率、利息保障倍数；流动资产周转率、应收账款周转率、存货周转率、销售毛利率、股东权益报酬率、每股盈余、市盈率等指标。

(2) 根据计算结果对企业财务状况作出总体评价。

附录 1 配套实训

（配套实训表格参见附录 1 二维码）

1. 总论配套实训——财务报告的认知

【实践目的】

加强学生财务报告认知的实际操作训练,认识会计要素、会计科目;掌握财务报告构成,掌握财务报告的基本分析方法;通过各种小组活动,增强学生团队协作意识,提高会计职业的判断能力、语言表达能力、沟通能力和分析报告写作能力。

【具体任务及表格】

具体工作任务 No.1："初见四大报表"

工作任务一：分组并填写工作任务执行计划表。

确定小组成员名单,各组按照具体"工作任务执行计划表"的要求(见表 1-1-1),制定小组工作计划,完成具体工作任务执行方案的制定,完成表 1-1-1 的填写。

工作任务二：用会计要素解读 5 家上市公司。

每组分行业选取 5 家上市公司,每人负责 1 个公司,分别用六大要素解读上市公司的情况,进行分析研判,并按表 1-1-2 的样式,填制会计要素汇总表。每组选派一名代表向全班同学讲述你们的研究结论。结论要点如下：

(1) 企业资产的构成及特征；

(2) 企业负债的组成及特征；

(3) 所有者权益的组成及特征；

(4) 会计要素之间的关系。

工作任务三：横向分析和纵向分析。

每位同学选取一家上市公司 20××年度资产负债表,编制表 1-1-3,小组成员独立完成任务的具体要求,完成后每组选派一名代表向全班同学讲述你们的研究结论。

具体要求如下：

(1) 对资产负债表进行横向分析(表 1-1-4);
(2) 对资产负债表进行纵向分析(表 1-1-5);
(3) 评价 A 公司的财务状况。

工作任务四：趋势分析和比率分析。

根据 20××—20×× 年 B 公司销售净利润率和同行业平均值比较表(表 1-1-6)所提供的数据，小组成员独立完成任务的具体要求，完成后每组选派一名代表向全班同学讲述你们的研究结论。

具体要求如下：
(1) 根据表格画出折线图；
(2) 分析与评价 B 公司 20××—20×× 年销售净利润率和行业平均值比较情况。

2. 资产负债表配套实训

【实践目的】

加强学生对资产负债表分析的实际操作训练，巩固所学理论知识与分析方法，能对公司的资产结构、资产规模、偿债能力及营运能力进行分析，正确评价公司财务状况的好坏，提高学生思考问题、分析问题、解决问题的能力；通过各种小组活动，增强学生团队协作意识，提高会计职业的判断能力、语言表达能力、沟通能力和分析报告写作能力。

【具体任务及表格】

具体工作任务 No.2：" 看资产管理与竞争力"

工作任务一：分组并填写工作任务执行计划表。

确定小组成员名单，各组按照具体"工作任务执行计划表"的要求（见表 2-1-1），制定小组工作计划，完成具体工作任务执行方案的制定，完成表 2-1-1 的填写。

工作任务二：阅读小组所研究上市公司最新 20××年度财务报告。

每组同学共同阅读所研究上市公司的 20××年度年报（上网查找资料），尝试对目录所列的 12 项内容，用最简洁的语言给出概要。小组内首先进行人员分工，每人总结 2 个以上目录，其中第二部分由小组成员共同研究并详细说明，第十一部分可略写，完成表 2-1-2 的填写。

具体要求如下：

（1）填写简要目录内容；

（2）总结财务报告的构成及种类；

（3）撰写财务报表的编制要求。

工作任务三：资产负债表年度数据录入。

每组同学共同阅读所研究上市公司的 20××年度年报，合作完成合并资产负债表年度数据的录入工作，完成表 2-1-3。

工作任务四：横向分析、纵向分析和总体规模与结构分析。

根据所研究上市公司 20××年度资产负债表（表 2-1-3）所提供的财务状况，小组成员合作完成任务的具体要求，完成后，小组选派一名代表向全班同学讲述你们的研究结论。

具体要求如下：
(1) 对资产负债表进行横向分析(表 2-1-4)；
(2) 对资产负债表进行纵向分析(表 2-1-5)；
(3) 总体规模与结构分析(表 2-1-4、表 2-1-6)，并从资产结构优化角度(固流结构)，结合行业特点分析所研究上市公司资产管理与竞争力。

具体工作任务 No.3："看财务状况与质量 I"

工作任务一：分组并填写工作任务执行计划表。

确定小组成员名单，各组按照具体"工作任务执行计划表"的要求(见表 2-2-1)，制定小组工作计划，完成具体工作任务执行方案的制定，完成表 2-2-1 的填写。

工作任务二：资产负债表重点资产项目分析。

每组同学共同阅读所研究上市公司的 20××年度资产负债表，选择其中重点资产项目，包括货币资金、应收账款、存货、固定资产等，参考教材案例，进行重点分析，分别完成表 2-2-2，表 2-2-3，表 2-2-4，表 2-2-5、表 2-2-6、表 2-2-7、表 2-2-8 的填写。

工作任务三：资产负债表任意资产项目分析。

每组同学共同阅读所研究上市公司的 20××年度资产负债表，选择其中任意资产项目(小组共同认为需要分析的，除任务二中涉及的资产外)，自行设计分析表格(表 2-2-8)并评价该项目。

工作任务四：负债结构分析。

每组同学共同阅读所研究上市公司的 20××年度资产负债表，小组成员合作完成负债结构分析的具体要求，完成后，小组选派一名代表向全班同学讲述你们的研究结论。

具体要求如下：
(1) 对负债结构进行总体分析(表 2-2-9)；
(2) 对流动负债结构进行增减变动分析(表 2-2-10)；

(3) 对非流动负债结构进行增减变动分析(表 2-2-11)。

具体工作任务 No.4:"看财务状况与质量 II"
工作任务一:分组并填写工作任务执行计划表。
确定小组成员名单,各组按照具体"工作任务执行计划表"的要求(见表 2-3-1),制定小组工作计划,完成具体工作任务执行方案的制定,完成表 2-3-1 的填写。

工作任务二:资产负债表短期偿债能力分析。
每组同学共同阅读所研究上市公司的最新两年的年度资产负债表,通过计算反映短期偿债能力的相关指标,包括营运资金、流动比率、速动比率、现金比率等,熟悉各比率之间的内在联系与区别,参考教材案例,完成表 2-3-2 的填写,并进行充分的分析评价。

工作任务三:资产负债表长期偿债能力分析。
每组同学共同阅读所研究上市公司的最新两年的年度资产负债表,通过计算反映长期偿债能力的相关指标,包括资产负债率、产权比率、有形净值债务率、已获利息倍数等,熟悉各比率之间的内在联系与区别,参考教材案例,完成表 2-3-3 的填写,并进行充分的分析评价。

工作任务四:资产负债表营运能力分析。
每组同学共同阅读所研究上市公司的最新两年的年度资产负债表,通过计算反映营运能力的相关指标,包括总资产周转率(天数)、流动资产周转率(天数)、应收账款周转率(天数)、存货周转率(天数)、固定资产周转率(天数)等,熟悉各比率之间的内在联系与区别,参考教材案例,完成表 2-3-4 的填写,并结合全部资产负债表分析的内容进行全面、充分的评价。

3. 利润表配套实训

【实践目的】

加强学生对利润表分析的实际操作训练,巩固所学理论知识与分析方法,能对公司利润的增减变动、利润结构、盈利能力及增长能力进行分析,正确评价公司经营成果的高低,提高学生思考问题、分析问题、解决问题的能力;通过各种小组活动,增强学生团队协作意识,提高会计职业的判断能力、语言表达能力、沟通能力和分析报告写作能力。

【具体工作任务及表格】

具体工作任务 No.5:"看利润与效益 I"

工作任务一:分组并填写工作任务执行计划表。

确定小组成员名单,各组按照具体"工作任务执行计划表"的要求(见表 3-1-1),制定小组工作计划,完成具体工作任务执行方案的制定,完成表 3-1-1 的填写。

工作任务二:利润表年度数据录入。

每组同学共同阅读所研究上市公司的 20××年度年报,合作完成合并利润表年度数据的录入工作,完成表 3-1-2。

工作任务三:横向分析、纵向分析与总体盈利状况初步评价。

根据所研究上市公司 20××年度利润表(表 3-1-2)所提供的经营成果,小组成员合作完成任务的具体要求,完成后,小组选派一名代表向全班同学讲述你们的研究结论。

具体要求如下:

(1)对利润表进行横向分析(表 3-1-3);

(2)对利润表进行纵向分析(表 3-1-4);

(3)对所研究上市公司总体盈利状况进行初步评价。

工作任务四:利润表收入类项目及其分析。

每组同学共同阅读所研究上市公司的 20××年度利润表,针对收入类及其具体项目,参考教材案例,进行重点分析,分别完成表 3-1-5、表 3-1-6、表 3-1-7、表 3-1-8、表 3-1-9 的填写。

工作任务五：利润表费用类项目及其分析。

每组同学共同阅读所研究上市公司的20××年度利润表，针对费用类及其具体项目，参考教材案例，进行重点分析，分别完成表3-1-10、表3-1-11的填写。并选择其中任意费用项目（小组共同认为需要分析的，如税金及附加、销售费用、管理费用等），自行设计分析表格（表3-1-12）并评价该项目。

具体工作任务 No.6："看利润与效益 II"

工作任务一：分组并填写工作任务执行计划表。

确定小组成员名单，各组按照具体"工作任务执行计划表"的要求（见表3-2-1），制定小组工作计划，完成具体工作任务执行方案的制定，完成表3-2-1的填写。

工作任务二：利润表盈利能力分析。

每组同学共同阅读所研究上市公司的最新两年的年度利润表，通过计算反映盈利能力的相关指标，包括销售毛利率、销售利润率、营业利润率、销售净利率、成本费用利润率等，熟悉各比率之间的内在联系与区别，参考教材案例，完成表3-2-2的填写，并进行充分的分析评价。

工作任务三：利润表增长能力分析。

每组同学共同阅读所研究上市公司的最新两年的年度利润表，通过计算反映增长能力的相关指标，包括销售增长率、营业利润增长率、净利润增长率等，熟悉各比率之间的内在联系与区别，参考教材案例，完成表3-2-3的填写，并进行充分的分析评价。

工作任务四：利润表上市公司盈利能力分析。

每组同学共同阅读所研究上市公司的最新两年的年度利润表，通过计算反映上市公司盈利能力的相关指标，包括每股收益、市盈率、每股股利、股票获利率、股票支付率等，熟悉各比率之间的内在联系与区别，参考教材案例，完成表3-2-4的填写，并进行充分的分析评价。

工作任务五：利润表同行业盈利能力和增长能力分析。

研究同行业的小组同学共享指标数据，搜集并整理出反映上市公司盈利能力和增长能力且利于同行业内比较的相关指标，包括销售毛利率、营业利润率、成本费用利润率、资产净利率、净资产收益率、销售增长率、每股收益、市盈率等，完成表 3-2-5 的填写，比较分析同行业内不同企业的优劣，并结合全部利润表分析的内容进行全面、充分的评价。

4. 现金流量表实训

【实践目的】

　　加强学生对现金流量表分析的实际操作训练，巩固所学理论知识与分析方法，能够对公司现金流量结构、现金支付能力以及收益质量进行分析，正确评价公司资金流运转情况的高低，提高学生思考问题、分析问题、解决问题的能力；通过各种小组活动，增强学生团队协作意识，提高会计职业的判断能力、语言表达能力、沟通能力和分析报告写作能力。

【具体工作任务及表格】

　　具体工作任务 No.7："看现金与价值 I"
　　工作任务一：分组并填写工作任务执行计划表。
　　确定小组成员名单，各组按照具体"工作任务执行计划表"的要求（见表 4-1-1），制定小组工作计划，完成具体工作任务执行方案的制定，完成表 4-1-1 的填写。
　　工作任务二：现金流量表年度数据录入。
　　每组同学共同阅读所研究上市公司的 20××年度年报，合作完成合并现金流量表年度数据的录入工作，完成表 4-1-2。
　　工作任务三：5 个行业上市公司现金流量表结构分析与评价。
　　根据所研究上市公司 20××年度现金流量表（表 4-1-2）所提供的财务状况，以及收集的行业内其他 4 家上市公司的现金流量表（共 5 家公司），了解现金流量表结构关系，小组成员合作完成任务的具体要求，完成后，小组选派一名代表向全班同学讲述你们的研究结论，注意比较分析同行业内部通过上市公司的现金流量表现差异。
　　具体要求如下：
　　（1）对行业内 5 家上市公司现金流量表进行结构分析（表 4-1-3）；
　　（2）对行业内 5 家上市公司现金流量表进行结构分析（表 4-1-4）；
　　（3）对所研究上市公司现金流量表总体状况进行初步评价。
　　工作任务四：现金流量结构分析。
　　每组同学共同阅读所研究上市公司的 20××年度现金流量表，针对现金流量结构的 8 种结构（表 4-1-6），参考教材案例，完成表 4-1-7 的填写，分析上市公司面临的风险。

具体工作任务 No.8:"看现金与价值 II"
工作任务一:分组并填写工作任务执行计划表。
确定小组成员名单,各组按照具体"工作任务执行计划表"的要求(见表 4-2-1),制定小组工作计划,完成具体工作任务执行方案的制定,完成表 4-2-1 的填写。
工作任务二:现金流量比率分析。
每组同学共同阅读所研究上市公司的最新两年的年度现金流量表,通过计算反映流动性、获取现金能力以及财务弹性分析的相关指标,包括现金到期债务比、现金流动负债比、现金债务总额比、每股营业现金净流量、全部资产现金回收率、盈余现金保障倍数、现金满足投资比率、现金股利保障倍数等,熟悉各比率之间的内在联系与区别,参考教材案例,完成表 4-2-2 的填写,并进行充分的分析评价。
工作任务三:现金流入、流出以及净流量结构分析。
每组同学共同阅读所研究上市公司的最新两年的年度现金流量表,分析现金流入、流出以及净流量结构,参考教材案例,完成表 4-2-3、表 4-2-4 以及表 4-2-5 的填写,进行充分的分析和评价,最后并结合全部现金流量表分析的内容进行全面、充分的评价。

5. 财务报告综合分析实训

【实践目的】

通过财务报告综合分析,使学生对杜邦财务分析体系和财务业绩定量评价指标体系有更深刻的认识,对企业一定经营期间的经营效益作出客观、公正、全面和准确的综合评判。

【具体工作任务及表格】

具体工作任务 No.9:"看综合整体"

工作任务一:分组并填写工作任务执行计划表。

确定小组成员名单,各组按照具体"工作任务执行计划表"的要求(见表5-1-1),制定小组工作计划,完成具体工作任务执行方案的制定,完成表5-1-1的填写。

工作任务二:杜邦财务分析法的应用。

每组同学根据所研究上市公司20××年度公司有关财务数据,合作完成相关财务数据的录入与计算工作,完成表5-1-2,并从杜邦财务分析法的角度,分析所研究的上市公司最终财务目标实现的各项因素的影响作用。

工作任务三:财务业绩定量评价标准行业数据录入。

每组同学根据2012版财务业绩定量评价标准行业数据,合作完成标准行业数据的录入工作,完成表5-1-3。

工作任务四:财务业绩定量评价各指标计算、打分。

根据所研究上市公司20××年度年报数据,完成标准系数、本档基础分、调整分、单项基本指标得分、单项修正指标得分等的计算,给所研究的上市公司财务业绩各指标项目打分,计算、打分过程适当保留在表格中,完成表5-1-4。

工作任务五:管理绩效定性评价各指标计算、打分。

根据所研究上市公司20××年度年报数据,从战略管理、发展创新、经营决策、风险控制、基础管理、人力资源、行业影响、社会贡献等角度,给所研究的上市公司管理绩效各指标项目打分,计算、打分过程适当保留在表格中,完成表5-1-5。

工作任务六:综合打分。

根据表5-1-3和表5-1-4的计算、打分结果,完成表5-1-6业绩评价指标及其权重表的填写,完成小组对所研究上市公司的综合打分,并结合打分结果进行综合评价。注意业绩评价指标计算公式可以参考表 5-1-7。

具体工作任务 No.10:"综合报告与口头演讲"

工作任务一:分组并填写工作任务执行计划表。

确定小组成员名单,各组按照具体"工作任务执行计划表"的要求(见表 5-2-1),制定小组工作计划,完成具体工作任务执行方案的制定,完成表 5-2-1 的填写。

工作任务二:撰写上市公司财务分析书面报告。

在小组成员合理分工的基础上,完成所研究上市公司财务情况的综合报告。

综合报告要求用给定的封面样式,并要求交打印稿,正文字体为宋体、小四号,行距为 1.5 倍行间距。综合报告内容包括:

(1) 上市公司简介;

(2) 资产负债表重点项目和内容分析;

(3) 利润表重点项目和内容分析;

(4) 现金流量表重点项目和内容分析;

(5) 财务报告综合分析;

(6) 结论。

完成后,填写表 5-2-2 小组书面报告评分表的相关信息,打印后上交。

工作任务三:制作 PPT 并演讲。

小组成员完成综合报告的基础上,由每个小组派代表,在课堂上,针对该组所选上市公司的财务综合报告情况进行分析性演讲,要求制作 PowerPoint。

口头演讲的时间为 10 分钟。演讲内容包括:

(1) 上市公司的背景;

(2) 我国宏观政策(包括行业政策)对公司的影响;

（3）公司的资本结构、偿债能力以及营运能力如何？
（4）公司的盈利能力、未来发展潜力如何？
（5）现金流量情况、收益质量如何？
（6）综合评价与分析。

演讲完毕后由老师提问1～2个问题，演讲小组的任何一个成员都可回答，其他各组参与讨论并评判。

注意填写表5-2-3小组演讲及答辩评分表的相关信息，打印后在演讲当天上交。

附录2 练习题部分答案

附录3　实践指导书

附录4 企业绩效评价标准值(2020年)

工 业

范围：全行业

	优秀值	良好值	平均值	较低值	较差值
一、盈利能力状况					
净资产收益率/%	11.4	8.0	5.3	−1.0	−9.6
总资产报酬率/%	7.8	5.5	3.9	−1.0	−5.0
销售(营业)利润率/%	17.4	11.0	6.0	−1.8	−8.0
盈余现金保障倍数	10.9	5.5	1.5	0.8	−2.2
成本费用利润率/%	13.4	9.8	6.3	−0.8	−7.9
资本收益率/%	13.3	9.9	6.5	2.0	−7.3
二、资产质量状况					
总资产周转率/次	1.5	1.0	0.5	0.3	0.2
应收账款周转率/次	18.3	11.4	7.4	4.6	3.3
不良资产比率/%	0.1	0.8	2.4	6.4	12.2
流动资产周转率/次	3.5	2.2	1.2	0.6	0.3
资产现金回收率/%	13.6	9.5	3.9	−0.5	−8.2
三、债务风险状况					
资产负债率/%	48.6	53.6	58.6	68.6	83.6
已获利息倍数	5.6	4.1	2.9	0.9	−1.5
速动比率/%	133.5	107.9	73.2	50.2	27.4
现金流动负债比率/%	27.8	19.4	10.3	−1.3	−12.0
带息负债比率/%	33.2	43.0	56.0	68.7	81.8
或有负债比率/%	0.2	1.0	5.0	12.2	21.0
四、经营增长状况					

续表

	优秀值	良好值	平均值	较低值	较差值
销售（营业）增长率/%	19.7	13.6	6.3	−10.0	−20.2
资本保值增值率/%	111.5	106.8	104.2	98.3	90.6
销售（营业）利润增长率/%	21.5	18.1	9.6	−6.0	−14.7
总资产增长率/%	13.5	9.0	4.8	−7.8	−16.2
技术投入比率/%	3.7	2.6	2.1	1.7	0.7
五、补充资料					
存货周转率/次	17.0	9.6	4.8	2.5	1.1
两金占流动资产比重/%	15.3	26.4	36.8	48.8	58.7
成本费用占营业务收入的比重/%	81.4	90.6	96.5	101.9	108.7
经济增加值率/%	8.0	3.9	1.0	−3.9	−8.9
EBITDA率/%	26.7	16.5	8.5	1.5	−4.3
资本积累率/%	33.0	17.4	7.8	−4.9	−18.0

工 业

范围：大型企业

	优秀值	良好值	平均值	较低值	较差值
一、盈利能力状况					
净资产收益率/%	11.5	8.4	5.6	0.7	−6.1
总资产报酬率/%	9.7	6.3	4.0	−0.6	−5.4
销售（营业）利润率/%	17.7	11.3	6.3	−1.6	−6.4
盈余现金保障倍数	13.1	7.1	2.2	1.7	−1.1
成本费用利润率/%	13.8	10.5	6.6	1.6	−7.2
资本收益率/%	15.9	12.0	7.8	2.2	−5.7
二、资产质量状况					
总资产周转率/次	1.6	1.2	0.6	0.5	0.3

续表

	优秀值	良好值	平均值	较低值	较差值
应收账款周转率/次	23.3	15.8	8.3	3.2	0.5
不良资产比率/%	0.1	0.8	2.3	5.9	9.7
流动资产周转率/次	4.0	2.8	1.6	1.0	0.5
资产现金回收率/%	15.1	10.0	4.3	1.0	−1.9
三、债务风险状况					
资产负债率/%	48.6	53.6	58.6	68.6	83.6
已获利息倍数	5.6	3.9	3.0	1.8	−0.4
速动比率/%	133.3	107.4	74.3	52.4	28.9
现金流动负债比率/%	25.6	19.9	10.7	2.0	−12.1
带息负债比率/%	31.9	42.3	53.5	63.3	75.9
或有负债比率/%	0.2	1.0	4.9	11.2	19.0
四、经营增长状况					
销售(营业)增长率/%	19.6	14.9	7.1	−8.9	−19.7
资本保值增值率/%	110.0	106.1	104.0	97.9	92.5
销售(营业)利润增长率/%	22.9	18.0	10.5	−5.8	−13.1
总资产增长率/%	15.3	9.8	5.8	−4.5	−13.2
技术投入比率/%	3.8	3.2	2.6	2.1	1.2
五、补充资料					
存货周转率/次	17.2	10.0	4.8	2.4	1.1
两金占流动资产比重/%	12.4	23.4	33.1	42.4	49.8
成本费用占营业务收入的比重/%	77.9	87.9	94.0	99.2	104.0
经济增加值率/%	7.9	4.2	1.1	−3.7	−7.1
EBITDA率/%	26.8	17.3	8.5	1.8	−3.4
资本积累率/%	35.0	21.8	8.2	−0.8	−9.6

工 业

范围：中型企业

	优秀值	良好值	平均值	较低值	较差值
一、盈利能力状况					
净资产收益率/%	11.9	8.1	4.4	−2.1	−10.7
总资产报酬率/%	8.8	6.2	3.4	2.0	−3.7
销售(营业)利润率/%	18.0	12.8	6.5	1.7	−7.6
盈余现金保障倍数	10.9	5.3	1.0	−0.9	−3.4
成本费用利润率/%	14.5	11.0	6.9	3.1	−7.8
资本收益率/%	15.7	10.9	5.8	−2.5	−10.9
二、资产质量状况					
总资产周转率/次	1.8	1.3	0.8	0.6	0.3
应收账款周转率/次	23.3	14.2	6.5	3.3	0.6
不良资产比率/%	0.5	2.2	3.6	8.2	18.1
流动资产周转率/次	3.5	2.1	1.1	0.7	0.4
资产现金回收率/%	13.4	8.2	1.6	−1.5	−7.4
三、债务风险状况					
资产负债率/%	48.6	53.6	58.6	68.6	83.6
已获利息倍数	5.5	4.2	2.7	1.0	−1.0
速动比率/%	139.7	115.8	77.5	52.6	32.9
现金流动负债比率/%	27.4	18.6	7.8	−4.6	−9.9
带息负债比率/%	22.5	33.7	45.2	66.1	79.6
或有负债比率/%	0.3	1.8	4.5	11.2	18.0
四、经营增长状况					
销售(营业)增长率/%	18.5	12.6	5.8	−15.1	−23.4
资本保值增值率/%	112.2	108.1	104.3	98.0	90.0

续表

	优秀值	良好值	平均值	较低值	较差值
销售(营业)利润增长率/%	26.2	19.8	12.6	−2.6	−14.2
总资产增长率/%	14.2	11.3	5.5	−1.0	−9.9
技术投入比率/%	3.2	2.2	1.9	1.6	0.7
五、补充资料					
存货周转率/次	18.3	11.4	5.5	3.9	3.5
两金占流动资产比重/%	14.2	27.7	40.3	49.3	56.1
成本费用占营业务收入的比重/%	78.9	88.5	95.1	101.8	112.0
经济增加值率/%	9.0	5.1	1.0	−3.5	−8.0
EBITDA率/%	27.2	16.8	8.6	0.7	−4.1
资本积累率/%	32.6	19.6	7.1	−1.9	−17.9

工 业

范围：小型企业

	优秀值	良好值	平均值	较低值	较差值
一、盈利能力状况					
净资产收益率/%	9.6	6.8	4.4	−2.5	−12.4
总资产报酬率/%	6.6	4.4	3.1	−1.6	−7.0
销售(营业)利润率/%	−17.0	12.1	5.4	−0.7	−8.3
盈余现金保障倍数	10.2	5.4	1.1	−0.3	−2.7
成本费用利润率/%	13.9	9.6	6.3	−0.5	−11.2
资本收益率/%	12.5	10.4	5.8	−1.6	−9.3
二、资产质量状况					
总资产周转率/次	1.6	0.8	0.4	0.2	0.1
应收账款周转率/次	15.3	7.9	4.4	1.7	0.4
不良资产比率/%	0.3	1.6	3.1	12.7	24.3

续表

	优秀值	良好值	平均值	较低值	较差值
流动资产周转率/次	3.1	2.2	1.0	0.6	0.3
资产现金回收率/%	16.0	7.5	1.2	−0.4	−7.6
三、债务风险状况					
资产负债率/%	48.6	53.6	58.6	68.6	83.6
已获利息倍数	5.6	3.9	2.7	0.7	−3.0
速动比率/%	134.9	106.1	67.2	43.3	24.8
现金流动负债比率/%	21.0	14.6	5.5	−6.1	−13.3
带息负债比率/%	36.3	48.7	59.6	74.0	86.0
或有负债比率/%	0.3	1.8	5.0	13.2	21.0
四、经营增长状况					
销售(营业)增长率/%	23.3	17.3	7.7	−7.7	−16.7
资本保值增值率/%	109.3	105.9	103.4	97.0	87.5
销售(营业)利润增长率/%	22.3	16.3	8.9	−5.1	−16.0
总资产增长率/%	13.9	10.7	4.5	−7.6	−17.6
技术投入比率/%	2.1	1.8	1.5	1.1	0.3
五、补充资料					
存货周转率/次	18.7	11.4	5.9	4.2	3.7
两金占流动资产比重/%	4.5	18.2	28.4	49.7	58.0
成本费用占营业务收入的比重/%	80.7	89.8	97.1	103.8	116.8
经济增加值率/%	6.5	3.6	0.5	−4.1	−9.3
EBITDA率/%	27.2	17.5	7.6	0.0	−3.6
资本积累率/%	30.4	15.8	7.1	−5.2	−19.4

参 考 文 献

[1] 张新民,钱爱民.财务报表分析[M].北京:中国人民大学出版社,2019.
[2] 2020年度注册会计师辅导教材[M].北京:中国财政经济出版社,2020.
[3] 钟文庆.财务是真实的谎言[M].北京:机械工业出版社,2010.
[4] 赵国忠.财务报告分析[M].北京:北京大学出版社,2010.
[5] 陆正飞.财务报告与分析[M].北京:北京大学出版社,2020.
[6] 岳红.财务报表分析[M].北京:中国人民大学出版社,2015.
[7] 郑朝晖.上市公司48大财务迷局[M].北京:机械工业出版社,2009.
[8] 2020年度全国会计专业技术资格考试辅导教材中级会计实务[M].北京:经济科学出版社,2020.
[9] 赵建勇.中级财务会计[M].北京:中国人民大学出版社,2020.
[10] 张新民.财报掘金[M].北京:中国人民大学出版社,2020.
[11] 刘姝威.刘姝威教你读财报[M].北京:机械工业出版社,2009.
[12] 丁远,埃韦尔·施托洛韦.财务报告与分析[M].北京:机械工业出版社,2018.
[13] 历年中国证券报[N],中国财经报[N].
[14] 王福重.人人都爱经济学[M].北京:人民邮电出版社,2008.
[15] 张新民.从报表看企业[M].北京:中国人民大学出版社,2017.
[16] 谢士杰.读懂财务报表看透企业经营[M].北京:人民邮电出版社,2019.
[17] 李秀玉,李国强.上市公司财报分析实战[M].北京:清华大学出版社,2020.
[18] 张先治.财务分析[M].大连:东北财经大学出版社,2017.
[19] 企业会计准则讲解[M].北京:人民出版社,2020.
[20] 张俊民.财务分析[M].上海:复旦大学出版社,2006.
[21] 《企业会计准则》应用指南[M].北京:中国财政经济出版社,2015.
[22] Stephen Penman.财务报表分析与证券定价[M].北京:中国财政经济出版社,2002.
[23] 克里舍·G.佩普等.运用财务报表进行企业分析与估价[M].北京:中信出版社,2004.
[24] 克莱德·P.斯蒂克尼,保罗,兄布朗.战略的观点财务报告与报表分析[M].北京:中信出版社,2004.
[25] 上海国家会计学院.财务报表分析[M].北京:经济科学出版社,2012.
[26] 黄思忠.财务报表分析——理论·框架·方法与案例[M].北京:中国财政经济出版社,2007.
[27] 汤谷良.战略财务的逻辑——我的偏执[M].北京:北京大学出版社,2011.

[28] 魏素艳.企业财务分析[M].北京:清华大学出版社,2011.
[29] 郑朝辉.远离财务骗术[M].北京:机械工业出版社,2011.
[30] 钱爱民.公司财务状况质量综合评价研究——基于增长、盈利、风险三维平衡视角[M].北京:北京大学出版社,2011.
[31] 钱海波.财务报表分析[M].长沙:中南大学出版社,2010.
[32] 王化成.财务报表分析[M].北京:北京大学出版社,2014.
[33] 杨松涛,林小驰.财务报表分析[M].北京:中国金融出版社,2015.
[34] 武晓玲,田高良.企业财务分析[M].北京:北京大学出版社,2013.
[35] 万如荣,张莉芳,蒋琰财.财务分析[M].北京:人民邮电出版社,2020.
[36] 张莉芳,万如荣,蒋琰.财务分析学习指导与练习[M].北京:人民邮电出版社,2020.
[37] 闫华红.财务分析与企业经营决策[M].北京:首都经济贸易大学出版社,2007.
[38] 武晓玲,田高良.企业财务分析[M].北京:北京大学出版社,2013.
[39] 王化成.财务报表分析[M].北京:北京大学出版社,2009.
[40] 钱爱民,张新民.财务报表分析案例分析与学习指导[M].北京:中国人民大学出版社,2020.